快適な温熱環境のしくみと実践

公益社団法人 空気調和・衛生工学会

序

　本書の前身となる初版が空気調和・衛生工学会から刊行されたのは，1997年12月であった．イェール大学ピアス研究所に留学し，SET*（標準新有効温度）をGagge（ギャギ）とともに提案した西安信が編集委員会の主査を務めた．SET*に関しては，現在でも多くの研究者が利用する温熱環境指標である．

　かつて，空気調和・衛生工学会には温熱環境に関する工学，医学，家政学，機械，建築学などさまざまな研究者が集まり，日本の温熱感の研究をリードするグループが形成されていた．しかしながら，多様な分野の活動を同じプラットフォームで行うことに対する軋轢もあり，温熱環境に関する学際的なグループは本会から袂を分かつことになる．

　人間を中心とした温熱環境の研究は空気調和設備の基盤であることから，本分野の学会からの出版が待たれていた．西が1997年の序で述べている，「本書を編集・執筆するに当たり，空気調和に携わる技術者のみならずより広い層の読者にとって，温熱環境とそこに居住する人々の快適さのメカニズムの理解に役立つように，学術専門書になってしまわないことを心掛けたつもりである．」という文章はそれらの背景を包含したものではないかと思われる．

　本会では，建築物衛生法（ビル管理法）の基盤となる厚生科学研究費を小林陽太郎が受けて，28℃の根拠などに関して報告書を提出している．実に重要な研究の歴史が本会にはあるのである．米国暖房冷凍空調学会（ASHRAE）においても空気調和の基礎となる温熱快適性に関しては長くその研究が行われている．

　そのような中で刊行された本書前身である1997年版『快適な温熱環境のメカニズム』は永らく学会員のみならず広く愛読され，2004年に改訂が行われている．改訂時は，基本的には初版の構成をそのまま継承し，大幅な改変は避けている．また，付録として温熱環境評価指標である，「ASHRAE SET*演算ソフト」，ならびに「PMV算出ソフト」をCD-ROMに収録して提供していた．

　今回，平成を終わるに当たって改訂版から15年程度が経過し，本分野の研究も格段に進歩したことから，内容を全面的に見直し，現在の空気調和設備に必要な内容構成として出版することとした．また，応用も多く行われていることから8章には研究事例を多く収録して，研究開発のヒントが得られるような構成とした．執筆陣も新進気鋭の皆様にお願いすることとした．

　終わりに，編集小委員会の発足より今回の出版の企画・編集に，終始変わらぬ誠意を尽くされた中出様をはじめとする学会事務局皆様に対して，心より感謝の念を捧げたい．また，執筆者の各位に対しても，ここに併せて敬意を表する次第である．図表に関しては，できるだけ統一性を確保するために，新木由美子君，渡邉陽介君（早稲田大学大学院）に献身的な協力をいただいた．その努力に感謝したい．

2019年3月

出版委員会新版快適な温熱環境のメカニズム改訂小委員会
主査　田辺　新一

出版委員会新版快適な温熱環境のメカニズム改訂小委員会

主 査	田辺　新一	早稲田大学
委 員	佐古井智紀	信州大学
委 員	對馬　聖菜	早稲田大学
委 員	堤　　仁美	昭和女子大学
委 員	中野　淳太	東海大学
委 員	西原　直枝	聖心女子大学

執 筆 者

田辺　新一	前出	第1章，第3章，第8章 8.1.1
對馬　聖菜	前出	第1章
佐古井智紀	前出	第1章コラム①，第4章，第6章 6.2.3, 6.3.3, 6.4
永島　計	早稲田大学	第1章コラム②
中野　淳太	前出	第2章，第8章 8.4
堤　　仁美	前出	第5章，第7章 7.7，第8章 8.3
西原　直枝	前出	第6章 6.1, 6.2, 6.3, 6.4.1, 6.4.2, 6.4.4, 6.5～6.8，第7章 7.8
羽山　広文	北海道大学	第7章 7.1
宇野　勇治	愛知産業大学	第7章 7.2
岩前　篤	近畿大学	第7章 7.3
安藤真太朗	北九州市立大学	第7章 7.4
澤田　晋一	東京福祉大学	第7章 7.5
都築　和代	豊橋技術科学大学	第7章 7.6
野部　達夫	工学院大学	第8章 8.1.2
平須賀信洋	(株)三菱地所設計	第8章 8.1.3
堀川　晋	(株)日建設計	第8章 8.1.4, 8.8
中川　純	レビ設計室	第8章 8.2.1
長澤　夏子	お茶の水女子大学	第8章 8.2.2
鍵屋　慎一	東京ガス（株）	第8章 8.2.3
松永　和彦	いすゞ自動車（株）	第8章 8.5
長谷川晋一	東日本旅客鉄道（株）	第8章 8.6
岩下　剛	東京都市大学	第8章 8.7
金　炫兌	山口大学	第8章 8.9
金　勲	国立保健医療科学院	第8章 8.10
奥田　篤	東京ガス（株）	第8章 8.11

　本書の記載事項は，作成時点において可能な限り精査しております．ただし，その正確性，最新性，継続性などを，当学会が保証するものではありません．
　また，本書の記載事項に起因して障害が生じた場合，当学会は責任を負いません．

目　　　次

1. 温熱生理学

1.1 体温の分布 …………………………………………………………………… 1
　1.1.1 コア温 ………………………………………………………………… 1
　1.1.2 シェル温 ……………………………………………………………… 2
1.2 人間と環境の熱交換 ………………………………………………………… 2
　1.2.1 熱移動の形態 ………………………………………………………… 2
　1.2.2 人体の熱平衡 ………………………………………………………… 3
1.3 温熱6要素 …………………………………………………………………… 4
　1.3.1 空気温度 ……………………………………………………………… 4
　1.3.2 放射温度 ……………………………………………………………… 4
　1.3.3 気流 …………………………………………………………………… 5
　1.3.4 湿度 …………………………………………………………………… 5
　1.3.5 代謝量 ………………………………………………………………… 5
　1.3.6 着衣量 ………………………………………………………………… 5
　コラム　人体の対流，放射，蒸発による熱交換 ……………………………… 6
1.4 体温調節機構 ………………………………………………………………… 11
　コラム　脳と体温調節 ………………………………………………………… 12
1.5 体温調節反応 ………………………………………………………………… 14
　1.5.1 生理的体温調節 ……………………………………………………… 14
　1.5.2 行動性体温調節 ……………………………………………………… 15
1.6 温度適応 ……………………………………………………………………… 16
　1.6.1 寒冷環境に対する適応 ……………………………………………… 16
　1.6.2 暑熱環境に対する適応 ……………………………………………… 18
1.7 体温調節の年齢差・性差 …………………………………………………… 19

2. 快適環境とは

2.1 熱的快適性の定義 …………………………………………………………… 21
　2.1.1 積極的快適性と消極的快適性 ……………………………………… 21
　2.1.2 空調の視点からみた熱的快適性 …………………………………… 22
　2.1.3 不満足者率の目標値 ………………………………………………… 22
2.2 全身温冷感と局所不快感 …………………………………………………… 23

2.2.1　ドラフト …………………………………………………………………………… 24
　　2.2.2　上下温度分布 ……………………………………………………………………… 25
　　2.2.3　非対称放射 ………………………………………………………………………… 25
　　2.2.4　床表面温度 ………………………………………………………………………… 26
　　2.2.5　不均一環境の測定位置 …………………………………………………………… 27
　2.3　人の温熱環境適応を考慮した熱的快適性 …………………………………………… 27
　　2.3.1　温熱環境適応と adaptive model ………………………………………………… 27
　　2.3.2　環境適応現象に関する解釈 ……………………………………………………… 29
　　2.3.3　環境の文脈 ………………………………………………………………………… 30
　　2.3.4　環境の文脈と環境適応 …………………………………………………………… 31
　2.4　温熱環境基準における熱的快適条件 ………………………………………………… 31
　　2.4.1　ISO 7730：2005 …………………………………………………………………… 32
　　2.4.2　ASHRAE 55-2017 ………………………………………………………………… 33
　　2.4.3　ISO 17772-1 ………………………………………………………………………… 36
　　2.4.4　最新の温熱環境基準の特徴 ……………………………………………………… 37
　2.5　空間用途に応じた熱的快適性 ………………………………………………………… 37

3.　温熱環境評価手法

　3.1　温熱指標 ………………………………………………………………………………… 41
　3.2　通常環境 ………………………………………………………………………………… 41
　　3.2.1　作用温度 …………………………………………………………………………… 41
　　3.2.2　等価温度 …………………………………………………………………………… 41
　　3.2.3　サーマルマネキン ………………………………………………………………… 42
　　3.2.4　PMV（予想平均温冷感申告） …………………………………………………… 43
　　3.2.5　新有効温度（ET*）と標準新有効温度（SET*） ……………………………… 45
　3.3　暑熱環境の評価 ………………………………………………………………………… 47
　　3.3.1　WBGT ……………………………………………………………………………… 47
　　3.3.2　HSI 熱ストレス指標 ……………………………………………………………… 48
　3.4　寒冷環境の評価 ………………………………………………………………………… 49
　　3.4.1　風冷指数 …………………………………………………………………………… 49
　　3.4.2　必要着衣量 ………………………………………………………………………… 49
　3.5　接触環境 ………………………………………………………………………………… 50
　　3.5.1　手の接触における温冷感予測 …………………………………………………… 50
　　3.5.2　足と床との接触による温冷感 …………………………………………………… 51
　　3.5.3　日本における接触温冷感の研究 ………………………………………………… 52
　3.6　屋外環境の評価 ………………………………………………………………………… 54
　3.7　人体モデル ……………………………………………………………………………… 55
　　3.7.1　体温調節モデル …………………………………………………………………… 55
　　3.7.2　2 node-model ……………………………………………………………………… 56

3.7.3　JOS-2 モデル ……………………………………………………………… 57
  3.7.4　部位温冷感 …………………………………………………………………… 58
  3.7.5　CFD との連成 ……………………………………………………………… 60

4.　温熱環境の基本データの計測

4.1　空気温度とその測定法 ……………………………………………………………… 66
  4.1.1　温度の計測原理 …………………………………………………………… 66
  4.1.2　空気温度の測定方法 ……………………………………………………… 67
  4.1.3　温度校正法 ………………………………………………………………… 69
4.2　湿度とその計測方法 ………………………………………………………………… 69
  4.2.1　湿度の表現法 ……………………………………………………………… 69
  4.2.2　湿度の計測原理 …………………………………………………………… 70
4.3　放射とその計測方法 ………………………………………………………………… 71
  4.3.1　グローブ温度計による平均放射温度の評価 …………………………… 71
  4.3.2　周囲壁面の温度計測による平均放射温度の評価 ……………………… 72
  4.3.3　平面放射温度計測による平均放射温度の評価 ………………………… 77
4.4　風速とその計測方法 ………………………………………………………………… 77
  4.4.1　用語の説明 ………………………………………………………………… 77
  4.4.2　風速の測定原理 …………………………………………………………… 79
4.5　総合的な顕熱損失とその評価方法 ………………………………………………… 80
  4.5.1　熱流計による計測 ………………………………………………………… 80
  4.5.2　サーマルマネキンによる計測 …………………………………………… 81

5.　生理・心理評価

5.1　被験者の選定・調査対象者の選定 ………………………………………………… 85
  5.1.1　被験者実験・人を対象とするアンケート（実測）の目的 …………… 85
  5.1.2　スクリーニング，報酬 …………………………………………………… 85
  5.1.3　事前調査（体質，暑さ・寒さへの耐性，健康状態） ………………… 86
  5.1.4　調査内容の説明 …………………………………………………………… 86
5.2　心理量測定 …………………………………………………………………………… 87
  5.2.1　心理量測定の目的 ………………………………………………………… 87
  5.2.2　申告尺度，感覚を表す言葉の選定 ……………………………………… 87
  5.2.3　測定項目 …………………………………………………………………… 88
  5.2.4　教示 ………………………………………………………………………… 91
5.3　生理量測定 …………………………………………………………………………… 92
  5.3.1　生理量測定の目的 ………………………………………………………… 92
  5.3.2　測定項目・方法 …………………………………………………………… 92
5.4　ストレス度 …………………………………………………………………………… 99
  5.4.1　ストレス度・疲労測定の目的 …………………………………………… 99

5.4.2　測定項目・方法 ………………………………………………… 100
5.5　倫理審査委員会への申請 ………………………………………………… 103

6.　衣服と快適性

6.1　衣服と気候 ……………………………………………………………… 107
　　6.1.1　衣服着用の役割 ………………………………………………… 107
　　6.1.2　気候風土と衣服 ………………………………………………… 108
6.2　衣服の熱的特性 ………………………………………………………… 108
　　6.2.1　衣服の熱的特性をとらえる …………………………………… 108
　　6.2.2　繊維および布地の熱特性 ……………………………………… 109
　　6.2.3　着衣の熱抵抗 …………………………………………………… 110
　　6.2.4　衣服の通気特性 ………………………………………………… 112
6.3　衣服の水分透過特性 …………………………………………………… 113
　　6.3.1　衣服の水分透過特性をとらえる ……………………………… 113
　　6.3.2　繊維および布地の水分透過特性 ……………………………… 114
　　6.3.3　着衣の水分透過特性 …………………………………………… 115
6.4　着衣量の評価 …………………………………………………………… 117
　　6.4.1　サーマルマネキンによる計測 ………………………………… 117
　　6.4.2　被験者実験による測定 ………………………………………… 119
　　6.4.3　既存着衣のデータからの推定 ………………………………… 119
　　6.4.4　着衣重量による推定 …………………………………………… 121
　　6.4.5　着衣の部位熱抵抗の推定 ……………………………………… 123
6.5　椅子の影響 ……………………………………………………………… 124
6.6　クールビズオフィスにおける衣服 …………………………………… 124
6.7　熱的快適性を高めるための新素材技術 ……………………………… 126
　　6.7.1　涼しい衣服のための新素材 …………………………………… 126
　　6.7.2　暖かい衣服のための新素材 …………………………………… 127
　　6.7.3　スマートテキスタイル ………………………………………… 128
6.8　防護服 …………………………………………………………………… 129

7.　温熱環境と健康・知的生産性

7.1　外気温（月平均気温）と死亡率 ……………………………………… 133
　　7.1.1　死亡数の季節依存性 …………………………………………… 133
　　7.1.2　月平均外気温と月死亡率 ……………………………………… 135
7.2　地域の気候と住宅温熱環境 …………………………………………… 138
　　7.2.1　伝統的な環境調整の工夫 ……………………………………… 138
　　7.2.2　「夏をむねとすべし」とその背景 …………………………… 139
　　7.2.3　伝統民家の開口部 ……………………………………………… 140
　　7.2.4　風土性を活かした快適環境計画 ……………………………… 141

7.3	住宅の断熱水準と健康	142
	7.3.1 寒さの健康影響	142
	7.3.2 住宅の断熱水準	143
	7.3.3 断熱性と健康	144
7.4	温度変化と血圧	147
	7.4.1 温度変化と血圧の関係	147
	7.4.2 起床前後の血圧と室温	150
	7.4.3 浴室・脱衣所・トイレにおける血圧変動	150
7.5	暑熱環境と熱中症	151
	7.5.1 熱中症による救急搬送者の増加	151
	7.5.2 熱中症発生のメカニズムと症状	152
	7.5.3 熱中症予防指針	153
7.6	快適な睡眠環境	157
	7.6.1 夏季の温熱環境と睡眠	158
	7.6.2 冬季の温熱環境と睡眠	160
7.7	湿度と健康影響	162
	7.7.1 湿度の温熱影響	162
	7.7.2 高湿度環境での非温熱影響―ダンプネス・カビ・ダニ	162
	7.7.3 低湿度環境における非温熱影響	162
	7.7.4 湿度のガイドライン	166
7.8	知的生産性	166
	7.8.1 知的生産性	166
	7.8.2 温熱環境と地的生産性	169

8. 実　　　例

8.1	オフィス	177
	8.1.1 28℃オフィス	177
	8.1.2 オフィス執務者の受容度	179
	8.1.3 パーソナル空調	181
	8.1.4 放射空調	183
8.2	住宅	186
	8.2.1 住宅内の温熱環境のモバイル計測	186
	8.2.2 ゼロエネルギーハウス（ZEH）	188
	8.2.3 床暖房	190
8.3	病院における温熱環境実測・快適性調査	192
	8.3.1 実測概要	193
	8.3.2 快適温度域の検討	194
8.4	鉄道駅舎における熱的快適域と熱的受容域	195
	8.4.1 駅舎温熱環境の特徴	195

- 8.4.2 調査概要 …………………………………………………………………………… 195
- 8.4.3 測定結果 …………………………………………………………………………… 195
- 8.4.4 鉄道駅舎における熱的快適域と熱的受容域 …………………………………… 197
- 8.5 自動車 …………………………………………………………………………………… 197
  - 8.5.1 自動車室内環境 …………………………………………………………………… 197
  - 8.5.2 夏場の日射事例 …………………………………………………………………… 198
  - 8.5.3 冬場の走行事例 …………………………………………………………………… 198
- 8.6 鉄道車両 ………………………………………………………………………………… 199
  - 8.6.1 鉄道車両の空調システム ………………………………………………………… 199
  - 8.6.2 鉄道車両の空調システムの特徴 ………………………………………………… 199
  - 8.6.3 空調システムの構成と分類 ……………………………………………………… 200
  - 8.6.4 空調装置と空調制御システム …………………………………………………… 201
- 8.7 学校 ……………………………………………………………………………………… 202
  - 8.7.1 学校環境衛生の基準 ……………………………………………………………… 202
  - 8.7.2 学校温熱空気環境の実態 ………………………………………………………… 202
- 8.8 スポーツ施設 …………………………………………………………………………… 204
  - 8.8.1 設計条件の概要 …………………………………………………………………… 204
  - 8.8.2 施設ごとの計画の留意点 ………………………………………………………… 204
  - 8.8.3 実例 ………………………………………………………………………………… 205
- 8.9 避難所 …………………………………………………………………………………… 207
  - 8.9.1 避難所における温熱環境 ………………………………………………………… 207
- 8.10 高齢者福祉施設における温熱環境 …………………………………………………… 209
  - 8.10.1 特別養護老人ホームの温熱環境に関するアンケート調査 …………………… 210
  - 8.10.2 特別養護老人ホームの温熱環境に関する実測調査 …………………………… 210
  - 8.10.3 高齢者施設の現状と課題 ………………………………………………………… 211
- 8.11 業務用厨房 ……………………………………………………………………………… 212
  - 8.11.1 厨房設計の現状とポイント ……………………………………………………… 212
  - 8.11.2 厨房設計の事例 …………………………………………………………………… 212

索　　引 ……………………………………………………………………………………………… 217

1. 温熱生理学

　人体には体温を一定に保つために，精巧な体温調節の機能が備わっている．本章では，温熱生理学，つまり，環境と生体の熱交換，生体内で起こる体温調節反応に関する内容を中心に述べる．また，温度適応に関する最新の話題についても取り上げる．

　温熱生理学は医学的興味のみにつきるものではなく，応用面にも深くかかわっている．冷暖房工学はいうまでもなく，衣服，住居など家政学，人間工学，さらに人工気候や自然気候が人間に及ぼす影響，人体の温度適応能などを考えると，人類の将来にもかかわるといっても過言ではない．

1.1 体温の分布

　ヒトの体温はほぼ36.5～37.0℃に保たれている．体温は，体内における化学反応，すなわち生命現象が進行する場の温度であって，新陳代謝の経路ならびに速度を決定する重要な因子である．体温を，生命維持が可能な範囲に持ち込むことが最重要であり，さらにこれをできる限り狭い範囲内で一定に保つことにより種々の身体機能の恒常性を維持することが，生命にとっては望ましい．

　体温が調整されているとはいえ，全身が常に一様な温度になっているわけではなく，部位によって大きな差がある．体は高温な中核部（core；以下，コア）をそれより低温の末梢組織からなる外殻層（shell；以下，シェル）で取り囲んだ二重構造であると考えることができる．これは解剖学的な区分ではなく，生理的な概念に基づくものである．体の中核温（core temperature；以下，コア温）を一定に保つために，環境温度によって外殻温（shell temperature；以下，シェル温）を変化させている．図1.1に人体のコアとシェルの関係を示す．

1.1.1 コ ア 温

　コア部を構成しているのは，脳，脊髄，心臓，肝臓，消化器官などの生命活動に欠くことのできない臓器である．健康なヒトのコア温は通常37.0℃程度に保たれており，例えば，快適に椅子に座って作業をしているときの深部体温は37℃程度である．その恒常性は極めて強く保たれている．コア温が40℃に達すると活動を続けることは不可能になり，42℃程度に達すると命を落とすことになる．コア部の温度として体内深部の温度を直接測定することは困難であるが，温熱生理学では，比較的外部から測定しやすい直腸温，腋窩温，口腔温，食道温，鼓膜温，外耳道温がコ

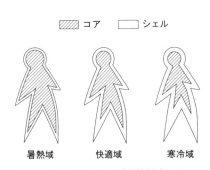

図1.1　コアとシェル（環境温度によってシェルの厚みが変化する）

ア温として用いられることが多い．しかし，厳密にいえば，コア温の部分でもかなりの部位差が存在する．心臓，肝臓，腎臓，脳などの臓器は，安静時の骨格筋よりも高い代謝活動を行っており高温になる条件がそろっているが，臓器の温度には流入する動脈血温および血流量も関係するので直腸温よりも高温であるとは限らない．検討に用いられる部位の体温の相互関係をみると，その平均値は直腸温が最も高く，膣温がこれにつぎ，さらに口腔温，腋窩温の順になる[1]．

なお，ヒト以外の動物の深部体温は，トリ39〜40℃，ヒツジ40℃，ウマ37.8℃，ウシ・イヌ・ネコ38.6℃とヒトより高い．

1.1.2 シェル温

シェル部を構成しているのは皮膚，皮下脂肪層，それに表層の筋肉組織である．皮下血流組織をもつシェル部の温度は，体温の恒常性を保つ上で大きな役割をもつ．体のコア温を一定に保つために，環境温度によってシェル部分の温度を変化させている．

シェル温として皮膚温がある．皮膚温とは正しくは皮膚表面の温度 (surface temperature of the skin) のことで，皮膚組織の温度（皮内温度あるいは皮下温度）とは明確に区別される．熱的中立時の皮膚温は着衣によらず33〜34℃程度である．体の深部から筋肉，脂肪，皮膚で3℃の温度こう配がある．

通常の生活環境下では外気温は体温よりも低いので体の深層部から皮膚組織を経て外気に向かう温度こう配が存在し，それに応じて体深部→皮膚→外界への熱の流れ（熱放散）がある．皮膚表面から外界への熱放散量は定常状態では皮膚深層部から皮膚表面への熱の移動量に等しい．皮膚温はこのような皮膚を通って外界に向かう温度こう配曲線が皮膚表面を通る点の温度である．このため，皮膚温は生体内および周囲環境の温度あるいは熱の運搬に関係する因子の影響を鋭敏に反映して変化する．

1.2 人間と環境の熱交換

1.2.1 熱移動の形態

熱移動現象は，4つのプロセス：熱伝導，熱対流伝達，熱放射伝達，蒸発によって行われる．現実の建築空間や人体における熱移動は，これらが混在した形で発生しており，移動ルートの判別だけでも容易ではない．

〔1〕 熱 伝 導

熱伝導は，高温部から低温部へと，その間に介在する物質（主として固体）を伝わって熱が移動していく状態をいう．例えば，床暖房で感じる接触温感は熱伝導によるものである．

〔2〕 対 流 熱 伝 達

熱対流は，人体を含む固体表面と，それに接して流動している流体，例えば空気とそれに接する物体表面間に起きる熱移動をいう．流体の移動が温度上昇に伴う浮力のみによって起こるものを自然対流，外部風や送風機，あるいはポンプなどの強制力を伴うものを強制対流という．例えば，扇風機は人体まわりに強制的に気流を生じさせ対流熱伝達を大きくすることによって，人体からの熱放散を促進している．

[3] 放射熱伝達

物体はその温度により定まる性質の熱線を出している．熱放射は物体の電子の運動から放出される熱線（電磁波）による熱移動現象であり，空気や真空中を高温の物体から低温の物体へと直接伝達される．例えば，山中のトンネルに入ったときに感じる冷感は放射熱伝達によるものである．また，冷えた窓面からの冷放射が問題になる．冷放射は放射収支によって生じる．放射熱伝達の原理を応用した空調システムとしては放射冷暖房があり，近年の内部負荷の低減に伴い日本においても導入事例が増えている．

[4] 蒸 発

人体の皮膚表面・気道・粘膜では汗や水分の蒸発により熱を放散している．汗，すなわち水が蒸発すると気化熱により熱が失われ皮膚温が下がる．水の蒸発潜熱は0.58 kcal/g（2 430 J/g）である．

1.2.2 人体の熱平衡

人間が暑さ寒さを感じる原理を知るには人体の熱平衡を理解することが重要である．**図1.2**に人体から周囲環境への熱の移動（熱放散）の様子を示す．

栄養の吸収と呼吸によって代謝活動が行われ，エネルギーが生み出される．これを代謝による熱産生といい，その熱量を代謝量（M）[W/m^2]で表す．ここで「産生」という用語を用いているが，医学では，「生産（しょうさん）：出産」という別の意味もあり熱産生というようになった．代謝量は作業や運動などによって人体が産生するエネルギー量で，通常成人の椅座安静時の代謝量に対する比[met]で表すこともある．これは，1時間に体表面積1 m^{2}につき58.1 [W/m^2]の発熱量を基準としている．静座時の代謝量に相当するもので，例えば1.75 m^{2}の体表面積をもつ標準的な体格の人は毎時約100 Wの発熱をしていることがわかる．人間が外部に仕事をすることにより代謝量（M）の一部は体内での発熱にならない．そのため，産熱は代謝量から外部仕事（W）を引いたものになる．なお，一般的な事務作業などでは外部仕事は0となる．

代謝活動によって生み出された熱が熱伝導と血流により体表面へ運ばれ，皮膚表面から周囲環境へ放射（R），対流（C），蒸発（E_s），接触伝導（K）により放熱され，同時に呼吸（RES）によっても外部へと放熱が行われる．呼吸による放熱は外気と呼気の温度差によって放熱される顕熱と，外気と呼気の水蒸気量の差によって奪われる潜熱に分けられる．

以上の熱収支を式に示したものが，人体の熱平衡式（式1・1）である．なお，式（1・1）は単位体表面積当たりの熱量で表されている．

$$M-(W+R+C+E_s+RES+K)=S \quad \cdots\cdots(1\cdot1)$$

Sは人体の熱収支のバランス量である．非定常状態では，$S>0$で人体への蓄熱が起こり，$S<0$で身体冷却が起こる．前者では体温が上昇し，後者の場合には体温が降下する．通常は産熱と放散される熱とがバランスをとるようにして，$S=0$で体温がほぼ一定に維持されるように，体温調節機構が働く．これをホメオスタシスという．これについては1.5節を参照されたい．

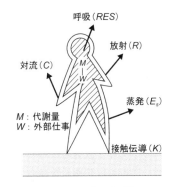

図1.2 人体の熱平衡

1. 温熱生理学

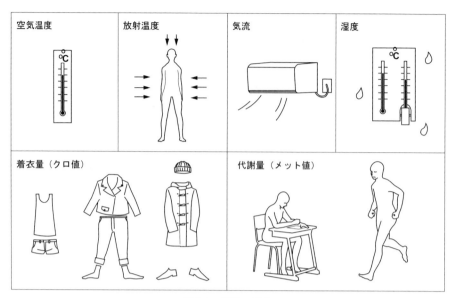

図1.3　温熱6要素

1.3　温熱6要素

前述のように，人間は体内で産生した熱をほどよく周囲環境に逃がして熱平衡を保ち，深部体温を一定に保っている．この人体と環境との熱交換や人間の暑い・寒いという感覚（温冷感）に影響を与える要素を，温熱6要素と呼ぶ．環境側の要因として，空気温度，放射温度，気流，湿度の4要素が人間側の要因として，代謝量，着衣量の2要素がある（**図1.3**）．非定常時には時間も影響を与える．以下に6要素の概要を記す．測定方法についての詳細については4章，5.3節，6.4節を参照されたい．

1.3.1　空気温度

空気温度とは，「空気の温度（気温）」のことを表す．この空気温度が，暑さ，寒さの代表的な尺度として日常生活で用いられている．28〜30℃以上になると発汗，8〜10℃以下になると指先がかじかみ，活動がにぶる．また，椅座位の場合，くるぶし（床上0.1m）と頭（床上1.1m）との上下温度差は3℃以内が望ましい．

1.3.2　放射温度

放射環境を表現するために，平均放射温度という概念が用いられている．平均放射温度とは，実際の不均一な放射場において，在室者が周囲環境と放射熱交換を行うのと同量の放射熱交換を行う均一温度の仮想閉鎖空間の表面温度として表される．放射の影響により，室内の空気温度が同じであっても，暖炉や日射により，周壁の温度が高いと暖かく感じられ，逆に周壁の温度が低いと涼しく感じる（人体表面からの熱損失が増加する）．ISO（国際標準化機構）では，冷たい窓や壁面に対する放射の不均一性の限界（放射温度の差）は10℃以内としている．これに対し，暖かい天井に対

— 4 —

する放射の不均一性の限界は5℃以内としており,天井の強い照明器具や夏季の天井面の温度上昇による頭部への放射熱は不快感が強い.なお,暖かい壁面,冷たい天井に関しては,不快感は少ない.また,通常の室内の床表面温度は19～26℃程度がよい.床暖房を行う場合は,長時間接触による低温火傷を考慮して,床表面温度は29℃以下(上限は30℃程度)が望ましい.

1.3.3 気流

高温でも風があれば涼しく,低温で風が強いと体熱が奪われてより寒く感じる.また,気流の乱れが大きくなる場合や吹出し温度差が過大である場合などでは,平均風速が低くても不快に感じることがある.在室者が不快感を感じる「望まれない局部気流」のことをドラフトといい,暖房時の窓面を下降する冷気流などは,コールドドラフトと呼ばれる.なお,人体が動いている場合の気流は,動きも含めた相対気流として定義される.平均風速のみではなく,2.2.1項に示すように,気流の乱れが温冷感に影響を与えることがわかっている.これは,乱れによる対流熱伝達率の変化および温点,冷点の非定常温度変化による応答の違いによると考えられている.室内気流測定時には,平均気流に加えて気流速度の標準偏差を求めておくことが勧められる.一般的には,平均風速,標準偏差は3分間のデータから算出する.また,風速計の時定数により標準偏差が異なる場合があるので注意を要する.

1.3.4 湿度

湿度は,汗の蒸発と温冷感に影響を与える.高温でも低湿であれば蒸発量が増すので涼しく感じ,低温でも高湿であれば寒さがやわらぐ.低湿度・高湿度では人体に熱的不快感とは異なる不快を生じる.

1.3.5 代謝量

代謝量は作業や運動などによって人体が生産するエネルギーで,体表面積 $1\,m^2$ 当たりの熱量 $[W/m^2]$ をいい,通常成人の椅座安静時の代謝量に対する比 [met] で表す.$1\,met = 58.15\,W/m^2$ である.

代謝による熱産生は人間の活動のレベル・運動状態に密接に関係しており,安静状態で成人はおおよそ100 W である.作業の程度に応じて代謝量が増えるにつれ,顕熱,潜熱ともに増加するが,顕熱よりも潜熱の増加の割合が大きく,全熱に占める潜熱の割合が増加する.作業状態が同じ場合,室温が変化しても,顕熱と潜熱の和である全熱の値はほぼ一定である.

1.3.6 着衣量

着衣の熱抵抗値は,クロ値 [clo] で表される.1 clo とは,気温21℃,相対湿度50%,気流速度 $0.1\,m/s$ の室内で,着席安静にした人が快適(平均皮膚温33℃)である着衣量の熱抵抗である.$1\,clo = 0.155\,(m^2 \cdot K)/W$ である.冬季の標準的な背広は約1 clo,夏服が0.6 clo,屋外で着る冬服が1.5 clo 程度である.

人体の対流，放射，蒸発による熱交換

1.2節に記したように，代謝産熱は最終的に周囲環境へ放熱されることで，体温は一定に維持される．代謝産熱を人体への供給水量，体温，環境の温度を水位と見立てて，コアとシェルを含む人体-着衣-環境系の熱移動を図1に模式化する．図1では，水の高さによって熱移動を駆動する温度差を，可変長の，抵抗が長さに比例する細い管路によって特に伝熱特性の変化の大きい箇所を示している．また，汗の蒸発を水の気化熱を利用するヒートポンプと見立てている．

仮に体温調節や温熱適応がなくすべての部分の熱移動特性（管路の長さ）と代謝産熱（供給水量）は変わらないとすると，(a) の蒸発を無視できる場合に t_a, t_r の水位が変化すると t_{cr} の水位も連動して変動する．(b) の汗の蒸発（ヒートポンプ）で身体の熱収支を維持している場合には，加えて環境の湿度に応じて水位 t_{cr} が変化する．実際には，体温調節や2.3節に記したさまざまな温熱適応や体温調節により代謝産熱と伝熱特性（管路の長さ）を変えて水位 t_{cr} を一定に保とうとし，伝熱特性（管路の長さ）の変化に伴い t_s と t_{cl} が変化する．伝熱特性（管路の長さ）が変化するいずれの箇所も熱抵抗をゼロとすることはできず，調節できる範囲がある．皮下脂肪は特に熱伝導率の低い組織であるが，皮下脂肪の断熱が有効に働くのは皮下脂肪を貫く深部から皮膚に向かう血流が抑制される条件に限られる．いいかえると皮下脂肪の断熱性を血流によって調節している（血流による調節の詳細は，1.3節を参照のこと）．ここでは，皮膚-着衣-環境の間の熱移動のうちの，着衣外表面と環境の間の熱交換である対流熱交換と放射熱交換と，ポンプアップに応じる蒸発熱交換のメカニズムと評価法を記す．皮膚-着衣-環境の全体の中での熱移動の評価法，および，着衣の伝熱特性を決定する要因とその評価，涼しさ，または温かさを実現するための繊維材料開発の試みについては6章を参照されたい．

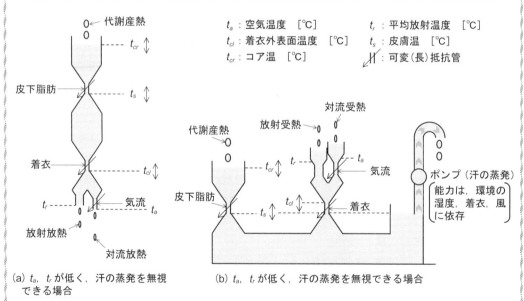

図1　人体-着衣-環境系における熱移動と体温の関係の概要

対流熱交換

着衣外表面から環境への対流放熱は，図2に示すように着衣外表面に形成される粘性底層内の，

主に熱伝導による熱移動と，この粘性底層の外側での，主に空気の流れに乗っての熱移動による．例えば常温下で移動しない空気を多く含む発泡スチロールに触れると暖かく感じるように，空気は静止している限り，身のまわりにある物質の中では特に熱を伝えにくい物質である（参考：27℃における空気の熱伝導率 0.0026 W/(m·K)，水の熱伝導率 0.613 W/(m·K)）．ここでは着衣時を対象として記述するが，裸体の場合には，着衣外表面を皮膚面に置き換えて考えればよい．対流による熱伝達は式(1)で記述される．

$$C = h_c(t_{cl} - t_a) \quad \cdots\cdots (1)$$

C：単位面積当たりの対流放熱量 [W/m²]
h_c：対流熱伝達率 [W/(m²·K)]
t_{cl}：着衣外表面温度 [℃]
t_a：気温 [℃]

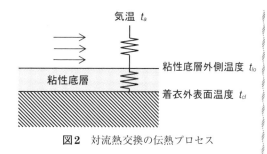

図2 対流熱交換の伝熱プロセス

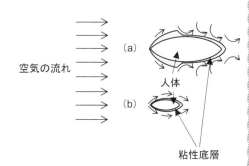

図3 人体のサイズと周囲の流れの模式図

単位温度差当たりの対流放熱の増分である対流熱伝達率（h_c）は，主に伝導によって熱が伝わる着衣外表面の粘性底層が厚くなるほど，そして，この熱伝導に関する環境側の温度である粘性底層外側温度（t_{lo}）が気温（t_a）から離れて着衣外表面（t_{cl}）に近づくほど小さくなる．分子運動の視点からは，空気中での熱伝導は分子の衝突による運動エネルギーの伝達ととらえられ，気圧の増減に伴い伝達を担う分子の数と衝突までに分子が移動する距離が変わる．一般に対流熱伝達率は気圧が低くなると低下し，気圧が高くなると増加する．

図3に示すように粘性底層の厚さは，空気の流れ方向に沿う着衣外表面の長さが長いほど厚くなりやすく（**図3(a)**），粘性底層外側温度（t_{lo}）も上流での熱交換のため平均値が t_{cl} に近づく傾向があり，短い場合にはその逆の傾向がある（**図3(b)**）．したがって，対流熱伝達率（h_c）は大人と子供など身体の大きさによって異なり子供の方が大きい．

着衣外表面上での h_c の分布を考える．この粘性底層は，着衣外表面と空気がぶつかる上流側の先端付近から発達しはじめる．発達しはじめの位置では粘性底層は薄く，また，周辺の t_{lo} も t_a に近い．したがって流れの上流側の先端で h_c は大きな値をとる．このように h_c は，着衣外表面が流れとあたる角度，いいかえると気流方向や姿勢にも依存する．また，平均風速が同じであっても気流の乱れの強さ，すなわち気流の時間による変動が大きい場合に粘性底層ははがれやすく t_{lo} も t_a に近くなる．

ASHRAE[1]，小野ら[7]の提示している1気圧の大気中での強制対流域における人体全身の対流熱伝達率（h_c）を，風速，乱れの強さ，姿勢を変数として，また，自然対流域におけるそれを着衣外表面と気温の差と姿勢を変数として**表1**にまとめる．

放射熱交換

例えば腋の下などでは，着衣外表面から放出される放射熱の一部は環境に向かわずに着衣外表面に入射する．着衣外表面のうち，実質的に周囲と放射熱交換に関与している面積の割合を人体の有

1. 温熱生理学

表1 1気圧の大気中での対流熱伝達率の計算式

式	条件
$h_c = \begin{cases} 8.3\, v^{0.6} \cdots 0.2 < v < 4.0 \\ 3.1 \cdots 0 < v < 0.2 \end{cases}$	気流下での椅座[2]
$h_c = \begin{cases} 2.7 + 8.7\, v^{0.67} \cdots 0.15 < v < 1.5 \\ 5.1 \cdots 0 < v < 0.15 \end{cases}$	気流下でのリクライニング[3]
$h_c = 8.6\, v^{0.67} \cdots 0.5 < v < 2.0$	静穏下での速度vでの歩行[4]
$h_c = 5.66 \left(\dfrac{M}{58.1} - 0.85 \right)^{0.39} \cdots 63.4 < M < 174.5$	静穏下での活動[5]
$h_c = 6.5\, v^{0.39} \cdots 0.5 < v < 2.0$	静穏下での速度vでのトレッドミル歩行[4]
$h_c = \begin{cases} 14.8\, v^{0.69} \cdots 0.15 < v < 1.5 \\ 4.0 \cdots 0 < v < 0.15 \end{cases}$	気流下での立位[6]
$h_c = 4.0\, v + 0.35\, v \cdot TI - 0.00080 (v \cdot TI)^2 + 3.4 \cdots \begin{cases} 0.1 < v < 4.0 \\ 10 < TI < 40 \end{cases}$	立位[7]

v：風速 [m/s], M：代謝量 [W/m²], TI：乱れの強さ [%]

効放射面積率 (F_r) という．堀越らは被験者を対象とした実測から立位人体の F_r の値として0.80を，椅座人体の値として0.74を報告している[8]．

周壁温度が t_r で均一のとき，単位表面積当たりの人体と周囲壁面間の放射 (R) は，周囲壁面を完全黒体とみなすと次式で記述できる．

$$R = \varepsilon_{cl} \cdot \sigma \left[(t_{cl} + 273.15)^4 - (t_r + 273.15)^4 \right] F_r \qquad \cdots\cdots (2)$$

ε_{cl}：着衣外表面の放射率 [−]
σ：ステファン–ボルツマン定数 ($= 5.67 \cdot 10^{-8}$ W/(m²·K⁴))
t_r：平均放射温度 (=周壁面温度) [℃]
F_r：人体の有効放射面積率 [−]

周囲壁面を完全黒体とみなすことができない場合，周囲壁面および着衣外表面における反射が最終的に着衣または周囲壁面のいずれかに吸収されることを考慮すると R は式 (3) で表される．

$$R = \dfrac{\varepsilon_w \cdot \varepsilon_{cl} \cdot \sigma \left[(t_{cl} + 273.15)^4 - (t_r + 273.15)^4 \right] F_r}{1 - (1 - \varepsilon_w)(1 - F_{cl} \varepsilon_{cl})} \qquad \cdots\cdots (3)$$

ε_w：周壁面の放射率 (=吸収率) [−]
F_{cl}：周壁面から人体を見込む形態係数 [−]

周囲壁面が人体を見込み形態係数 (F_{cl}) が極めて小さくゼロとみなして式 (3) と式 (2) は一致する．放射熱交換 (R) を計算する場合，一般に F_{cl} が極めて小さくゼロとみなして，式 (2) を用いて計算される．ただし，例えば反射率の比較的高いステンレス製の調理台のそばでの作業など，人体が出す放射熱が反射により人体に再入射しやすい状況下で式 (2) を用いると誤差が大きくなる．正確な評価には，人体近くにある反射率の高い壁面と人体の間の反射放射熱の吸収を評価するため，人体近くにある反射率の高い壁面を特に細かく分割し，各分割面に関係する形態係数を求めた上で，多重放射を解析すべきである[9]．

人体の皮膚の放射率は0.95〜0.99[10]，また，衣服の値として0.95が広く用いられる[1]．人体の熱

収支から皮膚温 (t_s) や t_{cl} を解くときに，4乗の式 (2) を用いると煩雑な計算となるため，しばしば線形化放射熱伝達率 (h_r) を用い，式 (2) を簡略化した式 (4) により放射熱交換 (R) を評価する．

$$R = h_r(t_{cl} - t_r) \quad \cdots\cdots (4)$$

ただし，

$$h_r = \varepsilon_{cl} \cdot \sigma \left[(t_{cl} + 273.15)^2 + (t_r + 273.15)^2 \right] \left[(t_{cl} + 273.15) + (t_r + 273.15) \right] F_r$$

h_r：線形化放射熱伝達率　[W/(m²·K)]

日常経験する環境の温度域を対象と場合，h_r の値として4.7 W/(m²·K) が用いられる[1]．ただし，特に溶鉱炉などの高温の熱源からの放射熱を防ぐことを目的に放射率 (= 吸収率) ε_{cl} の低い衣服を用いる場合，または極端な低温または高温環境の場合には，ε_{cl}，t_{cl} と t_r に基づき決定した h_r を用いるべきである．

蒸発熱交換

蒸発に伴う熱交換は，皮膚で蒸発した湿気の周辺環境への輸送量 (m) と水の蒸発潜熱 (λ) の積として表される．物質伝達は粘性底層内の主に拡散による輸送と，粘性底層の外側での主に空気の流れに乗っての輸送による．湿気の周辺環境への輸送量 (m) は式 (5) で表される．

$$m = h_D(C_s - C_a) \quad \cdots\cdots (5)$$

m：水蒸気の輸送量　[kg/(s·m²)]
h_D：物質伝達率　[kg/(s·m²·(kg/m³))]
C_s：着衣外表面の水蒸気濃度　[kg/m³]
C_a：環境の水蒸気濃度　[kg/m³]

なお，物質伝達率 (h_D) は対流熱伝達率 (h_c) と相似の関係にあり次式を満たす[10],[11]．

$$h_D = \frac{1}{C_{p,a} \cdot \rho} \left(\frac{D}{a}\right)^{\frac{2}{3}} h_c \quad \cdots\cdots (6)$$

$C_{p,a}$：流体の比熱　[J/(kg·K)]
ρ　：流体の密度　[kg/m³]
D　：拡散係数　[m²/s]
a　：熱拡散率　[m²/s]

m は次式で与えられる．

$$m = h_D \left(\frac{1\,000\, p_s}{R_v(t_s + 273.15)} - \frac{1\,000\, p_a}{R_v(t_a + 273.15)} \right) \approx \frac{1\,000\, h_D}{R_v\left(\frac{t_s + t_a}{2} + 273.15\right)} (p_s - p_a) \quad \cdots\cdots (7)$$

p_s：着衣外表面の水蒸気圧　[kPa]
p_a：環境の水蒸気圧　[kPa]
R_v：水蒸気の気体定数　[J/(kg·K)]

したがって，蒸発に伴う熱移動 (E_s) は式 (8) で表される．

$$E_s = \lambda \cdot m \approx \frac{\lambda \left(\frac{D}{a}\right)^{\frac{2}{3}}}{C_{p,a} \cdot \rho \cdot R_v \left(\frac{t_s + t_a}{2} + 273.15\right)} h_c(p_s - p_a) = L_R \cdot h_c(p_s - p_a) \quad \cdots\cdots (8)$$

L_R：Lewis (ルイス) の係数　[K/kPa]

分子運動の視点から空気中での水蒸気の拡散を考える．皮膚表面で蒸発して環境に向けて飛び出す水蒸気分子の運動が周囲の分子との衝突によって抑制されると拡散はしにくくなる．周囲の分子との衝突回数は気圧に依存し，拡散係数（D）は気圧の低下とともに増加する．

皮膚温付近での蒸発を想定してt_sとt_aを34℃とし，34℃での水の蒸発潜熱（λ）を与え，1〜20気圧におけるL_Rを試算した（**図4**）．大気圧の低下とともにL_Rが増加し，対流熱交換と比べて蒸発に伴う熱伝達が生じやすくなる．常温，常圧の環境下ではL_Rとして16.5 K/kPaが用いられる．

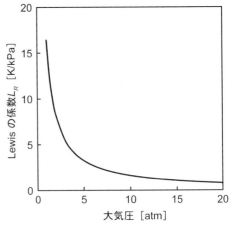

図4　大気圧に応じるLewisの係数

参 考 文 献

[1] ASHRAE : Chapter 9 Thermal comfort, ASHRAE Handbook–Fundamentals, 2013

[2] D. Mitchell : Convective heat transfer in man and other animals. In Heat loss from animals and man, J. L. Monteith and L. E. Mount, eds. Butterworth Publishing, London, 1974

[3] J. Colin and Y. Houdas : Experimental determination of coefficient of heat exchange by convection of the human body. Journal of Applied Physiology, 22(1967), p. 31

[4] Y. Nishi and A. P. Gagge : Direct evaluation of convective heat transfer coefficient by naphthalene sublimation. Journal of Applied Physiology, 29(1970), p. 830

[5] A. P. Gagge, Y. Nishi and R. G. Nevins : The role of clothing in meeting FEA energy conservation guidelines. ASHRAE Transactions, 82-2(1976), p. 234

[6] O. Seppänen, P. E. McNall, D. M. Munson and C. H. Sprague : Thermal insulating values for typical indoor clothing ensembles. ASHRAE Transactions, 78-1(1972), pp. 120-130

[7] 小野剛史，村上周三，大岡龍三，高橋岳生，大森敏明，早乙女剛：屋外空間における人体表面の平均対流熱伝達率の予測式の開発―風洞実験とCFDによる人体表面の平均対流熱伝達率の予測式の提案―，日本建築学会環境系論文報告集，71 巻，601 号，pp. 9-14, 2006

[8] 土川忠浩，小林陽太郎，堀越哲美，三輪恵美，藏澄美仁，平山慶太郎：実測による人体の有効放射面積および人体と矩形面との間の形態係数に関する研究―青年男子に対する裸体・着衣，立体・椅座の場合―，日本建築学会計画系論文報告集，388 巻，pp. 48-59, 1988

[9] T. Mochida, K. Nagano T. Migita : Mean radiant temperature weighted by absorption factor and its characteristics, Journal of the human-environment system, 1-1(1997), pp. 57-63

[10] 西　安信：人間と温熱環境，新版 快適な温熱環境のメカニズム―豊かな生活空間をめざして（2006），空気調和・衛生工学会

[11] F. P. Incropera, D. P. DeWitt : Boundary Layer Analogies, Fundamentals of Heat and Mass Transfer, 5th Edition, Wiley, pp. 356-364, 2001

1.4 体温調節機構

人体の周囲に形成される不均一な温熱刺激は、皮膚の感覚受容器でキャッチされ、中枢に伝達・統合されることにより、自律性体温調節を駆動し、同時に温冷感・快適感を惹起する.

図1.4に皮膚の構造を示す.皮膚は表皮と真皮の2層からなり、真皮の内側には脂肪の多い皮下組織がある.表皮は厚さ0.1 mm程度である.ヒトでは冷受容器は0.15〜0.17 mm、温受容器は0.3〜0.6 mmの深さの真皮内に存在し、自由神経終末によって受容されると推定されている.自由神経終末は神経線維の末端部分を指し、刺激を受容するための特別な構造をもたない.自由神経終末では髄鞘が消失しており、痛覚などの刺激を受容し脳に伝える.温度刺激を受容する自由神経終末のうち、冷覚を司るものを冷受容器、温覚に対応するものを温受容器という.その分布の密度は冷点に対して温点の方が小さい.冷受容器は10〜40℃程度の温度刺激に感受性があり、25℃で最も興奮性が高まる.温受容器は30〜50℃程度の温度刺激に感受性があり、35℃で最も興奮性が高まる.

一方で、体温調節に関与する中枢神経系の神経組織は視床下部であり、体温調節のためにさまざまな生理学的工程を調整する.その調整行動は全体の派生的な反応の様子から設定温度からの偏差に主に比例する.最も重要で多く行われる生理学的工程とは、皮膚への血流を調節することである.

つまり、体温を調節している視床下部の神経機構と体温の変動を受容する部位は明らかに区別される.

また、皮膚には汗腺があり、実際に発汗できる汗腺を能動汗腺と呼ぶ.表1.1に各種民族の平均能動汗腺数[2]を示す.かつては、人種により能動汗腺数が異なると考

表1.1 各種民族の平均能動汗腺数[2]

アイヌ	143万個
ロシア人	189万個
日本人	228万個
成長後タイ移住	229万個
成長後フィリピン移住	217万個
台湾で出生	272万個
タイで出生	274万個
フィリピンで出生	278万個
タイ人	242万個
フィリピン人	280万個

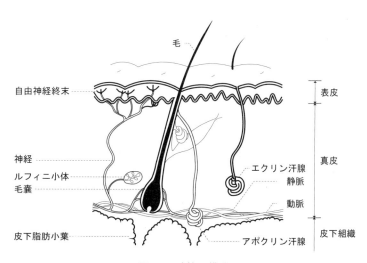

図1.4 皮膚の構造

えられていたが，3歳ぐらいまでに育った環境により異なることがわかっている．体温調節機構は後天的に形づくられるものも多く，乳児のときの温熱曝露経験がその後の発達に大きく影響する．冷暖房を完璧に行い，全くストレスのない状態で育てることも問題になる．

脳と体温調節

はじめに

　体温調節の目的は，温熱的外乱（例えば環境温度の変化や運動）の影響による生体の温度変化を最小にすることである．この営みはすべての生物が行っていることであり，下等生物—高等生物，植物—動物，変温動物—恒温動物を問わない．すべての生物が共通して行う体温調節は生存のために至適な環境条件を選択することである（行動性体温調節）．一方，高等動物では，これに加えて環境変化に拮抗して体温を維持する仕組みを獲得している（自律性体温調節）．

　体温は生体の活動，すなわち基本的な細胞レベルの物質の分解・合成にかかわっている．生体のもつ大部分の酵素（有機酵素）は温度特異性（至適温度：動物の酵素の大部分は30〜50℃の範囲にある）をもつ．生体の温度が適切に維持されないと，生体活動の減弱・停止が起こり，特に物質の分解・合成を常に必要としている細胞では温度の極度の上昇や低下は死を意味する．ヒトなどの高次機能をもつ脳は高代謝であり（からだ全体の酸素消費の25％を占める），主に糖分解によるエネルギー合成を常に必要としている．このため高体温の維持が必要となる．

　一方で，神経細胞の大部分は，再生能が低いため，過度の高体温は，恒久的な脳のダメージにつながる．高次機能をもつ脳は温度の厳密な維持が必要とされる部位である．脳温は，体温調節の主たる対象であり，脳温＝体温といっても過言ではない[1]．さらに，脳の興味深い特徴として，中心の温度（深部体温）センサとして働き，皮膚からの温度情報（環境温度を反映）を受容し，深部体温と皮膚温の情報を統合し，体温調節のコントローラーとして常に働いていることである．このコラムでは，これら体温センサとしての脳の最近の知見をごく一部であるが述べていきたい．

体温のセンサとしての神経，脳
1. 皮膚からの温度受容（環境温度の評価）

　　(1) TRP (transient receptor potential) チャネル

　　皮膚表面で受容される外界の温度情報の取得には，C線維（髄鞘と呼ばれる神経線維を取り囲む組織を伴わない，細い神経），Aδ線維（髄鞘があるが，伝達速度のやや遅い神経）と呼ばれる感覚神経がかかわっている．これらの感覚神経は，脊髄の近傍の後根神経節や脳神経である三叉神経の神経節から皮膚，脊髄に存在し，さらに脳に情報伝達して意識下，非意識下に温度情報を伝達することが明らかになっている．触覚や圧覚などの感覚は形態的に明らかな皮下受容器が存在する．一方，温度感覚については解剖学的な受容器は存在しないため，温度受容のメカニズムは大きな謎であった．1997年，CaterinaらのTRPV1 (vanilloid 1)と呼ばれる細胞の膜上に存在する温度感受性イオンチャネル（一般には，細胞膜周囲で起こる電気的・化学的刺激により特定のイオンの透過性を変化させる分子であり，この結果，神経細胞では細胞内外の電気的こう配が変化し，興奮が生じる．温度に反応するイオンチャネルは報告されていなかった）を発見した[2]．

　　TRPV1は，先に示した後根神経節や三叉神経神経節に分布する神経細胞に多く存在し，42℃を超

1.4 体温調節機構

えるような温度刺激(痛みや組織破壊を伴うような刺激であるので侵害刺激と呼ばれる)で、これらの神経の興奮を惹起する。その後の研究で TRP 関連分子 (TRP ファミリー) の温度受容にかかわる研究が劇的に進歩した。温度受容にかかわる TRP 関連分子は thermoTRP と呼ばれ、生体が遭遇する温度域に応じた複数種類の分子が同定されている。TRPV1 より高温域で反応する TRPV2、我々の体温付近で反応する TRPV4、低温域で反応する TRPM8、TRPA1 などが代表的である。また、TRPV1 は唐辛子の辛味成分であるカプサイシンに、TRPM8 はメントールにも反応するため、化学物質で熱さや冷たさが惹起される。

(2) 末梢から脳までの温度情報の伝達

皮膚からの温度情報は脊髄を介して脳に伝達される。温度情報はヒトでは意識に上る情報と意識に上らない情報に分離される。意識に上る情報としては、物理的情報(熱い、冷たい)と情報に対する評価(暑い、寒い)に分類される。後者は、我々の温熱的快不快感に大きくかかわる。意識に上らない温度情報は、発汗やふるえなどの自律性体温調節に関与している。一般的な体表からの感覚刺激(触覚や圧覚など)は脊髄視床路と呼ばれる神経経路を通って感覚野に至り、意識に上る。温度情報もほかの感覚情報と同様、脊髄視床路を通って感覚野に至り温度感覚として意識に上ると考えられている。しかし、自律性体温調節にかかわる温度情報が一旦、感覚野を経由して体温調節中枢と呼ばれる脳幹上部にある視床下部(後述)に至るとは考えにくかった。Nakamura らの研究により、意識に上らない温度情報は脳幹部にある傍腕核と呼ばれる部位を介して視床下部に至る神経経路がかかわっていることが明らかにされた[3]。

2. 中枢の温度受容(深部温度の評価)

(1) 視 床 下 部

視床下部は脳幹と同様に根源的な生命活動を司る部位である。ホルモンの分泌や性行動などを司っているがヒトでもクリの実程度の小さな組織である。視床下部の前部は豊富な温度感受性神経(温度変化によって興奮頻度が変化する神経細胞)が存在する。これらの神経は深部体温(脳温)を受容していると考えられる。実際、これらの神経群を起点としてさまざまな自律性体温調節が行われている。このため視床下部は体温調節中枢であると考えられている。しかし、皮膚に分布する温度感受性神経と異なり、その温度受容のメカニズムは未知の部分が多く、大きな研究課題となっている。

視床下部に存在する温度感受性神経は、皮膚からの温度入力に大きな影響を受ける。深部体温の上昇は温度感受性神経の興奮を促すが、環境温度が低下した状況で同様の深部体温上昇を誘導しても同程度の温度感受性神経の興奮はみられない。

(2) 温熱的快不快感

ヒトにおける体温調節の理解には、温熱的快不快感の理解が非常に重要であるが、古典的な心理学的解析が主で、脳メカニズムの解明には至っていない。最近の永島らの機能的 MRI を用いた研究(未発表データ)では、温度刺激の質(温度が高い、低い)にかかわらず共通した脳領域の活動がみられるが、前部帯状回が温熱的快感に、内側前頭前皮質が温熱的な不快感に関与している脳 Mapping 結果が得られており、今後の研究展開が望まれる。

参 考 文 献

[1] K. Nagashima, S. Nakai, M. Tanaka et al. : Neuronal circuitries involved in thermoregulation. Autonomic Neuroscience : Basic & Clinical, 85(2000), pp. 13-25

[2] M. J. Caterina, M. A. Schumacher, M. Tominaga, T. A. Rosen, J. D. Levine and D. Julius : The capsaicin receptor : a heat-activated ion channel in the pain pathway, Nature, 389(1997), pp. 816-824
[3] K. Nakamura, S. F. Morrison : A thermosensory pathway mediating heat-defense responses, Proc Natl Acad Sci USA, 107(2010), pp. 8848-8853

1.5 体温調節反応

1.5.1 生理的体温調節

人体は，体内で産生した代謝熱をほどよく外部環境に逃がして熱平衡を保ち，深部体温を一定に保つために体温調節反応が起こる．

体温調節に伴う生理的なメカニズムを図1.5に示す．熱的中立よりも低い温度では，表面血管の収縮により血流量を減少させ，放熱量を低下させる．血管収縮の影響は厚いセーターの断熱効果と同意義である．さらに低い温度になるとふるえ，熱産生が起こる．それでも間に合わないときには深部体温は低下して低体温になる．ふるえに対し，骨格筋の収縮の関与しない熱産生を非ふるえ熱産生といい，これは生体の最小のエネルギー要求に関係している熱産生である．これには安静時のエネルギー代謝（基礎代謝）および後述する寒冷馴化による褐色脂肪細胞増加による熱産生の増加が含まれる．このように熱産生には大きく分けて，非ふるえ熱産生，ふるえ熱産生がある．

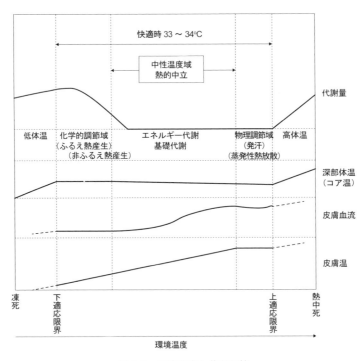

図1.5 環境温度と体温調節

1.5 体温調節反応

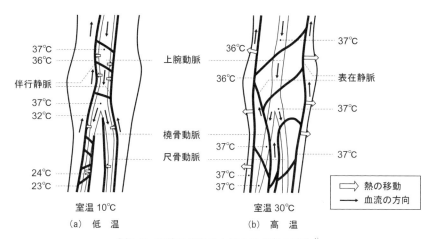

図1.6 環境に応じる上肢血流方向の変化[4]

一方,熱的中立よりも高い温度では,表面血管の拡張により血流量を増加させ放熱量(皮膚血管反応)を増加させる.皮膚血管の拡張により,皮膚血流量は周囲に移動する内部熱を皮膚に運ぶために極熱の中で15倍,安静時の$1.7\,mL/(s\cdot m^2)$から$25\,mL/(s\cdot m^2)$に増加する.さらに,この温度よりも高くなると発汗(蒸発性熱放散)が始まる.これらの防衛手法は皮膚を冷却しコアからの熱損失を増加させる効果的な方法である.人間の皮膚の発汗機能と調整はほかの動物に比べ最も発達しており,安静時よりも高い代謝量時における体温維持にはますます重要である.それより高くなると,深部体温が上昇して高体温になる.さらに高くなると熱中死などが起こる.高体温になったときの人間の体温の上限は42℃程度である.平常時からわずか5℃体温が上昇しただけで生存できなくなってしまったり,死に至らなくても脳などに損傷が起こることがある.人体の体温調節反応は極めて優れており,蒸発潜熱を活用した発汗はヒトと一部の類人猿およびウマ[3]にのみみられるものであり,その効果は極めて大きい.

オフィス作業や住宅にいるときは,表面血流で放熱量をコントロールしている状態がほぼ快適範囲となる.また,高温時と低温時の前腕の血流に関して図1.6に示す[4].低温時にシェルにきた動脈血がもつ熱エネルギーは,動静脈間の対向流熱交換によって静脈血に吸い取られて,比較的低温になって末梢に達するが,ここでは末梢血管の収縮によって血流量が減少しているため,表層部への熱の移送をはじめ伝導は極めて制限された状態にある.その結果,皮膚温は低下し,熱放散も節減されることになる.

1.5.2 行動性体温調節

行動性体温調節とは,生体が何らかの行動に訴えて自らの外的および内的温熱環境に関する物理的因子を変え,体温の恒常性維持を行うことである.体温調節行動は動物の種やその置かれた自然環境条件により多種多様である.表1.2は自然界にみられる体温調節行動を,行動が環境条件のどの物理的因子を操作させるかにより分類したものである[5].

1. 温熱生理学

表1.2 体温調節行動[5)]

主に操作される物理因子	体温調節行動
環境温	身体移動（日向，日陰の選択） 移住
体表面―外界熱コンダクタンス 外界との顕熱交換因子	（微気候の改善，巣づくり，避難所，穴掘り，冷暖房，衣服） 水浴（ビーバー，カバ，セイウチ），泥浴（ヤギュウ，ブタ），砂浴（カメ，ヘビ，トカゲ） 対流熱放散増加（あおぐ；ゾウの耳翼，イルカのひれ，ダチョウの羽根） 体表面積の増減―姿勢変化 密集（ラット，マウス，ブタ，ラクダ，コウモリ）
蒸　発	身体に水をかける（ゾウ） 流涎（ウシ），唾液あるいは鼻汁塗布（ラット，コウモリ） 卵をぬらす
体内冷却，加温	冷水あるいは温水摂取 氷摂取（ペンギン）
熱産生	身体運動 摂食
その他	夏眠，冬眠，夜行生活

1.6 温度適応

外部環境の変化に対する生体の適応の方法は二つあるといわれている．その一つは生体の内部環境を変化させて適応する型で従合型適応と呼ぶことができ，体温が外界条件に同調して変化する爬（は）虫類，両生類などの変温動物が当てはまる．もう一つは内部環境の変化が少ない状態で適応する型で調節型適応であり，環境条件が変化してもそれが一定の範囲内であれば体温があまり変化しないように生理的に調節されるという恒常性の保持能力をもった鳥類や哺乳類のような恒温動物が当てはまり，この能力が最も発達しているのが人類である．気象，環境を構成する多数の因子の中で，生体の外来刺激としてのストレスの引き金の役割を果たしているのが温度である．本節では寒冷環境および暑熱環境における温度適応について述べる．

1.6.1 寒冷環境に対する適応

寒冷順化は生体側の条件（種差，性差，年齢，活動状態，栄養など）と寒冷への曝露条件（寒冷の程度，曝露期間，曝露様式など）によって種々の様相を呈する．寒冷順化の主な型として，断熱性寒冷順化（絶縁によって体熱の放散を減少させる保熱性機序による適応），代謝性寒冷順化（熱産生の促進に基づく適応），慣れ（刺激の繰り返しにより生理的反応が減弱すること），冬眠（冬季の寒冷と食物不足により体温と代謝を低下させること）などがあるが，近年，寒冷適応について生理的側面から新しい研究成果が報告されている．寒冷環境についてのオランダの Van Marken Lichtenbelt（バン・マーケン・リヒテンベルト）ら[6)]の褐色脂肪細胞による寒冷順化についての報告は興味深い．褐色脂肪細胞は寒冷環境において体内の熱産生量を増加させる，非ふるえ熱産生の役割を果たすが，これまで幼少期にのみ存在すると考えられていた．しかし，被験者実験により成人であっても寒冷環境に曝露されることで褐色脂肪細胞が発現し，その発現量には個人差があるこ

1.6 温度適応

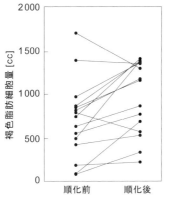

図1.7 順化による褐色脂肪細胞量の増加[6]

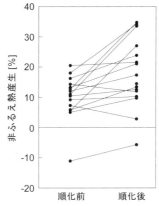

図1.8 順化による非ふるえ熱産生の増加[6]

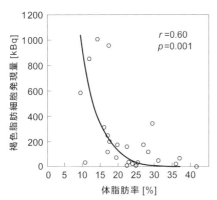

図1.9 体脂肪量と褐色脂肪細胞の代謝活性の関係[7]

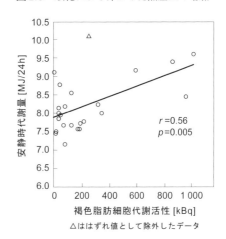

△ははずれ値として除外したデータ

図1.10 褐色脂肪細胞の代謝活性と安静時代謝量の関係[7]

とが判明している．

　Lans（ランス）らは成人の男女17人を対象に寒冷曝露を10日間繰り返し，冬季における人体の短期寒冷順化を模擬する実験を行った[6]．その結果，ほとんどの被験者において褐色脂肪細胞量が増加し，熱産生のうち非ふるえ熱産生の割合が11%から18%に増加することを示した．さらに，短期寒冷順化前後の心理量の申告について，順化前と比較し多くの被験者が寒さを感じづらくなり，寒さに対して寛容になると報告している．**図1.7**に順化による褐色脂肪細胞量の増加，**図1.8**に順化による非ふるえ熱産生の増加を示す．

　加えて，Van Marken Lichtenbeltらは，寒冷曝露時の褐色脂肪細胞の代謝活性や分布，人体のエネルギー放出量に体組成の違いが与える影響について被験者実験を行っている[7]．痩身体と肥満体の実験参加者を1時間の熱的中立状態（室温22℃）後，2時間の寒冷環境（室温16℃）に曝露した．その結果，BMI，体脂肪率が小さいほど褐色脂肪細胞の代謝活性が大きくなると報告している．また，熱的中立状態および寒冷曝露時での安静時代謝量と褐色脂肪細胞の代謝活性には正の相関がみられた．**図1.9**に体脂肪量と褐色脂肪細胞の代謝活性の関係，**図1.10**に褐色脂肪細胞の代謝活性と安静時代謝量の関係を示す．褐色脂肪細胞量は，体組成のほかに年齢が大きく関係し，高齢にな

るほど褐色脂肪細胞量が減少することが判明している[8]．
図1.11に年齢と褐色脂肪細胞率の関係を示す．

環境適応には心理的側面のみならず，生理的面も影響を与えている．一般に女性は男性と比較し体脂肪率が高く，褐色脂肪細胞の代謝活性が低いため代謝量が低い傾向にあり，冷えを感じやすくなる可能性があると指摘されている．これまで中立温度の性差に焦点が当てられていたが，環境適応を考えると，より広い範囲の生理的適応を考慮する必要があるだろう．

1.6.2　暑熱環境に対する適応

ヒトの高温環境に対する適応は主として調節型の適応

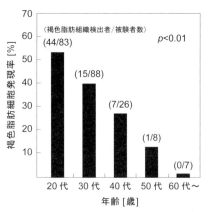

図1.11　年齢と褐色脂肪細胞量の関係[8]

である．例えば体温に関しては，正常体温の体温調節のレベルの変化はほとんどないと考えられている．しかし血液などの体液の性状は高温環境に順化すると変化することが知られているので，体内環境もある程度は変化する．

暑熱曝露によって必ずみられる現象は，体温の上昇と皮膚血管の拡張や発汗の発現にみられるように放熱量を増加させる生理反応である．ヒトが熱的に中立な環境下で安静をとっているときは，体温が一定に保たれている．環境温が上昇すれば代謝量はほとんど変化しないので（代謝不関域），放散熱量が減少して体温は上昇する．しかしこの場合，皮膚の血流量が増加し，皮膚温が上昇して放散熱量（乾性放熱）が産熱量と等しくなって，体温をほぼ一定に維持することができる．環境温がさらに上昇して上臨界温（30℃前後）より高くなると，安静状態でも汗が分泌されて皮膚からの水分蒸発による放散熱量（湿性放熱）が増加して，体温上昇をある程度で抑えることができる．環境温が高くなるにつれ湿性放熱量の全放熱量に占める割合は増加し，環境温が34℃以上になると伝導，対流および放射によって熱は周囲環境より体内に入り，放熱はもっぱら湿性放熱によって行われる．高温環境への順化によって，高温環境下での体温調節能力に主として放熱能力の向上による適応的変化が生じて，一定の暑熱曝露に対して体温の上昇度が低く，疲労が少なく不快感が減少し，作業能力が増加する（能力適応）とともにより大きな暑熱負荷に対し耐えられるようになる．

暑熱適応にはその適応期間が短い場合と長期間にわたる場合ではその様相が異なることが知られている．例えば順化の期間が短い場合は，暑熱曝露開始後1週間から10日の間に大きな変化があり，その後徐々に変化が進行する．短期間の暑熱順化時にみられる生理機能の適応的変化は，暑熱曝露を中止すると比較的早く失われることが知られている[9]．また，短期間の場合は少なくとも中程度の高温負荷に対しては発汗量が増加して体温の上昇度が減少するのであるが，長期間の高温中のあとでは発汗量は少なく，しかも体温上昇度が低く維持できるようになるといわれている．さらに，長期間の暑熱順化にみられる変化は，生理的反応の変化のほかに体質や体組織の変化が現れ[10],[11]，それらの変化は容易に消失しない．熱帯住民は生まれた時から高温環境で生活しているが，熱帯住民の能動汗腺数は温帯や寒帯の住民より多い．熱帯住民の体型は躯幹に比べて四肢が長く，体重当たりの体表面積が大きく，体組成の面からみると皮下脂肪が少なくなっている．基礎代謝量は平均気温との負相関が強く，熱帯住民は体表面積当たりの代謝量が少なく，したがって放散量の減少する高温環境下での体温調節が容易であるとされている．

1.7 体温調節の年齢差・性差

老化に伴い汗腺にはさまざまな形態的変化が起こる．高齢者では，汗腺や唾液腺などのように分泌物を分泌する管（分泌管）に退化や萎縮性変化がみられることもあるが，導管にはほとんど変化がみられない．腺のまわりの血管や神経線維の数も減少する．機能的変化としては，手掌の能動汗腺の数および分泌活動の減退と，前腕の汗腺について反応の変化がある．この反応は若年者では女性より男性が強いが，男性では老年者で反応が減退し，女性ではかえっていくらか亢進して性差が減る．加齢によるふるえ熱産生の減少は，骨格筋量の低下によるものと考えられており，基礎代謝量と相関があるとされる[12),13)]．また，皮膚血管拡張は加齢により減弱し，これには部位差があると考えられている[13),14)]．発汗機能は加齢とともに低下し，身体部位差が存在する[16)]．一方，老年になっても特に発汗能の衰えはみられないともいわれ，また，熱刺激に対する発汗反応が遅くなる．また，ヒトでは女性が男性に比べて強い耐寒能力をもっていることが幾人かの研究者によって報告されている[17)]．

新生児は出生直後から体温調節機構を有することが証明されている[18),19)]が，大人のようには発達していない．新生児は主に，ふるえ熱産生などの化学的方法によって熱産生し，発汗などによる物理的方法によって熱を放散しているが，体温調節中枢は視床下部にあると考えられる．成熟新生児では体温調節のセットポイントは約37℃であるが，小さな未熟児ではそれよりやや低い．

幼小児は成人より発汗量が多くまた季節変動が少ない．単位皮膚面積当たりの発汗量は春季には成人の2倍にも及ぶが，夏季にはその差が少なくなる．このような小児型の発汗から成人型に移行するのは思春期頃であるが，個人差が大きい．

参考文献

1) 総合研究季節生理班：体温測定法に関する研究，特に口腔温測定法，44(1957)，pp.469-480，日新医学
2) 久野 寧：汗の話，1963，光生館
3) R. E. McDonald, R. I. Fleming, J. E. Beeley, et al. : Latherin : a surfactant protein of horse sweat and saliva, PLOS ONE, 4(5), e5726, 2009
4) 中山昭雄編：温熱生理学，1981，p.130，理工学社
5) 中山昭雄編：温熱生理学，1981，p.314，理工学社
6) A. van der Lans, J. Hoeks, B. Brans, G. Vijgen, M. Visser, M. J. Vosselman, J. Hansen, J. A. Jörgensen, J. Wu, F. M. Mottaghy, P. Schrauwen and W. D. van Marken Lichtenbelt : Cold acclimation recruits human brown fat and increases nonshivering thermogenesis, J. Clin. Investig., 123, 8, pp. 3395-3403, 2013
7) W. D. van Marken Lichtenbelt, J. W. Vanhommerig, N. M. Smulders, J. Drossaerts, G. Kemerink, N. D. Bouby, P. Schrauwen, and J. Teule : Cold-Activated Brown Adipose Tissue in Healthy Men, N. Engl. J. Med., 360, 15, pp. 1500-1508, 2009
8) T. Yoneshiro, S. Aita, M. Matsushita, et al. : Age-Related Decrease in Cold-Activated Brown Adipose Tissue and Accumulation of Body Fat in Healthy Humans, Obesity, 19(9), pp. 1755-1760, 2011
9) C. G. Williams, C. H. Wyndham and J. F. Morrison : Rate of loss of acclimatization in summer and winter, J. Appl. Physiol., 22, pp. 21-26, 1967

10) C. S. Corn, S. M. Garn and J. B. Birdsell : Races; A study of the problems of race formation in man, Carles C. Thomas. Ⅲ. U.S.A., 1950
11) S. Hori et al. : Comparison of physical characteristics body temperature and basal metabolism between Thai and Japanese in a neutral temperature zone, Jap. J. Physiol., 27, pp. 525-538, 1977
12) 小川徳雄：老若男女の温熱生理学（2）—性差と加齢の影響—, J. Human and Living Environment, 4(1), 1996
13) 岡崎和伸, 能勢　博：加齢と体温調節, In: からだと温度の辞典, 彼末一之監修, 2010, 朝倉書店
14) Yoshimitsu Inoue : Longitudinal effects of age on heat-activated sweat gland density and output in healthy active older men, Eur. J. Appl. Physiol., 74, pp. 72-77, 1996
15) Yoshimitsu Inoue : Regional differences in age-related decrements of the cutaneous vascular and sweating responses to passive heating, Eur. J. Appl. Physiol., 74, pp. 78-84, 1996
16) 栃原　裕：高齢者の体温調節反応の特徴, In: 高齢者の住宅熱環境, 川島美勝編, 1994, 理工学社
17) K. Bruck : Temperature regulation in the newborn infant, Biol. Neonate, 3, p. 65, 1961
18) K. Bruck : Heat production and temperature regulation, in "Physiology of the Perinatal Period" (ed. By Stave, U.), Appleton-Century-Crofts, New York, 1970
19) C. L. Prosser : Perspectives of adaptation, Adaptation to Environment, Handbook of Physiology, 1964, Sect 4, Am. Physiol. Soc., Washington D. C.

2. 快適環境とは

2.1 熱的快適性の定義

2.1.1 積極的快適性と消極的快適性

米国暖房冷凍空調学会（ASHRAE）温熱環境基準のASHRAE 55[1]において，熱的快適性は「that condition of mind which expresses satisfaction with the thermal environment（温熱環境に満足を示す心の状態）」とされており，これが熱的快適性の定義として広く受け入れられている．熱的快適性は五感のような「温熱刺激に対する反応」ではなく，総合的な情報判断に基づく心理的状態としての「satisfaction（満足）」とされている．定量的な条件は示されておらず，多様な解釈の余地を残した表現となっている．

快適には，「積極的（ポジティブ）な快適」と「消極的（ネガティブ）な快適」という二つの意味合いがある．前者は「気持ちがいい」や「心地よい」のように，基準よりもプラスの状態を示し，英語では "pleasantness" と表現される．それに対し後者は，「安楽」，「悪くはない」のように大きな苦痛やマイナスがない状態を示しており，英語では "comfort" と表現される．

ASHRAEの温熱環境研究では，「寒い（cold）」，「涼しい（cool）」，「やや涼しい（slightly cool）」，「どちらでもない（neutral）」，「やや暖かい（slightly warm）」，「暖かい（warm）」，「暑い（hot）」の7段階温冷感尺度が用いられてきた．英語では，この尺度が段階的な温冷感の変化を表すといわれている．しかし，日本語では「暖かい」，「涼しい」という言葉に積極的快適（心地よさ）のニュアンスが含まれており，同じ軸線上の尺度になっていない点が指摘されている．Kuno（久野）ら[2]は，これを図2.1に示す温冷感における二次元モデルとして整理している．

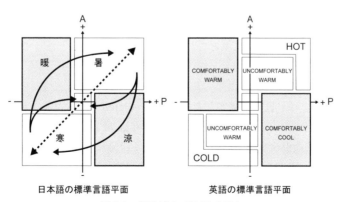

図2.1 温冷感の二次元モデル

2. 快適環境とは

縦のA軸は周辺環境の状態を示しており，＋側は温度が高く，－側は低い状態を表している．横のP軸は人体の生理状態を示しており，＋側は体が熱く，－側は冷たい状態を表している．また，四角の領域は，それぞれの熱的状態において生じる温冷感を示しており，左図は日本語，右図は英語に対応している．人体の生理状態がその環境に対する定常状態にあるとき，温冷感は「寒」から「暑」の対角線上（図の点線）のいずれかに存在している．"uncomfortably warm"と"uncomfortably cool"がASHRAE温冷感尺度の"warm"と"cool"に対応している．人体と環境の状態がちょうど中心付近に落ち着くとき，温冷感は中立となる．

次に，非定常状態を考える．環境と体の温度が低い状態が温冷感の「寒」を表しているが，環境温度が上がると徐々に体も温まっていく．その過程で，実線の矢印で示すように積極的快適を含んだ「暖」の感覚となる．環境温度がちょうどよいと「中立」に落ち着くが，環境の温度が高すぎると体温はさらに上昇し，「暑」の感覚となる．「暑」の状態から体が冷やされ，積極的快適を含んだ「涼」の感覚を経て，「中立」や「寒」へと至る過程も同様に考えられる．生理状態の変化は環境の変化に追随して生じるため，非定常変化は図上で常に時計回りとなる．網掛けで示された「暖」，「涼」の領域において，生理的な熱ストレスから解放されていく非定常の過程が"pleasantness"であるとされている．定常状態ではこの領域を通過せず，消極的快適のみが存在している．

2.1.2 空調の視点からみた熱的快適性

積極的快適を維持するには，生理的な熱ストレスとそこからの解放を繰り返す必要があるが，個々人の履歴など個人差が現れやすく，そのような状態が万人に受け入れられるとは考えにくい．空調設備による大多数に受け入れられる安定した温熱環境の形成を目的とするならば，まず目指すべきは不満のない状態であり，消極的快適となる．温冷感でこの状態を表現すると「暑くも寒くもない（熱的中立）」となる．また，空調の視点からは，不特定多数が同じ空間に在室している状況で，快適な環境条件を実現することが求められる．それは，特定の個人にとっての快適性ではなく，集団にとっての平均的な快適性となる．

在室者の着衣量，代謝量，温熱環境の好みには個人差があり，快適と感じる環境は一意に決まらない．同一人物であっても，季節・時間帯・状況によって変動しうるため，在室者全員が快適となる環境条件が一致する確率は極めて低い．一方で，全員を不快にすることはそれほど難しくない．人は生命の危機につながる状態を本能的に不快と感じるため，不快な環境条件にはばらつきが比較的小さい．そこで不特定多数が集まる空間での快適性を考えるとき，不快と感じる人の割合をなるべく少なくするのが現実的な目標となる．ASHRAEの熱的快適性の定義に従ってこれを「不満足者率」と呼び，この数値を一定以下にすることが温熱環境計画の基本となっている．

2.1.3 不満足者率の目標値

Fanger（ファンガー）は，自身の提案したPMV（Predicted Mean Vote）指標（3.2.4項参照）に基づいて不満足者率を予測するPPD（Predicted Percentage of Dissatisfied）指標を開発している[3]．PMVは，集団の平均的な温冷感の予測値をASHRAE 7段階尺度の数値（－3：寒い～＋3：暑い）として示す指標である．PPDは，PMVで表される温熱環境と被験者実験の申告結果から統計的に導かれている．不満足者率を決める上での統計的処理では，被験者申告の7段階温冷尺度における中央3カテゴリー，すなわち「やや涼しい」，「どちらでもない」，「やや暖かい」の範囲を外れた

場合に，不満足とみなす仮定が行われている．PMV と PPD の関係を**図2.2**に示す．PPD は PMV が0のときに最小値の5%となっており，個人差のために不満足者率0% の達成が難しいことを示している．

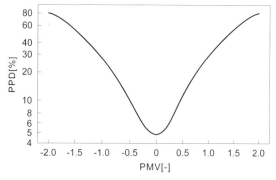

図2.2 PMV と PPD の関係

1975年，マンハッタンの政府ビルで492人の政府職員を対象とした熱的快適性の実態調査が ASHRAE のプロジェクトとして行われた．オフィスの熱環境への満足度（acceptability）を尋ねた結果，集団のすべての人々が満足できる環境は存在せず，体感温度指標の一つである標準新有効温度 SET*（3.2.5項参照）が22.2～25.6℃の範囲で全体の80% 以上から満足できるとの回答が得られた[4]（**図2.3**）．この結果を受けて，SET* の快適域が定められるとともに，80% 以上が満足できる環境を快適環境とみなす考えが ASHRAE の基準に取り入れられた．不満足者率が20% 未満という目標は，その後も重要な指針値として多くの温熱環境基準の基礎となっている．

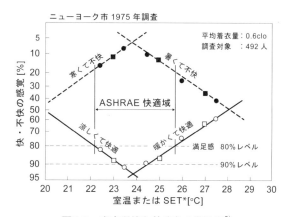

図2.3 室内環境と執務者の満足度[5]

この調査では，満足度（acceptability）の申告が熱的快適の判断に用いられている．「満足度」という訳は西[5]によるものであるが，直訳すると「受容度」であり，日本語の申告スケールでは「受け入れられる／受け入れられない」と訳されることが多い．英語の "acceptable" は「悪くない」程度の軽い肯定を意味するが，その逆を「受け入れられない」としてしまうと，「耐えられない」のような強い否定のニュアンスを含んでしまう．

複雑な経緯ではあるが，ASHRAE の熱的快適性の定義では温熱環境への満足が "satisfaction" と表現されているが，その実質的な判断には "acceptability" が用いられており，日本語ではその直訳の「受容度」となってしまっている．本来の意味合いが少しずつ変化しており，日本の状況に即した熱的快適域を調査する上で，「温熱環境への満足」を表す適切な申告尺度を用いることが望まれる．

2.2 全身温冷感と局所不快感

人間は代謝作用により体内で熱産生を行い，この熱を適度に環境に放熱することで体温を一定に保っている．人体と環境は，放射（R），対流（C），皮膚からの蒸発（E_s），呼吸（RES），伝導（K）により熱交換を行っている（**図2.4**）．代謝量（M）から外部仕事（W）を差し引いたものが実際の産熱量となり，式（2·1）の熱収支式が成り立つ．（S）は人体の熱収支のバランス量を示す．

$$M-(W+R+C+E_s+RES+K)=S \qquad \cdots\cdots(2\cdot1)$$

2. 快適環境とは

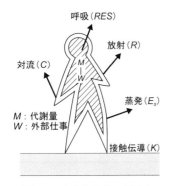

図2.4 人体と環境の熱収支

$S<0$ の場合は放熱過多で体温の低下につながり，寒さを引き起こす．逆に $S>0$ の場合は放熱不足で体内に熱がこもり，体温が上昇して暑さにつながる．$S=0$ の場合，体内での産熱量と環境への放熱量が等しいため，温冷感は変化しない．これが全身の温冷感に関する基本原理となっている．式 (2·1) の熱収支式を解くことで，環境にかかわる4要素（空気温度，放射温度，湿度，気流速度）と人体にかかわる2要素（代謝量，着衣量）が全身温冷感に及ぼす影響を評価できる．

ただし，全身として産熱と放熱の収支が合っていても，体の一部で極端な冷却や加熱がある場合は，不快を感じる．これを局所不快感という．熱的快適の実現には，全身温冷感が適切な範囲に収まっていると同時に，局所不快感がないことが求められる．ISO 7730[6] では局所不快感に関して詳述されている．

2.2.1 ドラフト

気流は，対流による熱交換を促進させる効果がある．体の一部に継続的に気流が当たることで局所的な加熱／冷却が行われ，不快につながる．また，熱的作用だけでなく，皮膚に対する触覚刺激をもたらす．望まれない気流をドラフトという．

ISO 7730基準におけるドラフトによる不満足者率（DR [%]）を式 (2·2) に示す．ドラフトは皮膚が露出している部位で感じやすいが，この DR は首の位置における気流に関する予測式となっている．腕や足では過大評価してしまう可能性がある．10%, 20%, 30% の DR を許容するときの局所気流の平均速度（$\bar{v}_{a,l}$）の上限を**図2.5**に示す．図中の $t_{a,l}$ は局所の空気温度，T_u は式 (2·3) で表される乱れの強さ (turbulence intensity, 4.4.1項参照) を示している．まず，許容する DR が低くなるほど気流速度の上限も低くなっている．また，許容する DR が同じであれば，$t_{a,l}$ が低く，T_u が大きいほど不快に感じやすく，$\bar{v}_{a,l}$ の上限が低くなっていることがわかる．

$$DR = (34 - t_{a,l})(\bar{v}_{a,l} - 0.05)^{0.62}(0.37 \cdot \bar{v}_{a,l} \cdot T_u + 3.14) \qquad \cdots\cdots(2\cdot2)$$

$\bar{v}_{a,l} < 0.05$ m/s の場合，$\bar{v}_{a,l} = 0.05$ m/s とする．
$DR > 100\%$ の場合，$DR = 100\%$ とする．

$$T_u = \frac{\delta_{a,l}}{\bar{v}_{a,l}} \cdot 100 \qquad \cdots\cdots(2\cdot3)$$

$t_{a,l}$：局所空気温度 [℃]（20〜26℃の範囲）
$\bar{v}_{a,l}$：局所気流の平均速度 [m/s]（>0.05 m/sの範囲）
T_u：局所気流の乱れの強さ [%]（10〜60%の範囲．不明の場合は40%）
$\delta_{a,l}$：局所気流の標準偏差 [m/s]

ただし，基準値を超えても気流に曝露されている当人が不快と感じなければドラフトにはならない．夏季に高温多湿となる日本のような気候では，湿度により皮膚からの汗の蒸発が抑制される．発汗による放熱効果を高めるために気流を利用することが一般的であり，気流があることは必ずしも不快とはならない．ISOの基準値をみても $t_{a,l}$ の上限が26℃で打ち切られており，暑さを緩和するための気流は否定されていない．特に自分で気流を調節できる場合は不快を感じにくいといわれ

2.2 全身温冷感と局所不快感

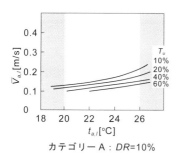
カテゴリーA：DR=10%

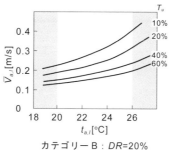
カテゴリーB：DR=20%

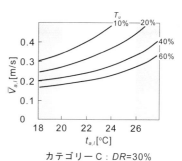
カテゴリーC：DR=30%

図2.5 ドラフトによる気流速度上限

ており，最新のASHRAE 55温熱環境基準では，2.4.2項の〔3〕に示す条件を満たすことで気流速度の上限が撤廃されている．代謝量が高い場合もドラフトを感じにくい．

一方，冬季に冷たい窓面や壁面で室内空気が冷却されると下降流が発生し，床を這う気流となる．これをコールドドラフトと呼ぶ．着衣量の少ない足下を冷風が直撃するため，冬場の不快要因となりやすい．

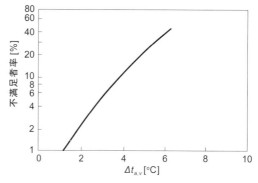

図2.6 上下温度分布による不満足者率

2.2.2 上下温度分布

古来から頭寒足熱という言葉があるように，頭が涼しく足下が暖かい状態が快適だといわれている．しかし，物理法則から暖かい空気は部屋の上部に，冷たい空気は部屋の下部にたまりやすい．断熱性能の低い部屋では，不適切な暖房方法により簡単にこのような状況が発生する．足は冷えているのに，頭が暑さでぼーっとする状態となる．頭の位置と足下の位置での空気温度差（$\Delta t_{a,v}$）による不満足者率（PD［%］）の予測式を式(2·4)に，温度差に対するPDを図2.6に示す．

足下と頭の高さは，立位と座位で異なる．足下の高さは0.1 mで共通であるが，立位頭部の高さは1.7 m，座位頭部の高さは1.1 mとなる．そのため，立位の方がより厳しい基準となる．

$$PD = \frac{100}{1 + \exp(5.76 - 0.856\, \Delta t_{a,v})} \quad\cdots\cdots(2\cdot4)$$

$\Delta t_{a,v} < 8$℃の範囲にのみ適用

2.2.3 非対称放射

体の片側や頭部などの一部が放射により加熱／冷却されると不快の要因となる．冬の冷たい窓面や日射で熱せられた最上階の天井面などがその原因となりうる．不均一な放射環境は，相対する微小面に対する平均放射温度（4.3.2項の平面放射温度を参照）の差（Δt_{pr}）で評価し，温度差が大きいほど不満足者率が高くなる．天井（上下方向）と壁（側面方向）の非対称放射により不満足者率（PD［%］）の予測式を式(2·5)～(2·8)に示す．図2.7に示すΔt_{pr}とPDの関係をみると，冷たい壁面（窓

面)と熱い天井面を不快に感じやすいことがわかる．特にこの方向について放射温度の差が大きくならないように配慮する必要がある．

・熱い天井

$$PD = \frac{100}{1+\exp(2.84-0.174\,\Delta t_{pr})} - 5.5 \qquad \cdots\cdots(2\cdot5)$$

$\Delta t_{pr} < 23℃$

・冷たい壁

$$PD = \frac{100}{1+\exp(6.61-0.345\,\Delta t_{pr})} \qquad \cdots\cdots(2\cdot6)$$

$\Delta t_{pr} < 15℃$

・冷たい天井

$$PD = \frac{100}{1+\exp(9.93-0.5\,\Delta t_{pr})} \qquad \cdots\cdots(2\cdot7)$$

$\Delta t_{pr} < 15℃$

・熱い壁

$$PD = \frac{100}{1+\exp(3.72-0.052\,\Delta t_{pr})} - 3.5 \qquad \cdots\cdots(2\cdot8)$$

$\Delta t_{pr} < 35℃$

2.2.4 床表面温度

欧米では靴を履いたまま室内で過ごすが，それでも床表面の冷たさや熱さは不快要因となりうる．床表面温度 (t_f) による不満足者率 ($PD\,[\%]$) の予測式を式 (2·9) に，床表面温度と不満足者率の関係を図 **2.8** に示す．これは，靴を履いた立位および座位の被験者による評価に基づいている．裸足の場合は，床表面温度だけでなく床の材質の影響が大きくなる (3.5.2 項参照)．

$$PD = 100 - 94\,\exp(-1.387 + 0.118\,t_f - 0.0025\,t_f^2) \qquad \cdots\cdots(2\cdot9)$$

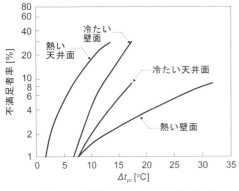

図 **2.7** 非対称放射による不満足者率

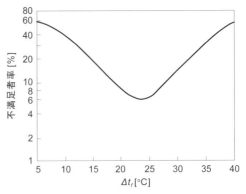

図 **2.8** 床表面温度による不満足者率

2.2.5 不均一環境の測定位置

居住域温熱環境の不均一性を評価するために，上下方向の代表的な測定位置が定義されている．立位および椅座位人体の代表的な高さに対応しており，1.7 m（立位の頭部），1.1 m（立位の体中心，椅座位の頭部），0.6 m（椅座位の体中心），0.1 m（くるぶし）となっている．対象空間における在室者の主たる姿勢に応じて選択する．日本人は欧米人よりも身長が低いため立位の頭部として 1.6 m が用いられることもある．

2.3 人の温熱環境適応を考慮した熱的快適性

2.3.1 温熱環境適応と adaptive model

熱的快適性の研究では，人工気候室にて厳密に管理された条件下で行われた被験者実験から多くの知見を得てきた．研究成果は，現在も広く使われている PMV や SET* といった温熱環境指標のベースとなっており，ASHRAE 55 や ISO 7730 などの温熱環境基準はこれらの指標から導かれている．

人体と環境の熱収支モデルに基づく PMV や SET* は，人間を体温調節以外の適応を行わない発熱体として扱っている．温熱環境6要素を入力することで得られた結果は，性別，年齢，人種，気候，空間の用途などにかかわらず適用できるとされている[3]．しかし，これらの指標から導かれる熱的中立温度の普遍性については 1970 年代より疑問が呈されており，より現実に即した熱的快適性を考える上で，温熱環境適応 (thermal adaptation) という概念が示された[7]．これは，「不快な環境変化に対して，人は自ら快適性を回復させようとする」[8] という原則のもとに熱的快適性をとらえる概念である．

Humphreys（ハンフリーズ）は 1970 年代に実際の建物における熱的快適性調査を行い，多数の調査結果のメタ分析から室内作用温度（3.2.1 項参照）と在室者の快適温度の関係性を導いている[9]（**図 2.9**）．ここには，通年で冷暖房された建物，冷暖房がなく室内環境が成り行きとなっている建物，時期によって切り替わっている建物（混合）が含まれているが，いずれの建物でも調査時に経験していた室内作用温度と快適温度に高い相関がみられた．20〜25℃の範囲では室内作用温度と快適温度がおおむね一致しているが，室温の高い環境では室温より低い温度が，室温の低い環境では室温より高い温度が快適温度となっている．

また，世界各地の実測調査結果を参照し，外気温と快適温度の関係として整理した結果[10]を**図 2.10** に示す．冷暖房の行われている建物では，外気温に関係なく，17〜24℃の範囲内に快適温度がおさまっている．一方，冷暖房がなく室温が成り行きとなっている建物 (free-running buildings) の快適温度は，外気温と正の相関があることがわかり，立地の気候から快適温度を導くことが可能だとしている．そして，

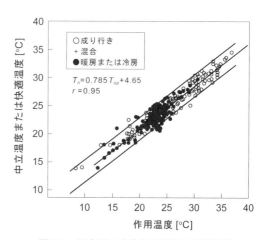

図 2.9 調査時の室内作用温度と快適温度

2. 快適環境とは

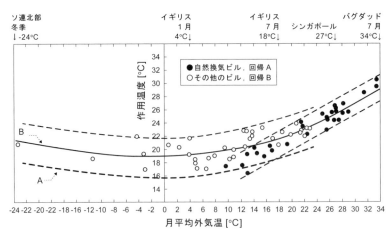

図2.10　調査時の外気温と快適温度

在室者による環境適応の効果を包含した快適温度を外気温から予測する式をadaptive modelと呼んだ．人工気候室の被験者実験では，被験者自身による着衣や環境の調節が制限されている．しかし，現実の環境において，在室者は与えられた環境に自ら適応している．そのため，実際の快適温度はPMVの予測結果と大きく異なると結論づけている[8]．

1990年代に入り，Brager（ブレイガー）とde Dear（デデア）はadaptive modelに再注目し，新たな視点で研究を進めた．まず文献調査の結果，環境適応を行動，生理，心理の3種に分類した[11]．行動的適応にはあらゆる行動を伴う熱授受の調節が該当し，着衣や代謝量の調節，滞在場所の選択，窓の開閉，空調設定温度の変更などが含まれる．生理的適応は，季節的要因から複数世代にわたる遺伝的要因までを含む人体生理機能の順化を指す（1.6項参照）．そして，心理的適応は温熱環境の認識のしかたを調整する心理的過程を指している．三つの中では行動的適応が最も観察されやすく，また生理的適応は通常の建物内で経験される環境や代謝量の範囲では起こりにくいことを指摘している．そして研究事例は少ないものの，心理的適応の効果が大きいであろうことを示唆している．

de DearとBrager[12]は世界各地の熱的快適性実測調査結果のデータベースを構築し，自然換気建物（naturally ventilated buildings）と全館空調建物（centrally controlled buildings）に分類して快適温度のメタ分析を行っている．建物ごとに室内作用温度に対する平均温冷感の直線回帰を行い，0に相当する温度を熱的中立温度として導いている．また，季節ごとの温冷感（暖かい，涼しいなどの表現）のニュアンスを適温感で補正したものを快適温度としている．どちらの分類の建物でも外気の新有効温度ET^*（3.2.5項参照）と快適温度には線形の相関があることを示した．そして，実測結果に基づく行動的適応（気流速度の変化および着衣量の調節）による補正を行うことで，PMVによる熱的中立温度予測値と全館空調建物の快適温度は一致することを示した（図2.11(a)）．一方，自然換気建物では全館空調建物と比べて外気のET^*に対して快適温度は大きく変化し，外気のET^*が高いときにはより高い室内作用温度で快適であり，外気のET^*が低いときにはより低い室内作用温度で快適であることを指摘している（図2.11(b)）．季節的要因は考えられるものの，自然換気建物と全館空調建物には生理的適応に差が生じるほどの環境の差はない．そのため，行動的適応の効果を補正してなお両建物の快適温度に差異が生じたのは，心理的適応の違いであると結論づけ

2.3 人の温熱環境適応を考慮した熱的快適性

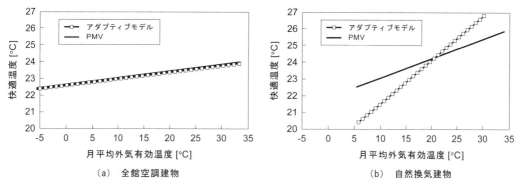

図2.11 調査時の外気温と快適温度

ている.

2004年版のASHRAE 55温熱環境基準より,このadaptive modelは自然換気建物の熱的快適域に採用されている.外気のET*も実務上の有用性の観点から,過去7～30日間の平均外気温として整理し直されている[1].

一方,Humphreysらが1970年代に導いたadaptive modelには,当時冷暖房の普及していなかった地域のデータを少なからず含んでおり,現代の欧米の建物へ適用することに異論があった.HumphreysとNicol(ニコル)の研究グループは2000年代に欧州のオフィスビルを対象とした大規模な調査プロジェクトを率い,新たなadaptive modelを提案している[13].この新しいadaptive modelは,ISO 17772-1[14]に採用されている.

2.3.2 環境適応現象に関する解釈

環境適応の考え方に基づくと,人はあらゆる温熱環境に適応できる可能性がある.現実には適応が不完全となってしまう理由として,適応機会(adaptive opportunity)という概念が示されている[15].例えば,部屋に開閉可能な窓がない,または窓があっても騒音のため開放できない状況では,いずれの場合でも通風という行動的適応は制限される.その人の置かれている状況に応じて,実質的に行使できる適応手段の豊富さが適応の度合いに影響している.

適応機会は,建物や社会背景(social context)により滞在者に付与されるとHumphreysとNicol[8]は解説している.建物は,空調や開閉可能な窓や空調などの設備を備え,個人による調節機能を技術的に提供する.一方,社会背景は気候,文化,経済状況,業務規則,個人の主義や好み,健康状態,他要因とのトレードオフなどを含む.これらの要因は適応の自由度を高める方向にも制限する方向にも働く.そのため,よい建物の設計とは,社会背景が行動的適応にもたらす制限を考慮した上で,実効性のある適応機会を増やしていくことにあるとしている.

行動的適応は観察による調査が可能で,その効果を定量的に温熱環境6要素に換算できるため,研究事例は多い(着衣調節,姿勢の変化,窓の開閉やファンの使用頻度など).しかし,行動的適応と適応機会のみでは説明しきれない事象がある.例として,オフィスビルの執務者に対し,個人による環境調節のレベルが熱的快適性に与える影響を調査した研究がある[16].存在する調節レベル(available control),実行された調節レベル(exercised control),認知される調節レベル(perceived control)を比較した結果,認知される調節レベルが快適性と満足度に最も影響が大きかったと報告

している．また，冬季の北海道の室温が東京よりも高いことはよく知られている．逆に，蒸し暑い香港の空調設定温度は低く，建物から外に出ると眼鏡が曇るほどである．これは外気温に比例して快適温度が変化するというadaptive modelの基本原理と矛盾する．設備的な調節手段がある場合には，むしろ厳しい気候条件とは反対側に振れた室内環境が求められるという現象を行動的適応のみでは十分に説明できない．このギャップを埋めるのが心理的適応と考えられている．

心理的適応には滞在者の環境に対する期待（expectation）が大きくかかわっており，任意の状況において期待する環境と実際の環境が合致することで満足が得られるという仮説に基づいている．そして，環境に対する期待や心理反応を調整していく過程を心理的適応と解説している．期待は緩和されるだけでなく，逆に高まる方向に作用する場合もあり，このときには環境に対する不満を感じやすくなる．先の北海道の例では，暖房設備が使えることで屋外環境の不快を極力遠ざけた室内温熱環境を求める，期待の上方修正が働いたと考えられる．

Bragerとde Dear[11]は環境に対する期待を左右するのは環境の文脈（environmental context，2.3.3項参照）であるとしており，文脈を形成する要素として，人工気候室-住宅-オフィスのような用途，全館空調-自然換気のような環境制御レベル，そしてその空間における温熱環境の体感履歴（経験）を例としてあげている．

2.3.3 環境の文脈

ここでは，温熱環境6要素に付帯する情報で，温熱環境を知覚した後の快適性の判断に影響するものを「環境の文脈」とする．環境の文脈は，①社会，②建物（設備を含む），③個人に関連する要素に大別できる．建築的文脈要素には空間の用途，環境制御レベル，個人による環境調節の自由度などがあり，社会的文脈要素には気候，文化，技術水準，経済状況などが含まれる．HumphreysとNicol[8]は個人の好みや健康状態といった個人的文脈要素も「社会背景」に含めているが，ここでは集団に広く影響する要因を社会的文脈要素とする．3種の中で，個人的文脈要素のみ影響範囲が集団ではなく個人に限定される．

人工気候室での被験者実験では，温熱環境以外に快適性に影響を及ぼしうる要因は注意深く排除され，純粋な温熱環境と人体の生理的・心理的反応のメカニズム解明に注意が向けられてきた．人工気候室という空間，厳密に制御された環境，一定時間の拘束を受け指示されたとおりに被験者が実験に参加するという状況は，この手法の共通した文脈とみなせる．事実，同手法を用いた複数の研究から性別，年齢，人種，気候にかかわらず，熱的中立温度に差はみられないという共通した結果が得られている[3),17),18)]など．de DearとBrager[12]の提案したadaptive modelにおいて，全館空調建物と人工気候室では空調による安定した環境制御という建築的文脈要素が類似しているため，前者の執務者と後者の被験者の期待する環境はほぼ一致し，PMVの予測値と実際の快適温度は一致したとしている．一方，自然換気建物では心理的適応により環境に対する期待が緩和されていたため，差が生じたとの結論が導かれている．

環境適応研究は，空調か非空調（自然換気）か，という環境制御レベルの違いに重点が置かれ取り組まれてきた歴史がある．その成果はadaptive modelという形で整理された．しかし，個別の文脈要素の影響を特定するまでには至っておらず，今後さらなる研究を要する．

2.3.4 環境の文脈と環境適応

熱的快適性における環境の文脈と環境適応の関係[19]を図2.12に示す．中央の破線の四角は，従来の温熱環境指標における評価の流れを示している．温熱環境6要素が自律性体温調節を惹起し，人体と環境の熱授受の結果として熱的快適性が判断される．従来の温熱環境指標の評価の流れは上から下への一方向で完結している．しかし，ここに環境適応を考慮することで，フィードバックループが生じる．環境の文脈は，適応機会として行動的適応に作用する一方，環境に対する期待や行動的適応に対する心づもりなどの心理的適応にも作用する．そして，心理的適応はアウトプットである熱的快適性のとらえ方に影響を与える．このとき，熱的不快を感じれば，行動的適応により温熱環境6要素の再調節が行われる．このループの中で，温熱環境が期待に見合わなければ不快と感じ，見合っていれば快適と感じるというモデルになっている．

環境の文脈を考慮することで，熱的快適性は本来，「暑くも寒くもない」を越えた概念であることを再認識させられる．自分の置かれている状況と温熱環境という総合的な判断が，温熱環境に対する満足度に反映される．すなわち，建築や設備の計画も，建築的文脈要素として熱的快適性に寄与しうることを意味している．人–建築–設備を一体としてとらえ，「利用者が環境に適応しやすい状況を整える」という，新たな温熱環境計画の方向性が示されている．

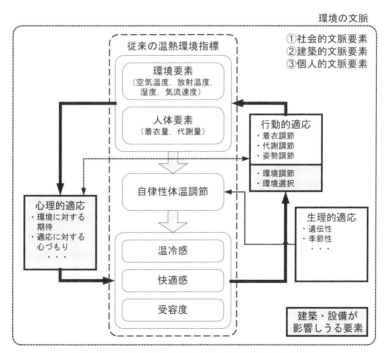

図2.12 環境適応を考慮した熱的快適性の概念図

2.4 温熱環境基準における熱的快適条件

温熱環境の計画や評価を行う上で，その善し悪しの判断の根拠として温熱環境基準が参照されている．しかし，温熱環境基準の定める熱的快適条件は絶対的なものではない．研究の進展や時代の

2. 快適環境とは

ニーズに合わせて改訂が繰り返されている.

最も歴史のある基準が,1966年に初版が制定された米国暖房冷凍空調学会のASHRAE 55基準である.初版から最新の2017年版に至るまでに計7回改定されており,特に近年は5年以内の短い周期で見直しが行われている.もう一つが1984年に制定された国際標準化機構のISO 7730で,2回の改定を経て2005年版が最新となっている.両基準は世界的に広く参照されているが,前者はET(有効温度),後者はPMVの関連研究を出発点としており,成り立ちの経緯が異なる.2000年代に入ってからは密接に連携するように改定された.ここでは2018年7月時点の最新版の特徴について解説する.

2.4.1　ISO 7730：2005[6)]

本基準では,中程度の温熱環境に曝露された人の温冷感と不快感を予測する方法が定められている.PMV指標,PPD指標,局所不快による不満足者率の求め方が解説されており,附属書(annex)の一部として全身温冷感と局所不快に関する基準値の組合せが提示されている.基準値はA~Cの3区分(category)に分けられており,該当する区分のすべての項目について達成することが求められている.A~Cの順に不満足者率が低く設定されており,対象となる空間に応じて適切な区分を選択するように指示されている.

全身温冷感に関する基準値を表2.1に示す.不満足者率PPDとそれに対応するPMVとして定義されており,A区分でPPD 6%未満,C区分で15%未満となっている.また,表2.2に局所不快に関する基準値を示す.ドラフト,上下温度差,床表面温度,非対称放射温度差について,不満足者率と環境条件が示されている.

2005年版以前は,B区分に相当する基準値のみが定められていた.三つの区分に分けられた背

表2.1　全身温冷感に関する推奨値

区分	全身	
	PPD [%]	PMV
A	< 6	−0.2 < PMV < +0.2
B	< 10	−0.5 < PMV < +0.5
C	< 15	−0.7 < PMV < +0.7

表2.2　局所不快感に関する推奨値

区分		ドラフト	上下温度差	床表面温度	非対称放射温度差			
					天井		壁	
					熱	冷	熱	冷
A	PD 環境	<10% 図2.5参照	<3% <2℃	<10% 19~29℃	<5% <5℃	<14℃	<5% <23℃	<10℃
B	PD 環境	<20% 図2.5参照	<5% <3℃	<10% 19~29℃	<5% <5℃	<14℃	<5% <23℃	<10℃
C	PD 環境	<30% 図2.5参照	<10% <4℃	<15% 17~31℃	<10% <7℃	<18℃	<10% <35℃	<13℃

2.4 温熱環境基準における熱的快適条件

景として，2002年に批准された建物のエネルギー性能に関するEU指令（Energy Performance of Building Directive）が大きく影響している．この指令では全建物の一次エネルギー使用量の予測を求めているが，その予測結果は目標とする室内環境の質によって大きく異なる．そこで，評価対象とする建物が目標とする室内環境の質を選択できるよう，既存の基準値にカテゴリー分けが導入されることとなった．

2.4.2 ASHRAE 55-2017[1]

本基準では，15分以上の滞在を目的とした空間（高度3 000 m以下）において，在室している健康な成人の80%以上が満足する温熱環境の条件を定めている．最新版では，以下の四つの手法により定義された熱的快適域から選択できるようになっている．

〔1〕 湿り空気線図による熱的快適域
〔2〕 PMVによる熱的快適域
〔3〕 気流増加時の熱的快適域
〔4〕 執務者が環境調節できる自然換気空間の熱的快適域

〔1〕 湿り空気線図による熱的快適域

ASHRAE 55基準の伝統的な熱的快適域の表現方法で，空気調和設備設計の観点から，湿り空気線図上の範囲として示している．本手法による熱的快適域を図2.13に示す．代謝量1.0～1.3 met，着衣量0.5～1.0 cloの条件で，不満足者率が20%未満となる範囲を示している．20%の内訳として，全身温冷感による不満足者10%と局所不快感による不満足者10 %が見込まれている．"0.5 clo zone"は冷房期，"1.0 clo zone"は暖房期を想定している．

三つの手法の中で，この手法を選択した場合のみ絶対湿度の上限，0.012 kg/kg (DA) が適用される．熱的快適性の観点からの下限値の設定はないが，低湿度になると目や鼻の乾燥，静電気などの非温熱的影響はあることが記されている（7.7.3項参照）．

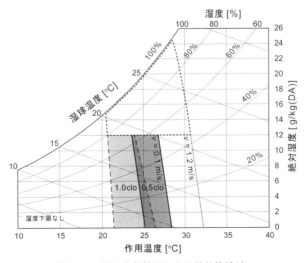

図2.13　湿り空気線図による熱的快適域

気流速度は基本的に0.2 m/s 未満にすることとなっているが,所定の要件を満たすことで気流速度の上限値を上げることが可能である.

[2] PMVによる熱的快適域

代謝量1.0〜2.0 met,着衣量1.5 clo 以下の場合,任意の温熱環境6要素の組合せからPMVによる熱的快適域を用いることができる.全身温冷感の基準として,−0.5＜PMV＜＋0.5(PPD＜10)が示されている.これは,ISO 7730:2005 の区分 B に相当する.ただし,気流速度の上限は0.2 m/s と指定されており,これを超える場合は,次に述べる気流速度上限の緩和に関する項を参照する.

[3] 気流増加時の熱的快適域

代謝量1.0〜2.0 met,着衣量1.5 clo 以下,気流速度0.2 m/s 以上の場合,本手法を用いることができる.本手法は,PMVによる熱的快適域とSET*を組み合わせ,等SET*の範囲内で熱的快適域を拡張する.絶対湿度0.010 kg/kg(DA)条件で,着衣量1.0 clo と0.5 clo に相当する快適域を図2.14 に示す.また,以下の手順により快適域に含まれるかを判断できる.

(a) 実際の環境における温熱環境6要素からSET*を求め,その値を記録する.
(b) (a)の6要素のうち,気流速度のみを0.1 m/s としてSET*を求める.
(c) (b)のSET*値が(a)のSET*値と等しくなるように,空気温度と放射温度を均等に減少させる.
(d) (a)の空気温度と放射温度の平均値から(c)で求めた空気温度と放射温度の平均値を差し引いた値が,気流による冷却効果となる.
(e) (c)の空気温度と放射温度,気流速度0.1 m/s,実際の環境における相対湿度,着衣量,代謝量を入力条件として修正PMV,修正PPDを求める.結果は,PMVによる熱的快適域に準じ,−0.5＜修正PMV＜＋0.5(修正PPD＜10)により判断する.

なお,上記には現行基準(2017年版)のまま示しているが,等SET*の環境に変換する場合,理論上は湿度として水蒸気圧を用いるのが正しいと思われる.相対湿度を用いた場合,空気温度を変化させたときに,本来固定すべき水蒸気圧の条件も変化してしまうためである.

在室者が自分で気流を調節できない場合,気流速度 v_a について以下の上限が適用される.
(a) 作用温度が25.5℃より高い場合は,0.8 m/s
(b) 作用温度23.0〜25.5℃の場合は,等SET*の範囲,または以下の式を用いる
$$v_a = 50.49 - 4.4047\, t_o + 0.096\,425\, t_o^2$$

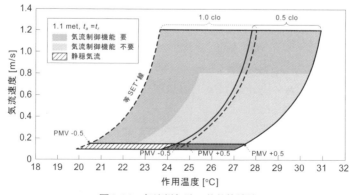

図2.14 気流増加時の熱的快適域

(c) 作用温度23.0℃未満の場合は，0.2 m/s
　　例外：代表的な居住者の着衣量が0.7 clo より大きい場合，または代表的な居住者の代謝量が1.3 met より大きい場合

在室者が自分で気流を調節できる場合，以下の要件のうち一つを満たせば気流速度の上限はない．
(a) 居住者6人以下に対して，気流調節機能が最低1か所あること
(b) 84 m² 以下に対して，気流調節機能が最低1か所あること
(c) 教室や会議室のようにグループでの作業が行われている空間では，気流調節機能が最低1か所あること．可動壁で仕切られる空間では，各空間に調節機能があること

〔4〕 執務者が環境調節できる自然換気空間の熱的快適域

執務者が各自で室内環境を調節できる自然換気の空間に対してのみ，本手法を用いることができる．ただし，この基準を適用するには，以下の要件を満たす必要がある．
・冷房設備がないこと．暖房設備はあってもよいが，運転時は適用されない．
・代表的な執務者の代謝量が1.0～1.3 met の範囲内であること
・代表的な執務者が少なくとも0.5～1.0 clo の範囲で自由に着衣調節ができること
・平均外気温が10～33.5℃の範囲内であること

熱的快適域を図2.15に示す．平均外気温に対する快適な室内作用温度の範囲を90％快適域（不満足者率10％未満）または80％快適域（不満足者率20％未満）から選択できるようになっている．図中では灰色で塗りつぶされているが，快適域を示す4本の線の中央を通る de Dear と Brager[12] の adaptive model から等間隔に快適域が設定されている．外気温に対する快適温度予測モデルである adaptive model では，着衣調節や気流増加による行動的適応の影響を包含している．そのため，快適範囲選択時に季節別の着衣量は考慮する必要がない．横軸の平均外気温は，過去7日間以上30日間未満の日平均気温の平均値として定義されている．

夏季に高温多湿となる日本では，一部の地域を除き，冷房設備のない建物は考えにくい．また，熱的快適域を作用温度で示す adaptive model には湿度の影響が含まれておらず，日本での適用には注意を要する[19]．

〔5〕 局 所 不 快

代表的な居住者の着衣量が0.7 clo 未満，代謝量が1.3 met 以下の場合に適用される．非対称放射

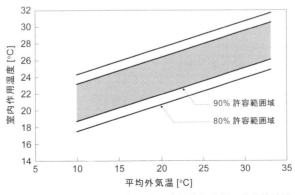

図2.15　執務者が環境調節できる自然換気空間の熱的快適域

2. 快適環境とは

表2.3 作用温度の時間変化に関する基準

変動周期 [h]	0.25	0.5	1	2	4
許容される最大の作用温度幅 [℃]	1.1	1.7	2.2	2.8	3.3

表2.4 室内環境の質の区分

区分	期待のレベル
I	高
II	中
III	ひかえめ
IV	低

注 このカテゴリーは，室内環境の質に対する居住者の期待のレベルとして示されている．通常のレベルは「中」となる．特別な配慮の必要な居住者（子ども，高齢者，障がい者など）に対しては，より高いレベルを選択する．より低いレベルでは，健康害はないものの快適性は低下する．

表2.5 機械的に冷暖房された建物のデフォルト推奨値

区分	全身の熱的状態	
	PPD [%]	PMV
I	< 6	$-0.2 < PMV < +0.2$
II	< 10	$-0.5 < PMV < +0.5$
III	< 15	$-0.7 < PMV < +0.7$
IV	< 25	$-1.0 < PMV < +1.0$

と床表面温度の基準値は，ISO 7730：2005の区分Bと同じである．上下温度分布については，椅座位の場合3℃未満，立位の場合4℃未満とする．

〔6〕 作用温度の時間変化

変動が居住者の調節によるものでない場合，以下が適用される．
・作用温度が15分以内の間隔で周期的に変動する場合，温度幅は1.1℃以内とする．
・作用温度の変動周期が15分以上，または単調変化の場合，**表2.3**の値を上回らないこととする．

2.4.3 ISO 17772-1[14]

本規格は，建物のエネルギー性能算定における室内環境条件に関するもので，**表2.4**に示すI〜IVの区分に推奨値が分けられている．室内環境の質に対する居住者の期待のレベルとして示されている点が特徴的である．この表現には利用者の環境適応，特に心理的適応が考慮されている．ISO 17772-1では，推奨値が機械的に冷暖房された建物と冷房のない（自然換気）建物に分けられている．機械的に冷暖房された建物のデフォルト推奨値を**表2.5**に示す．区分I〜IIIは，ISO 7730のA〜Cに対応しており，区分IVはその範囲を超えた値となっている．自然換気建物の基準を**図2.16**に示す．adaptive modelによる快適温度と平行に熱的快適域が設定されているが，涼しい側が暖かい側よりも広くなっている点がASHRAE 55の推奨値と異なっている．

2.5 空間用途に応じた熱的快適性

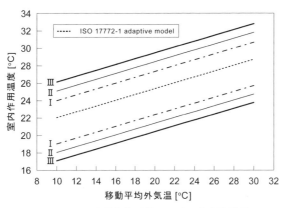

図2.16 自然換気建物における熱的快適域

2.4.4 最新の温熱環境基準の特徴

地球温暖化問題がクローズアップされるようになった2000年前後から,厳しすぎる温熱環境基準は空調によるエネルギーの浪費につながるという点で問題視されるようになった.制定当初,空調技術の最高峰を目指して高い快適性水準を目標に掲げてきた温熱環境基準に,時代のニーズである省エネルギーを反映させた点は大きな転換点であったといえる.近年の温熱環境基準改定の傾向として,基準の多様化と複雑化がみられる.これまでの考え方を継承しながら,要件を満たした場合に選択できる別の基準値を追加している.これを後押ししたのが,環境適応の概念である.執務者が自ら環境に適応するための手段や自由度を高めることで,熱的快適域やドラフト基準を緩和してよいという新しい考え方が採用されている.

2.5 空間用途に応じた熱的快適性

空気調和・衛生工学便覧[20]に解説されている温熱環境計画手法によると,建築空間は図2.17に示す入れ子構造としてとらえられる.器である各空間に対し,用途や使用状況に応じてその中身である温熱環境の制御レベル,すなわち環境グレードが設定される.人に近い空間(入れ子の中心)ほど高い環境制御性が求められ,外側にいくほど外乱による環境変動が許容される.環境グレードに対応する形で,温熱環境の制御目標値が設定される.長時間の滞在を前提とした室内の目安としては,ASHRAE 55[1]やISO 7730[6]などの温熱環境基準が参照されてきた.15分以上の滞在を目的とした計画された室内空間であれば,用途に応

図2.17 建築空間の入れ子構造[20]

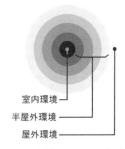

図2.18 環境グレードの概念図

2. 快適環境とは

じた適切な代謝量と着衣量を選択することで，幅広い空間に適用可能である．しかし，すべての建築空間が空調による安定した環境制御の対象となるわけではない．緩やかな制御が適切な場合もあれば，そもそも環境制御の対象から外れる場合もある．**図2.17**は器としての建築空間の入れ子構造を示しているのに対し，**図2.18**は空間に設定される環境グレードの層となっている．空調による均一で安定した環境制御が求められるグレード，「室内環境」を中心とすると，最外殻に位置付けられるのが「屋外環境」となる．その間にグラデーション状に「半屋外環境」が存在している．「室内環境」において，熱的快適性は空調設備などにより滞在者に提供されるものとして計画される．一方，「屋外環境」では熱的不快を軽減するために着衣，行動，姿勢，滞在場所を選択するなどして，滞在者が自ら温熱環境に適応することが前提となる．「半屋外環境」の特徴は，外乱による環境変動をあえて許容し，滞在者自身による温熱環境への適応も考慮して，建築・設備による一体的な熱的快適性の実現を目指す点にある．

任意の建築空間に対し，環境グレードが一意に決まるわけではない．空間の用途，利用者層，経済性，エネルギー効率，利用者に期待される環境レベルなどによって選択されるべき環境グレードは異なり，温熱環境計画の考え方も大きく異なる．

屋外や半屋外環境の場合，まず留意すべきは安全性である．暑熱環境評価のWBGT指標（3.3.1項参照）や寒冷環境評価の風冷指数（3.4.1項参照）などで熱ストレスを評価し，健康リスクを軽減させることを第一目標とすべきである．環境緩和が難しい場合は，滞在しないことの推奨も必要となる．健康リスクの少ない範囲では，利用者が各自の好む快適性を選択できるように，環境の多様性や環境調節手段を用意することが望まれる．長時間の滞在が前提となる室内環境では，ASHRAE 55，ISO 7730などの温熱環境基準を参照し，快適範囲内に収まるように空調による環境調節を目指す．

熱的快適性と省エネルギー性の両立にも配慮が必要である．省エネルギー性に対する世界的なニーズを反映するべく，2000年代に入ってから温熱環境基準が多様化した経緯を先に解説した．また，環境適応を考慮し，室内環境でも個人調節の手段を用意することで居住者の満足度が高まりうることを示した．温熱環境の計画にかかわる専門家の自由度が高まった反面，単純な解は得にくくなったともいえる．本書の8章にさまざまな空間の温熱環境の事例が掲載されているが，新たな温熱環境計画のノウハウの蓄積には，事例の蓄積が重要である．

参 考 文 献

1) ANSI/ASHRAE Standard 55-2017, Thermal environmental conditions for human occupancy, ASHRAE, 2017
2) S. Kuno et al. : A two-dimensional model expressing thermal sensation in transitional conditions, ASHRAE Transactions, 93-2(1987), pp. 396-406
3) P. O. Fanger : Thermal Comfort (1970), Danish Technical Press
4) A. P. Gagge and R. G. Nevins : Effect of energy conservation guidelines on comfort, Acceptability and Health, NBS Special publication 491(1976), Thermal Analysis – Human comfort-Indoor Environments
5) 新版 快適な温熱環境のメカニズム―豊かな生活空間をめざして（2006），空気調和・衛生工学会
6) ISO 7730, Moderate thermal environments, Determination of the PMV and PPD indices and specification of the conditions for thermal comfort, ISO, 2005

参 考 文 献

7) F. Nicol and M. A. Humphreys : Thermal comfort as part of a self-regulating system, Building Research and Practice (J. CIB), 6-3(1973), pp. 191-197
8) M. A. Humphreys and J. F. Nicol : Understanding the adaptive approach to thermal comfort, ASHRAE Transactions, 104-1b(1998), pp. 991-1004
9) F. Nicol, M. A. Humphreys and S. Roaf : Adaptive Thermal Comfort-Principles and Practice, Routledge (2012), p. 25
10) M. A. Humphreys : Outdoor temperatures and comfort indoors, Building Research and Practice (J. CIB), 6-2(1978), pp. 92-105
11) G. S. Brager and R. J. de Dear : Thermal adaptation in the built environment: A literature review, Energy and Buildings, 27-1(1998), pp. 83-96
12) R. J. de Dear and G. S. Brager : Developing an adaptive model of thermal comfort and preferences, ASHRAE Transactions, 104-1a(1998), pp. 145-167
13) K. J. McCartney and J. F. Nicol : Developing an adaptive control algorithm for Europe: results of the SCATs project, Energy and Buildings, 34(2002), pp. 623-635
14) ISO 17772-1, Energy performance of buildings-Indoor environmental quality-Part 1 : Indoor environmental input parameters for the design and assessment of energy performance of buildings, ISO, 2017
15) N. Baker and M. Standeven : Comfort criteria for passively cooled buildings- A PASCOOL task, Renewable Energy, 5-5～8(1994), pp. 977-984
16) M. Paciuk : The Role of Personal Control of the Environment in Thermal Comfort and Satisfaction at the Workplace, EDRA 21, pp. 303-312, 1990
17) 深井一夫, 斎藤純司, 後藤　滋, 伊藤　宏：標準新有効温度（SET*）と日本人の温熱感覚に関する実験的研究 第一報 冬季被験者実験による検討, 空気調和・衛生工学会論文集, 17 巻, 48 号, pp. 21-29, 1992
18) R. J. de Dear, K. G. Leow, A. Ameen : Thermal comfort in the humid tropics – Part 1, Climate chamber experiments on temperature preference in Singapore, ASHRAE Transactions, 97-1(1991), pp. 874-879
19) 中野淳太, 田辺新一：半屋外環境の熱的快適性に関する考察―温熱環境適応研究の日本における温熱環境計画への応用とその課題―, 日本建築学会環境系論文集, 79 巻, 701 号, pp. 597-606, 2014
20) 第14版空気調和・衛生工学便覧, 第5編(2010), p. 107, 空気調和・衛生工学会

3. 温熱環境評価手法

3.1 温熱指標

これまで,温熱環境の6要素を単一の尺度で表現しようとする試みが行われてきた.最近は,日本での科学的な根拠が希薄であることから天気予報などでも用いられなくなった不快指数(DI)も,空気温度と湿度(湿球温度)を単一化した指標である.温熱環境指標の中でも,1970年代にPMV(予想平均温冷感申告)[1]とSET*(標準新有効温度)[2]という代表的な指標が提案された.これらは,熱収支に基づく体感温度指標である.

3.2 通常環境

3.2.1 作用温度

作用温度は,Gagge(ギャギ)が1937年に提案した[3].作用温度は気温に熱放射の影響を加味した仮想の気温である.式(3·1)のように空気温度と平均放射温度の人体に対する線形放射熱伝達率と対流熱伝達率の重み付け平均で表される.気流の冷却効果や人体が発熱体であることは考慮していない.静穏気流下には線形放射熱伝達率と対流熱伝達率がほぼ等しくなり,この場合作用温度は空気温度と平均放射温度の相加平均で近似できる.

$$t_o = \frac{h_c t_a + h_r t_r}{h_c + h_r} \qquad \cdots\cdots(3\cdot1)$$

h_c:対流熱伝達率 [W/(m²·K)]
h_r:線形化放射熱伝達率 [W/(m²·K)]
t_a:空気温度 [℃]
t_o:作用温度 [℃]
t_r:平均放射温度 [℃]

3.2.2 等価温度

作用温度,グローブ温度では,人体が発熱体であるという点を考慮していないため,気流による冷却効果を評価できない.例えば,作用温度では,空気温度と平均放射温度が等しければ,気流速度に関係なくその値は一定である.

等価温度は,1929年に英国建築研究所においてDufton(ダフトン)がEupartheostat(ユーパセオスタット)という発熱円柱装置を開発したことにさかのぼる[4].また,Bedford(ベドフォード)

3．温熱環境評価手法

は暖房環境下における実測結果より，空気温度，放射温度，気流速度を用いて等価温度を算出する方法を提案した[5]．式(3・2)はBedfordによる等価温度の計算式である．また，デンマークのMadsen（マドセン）は着衣の影響を加味した等価温度を式(3・3)のように提案している[6]．加えてコンフォートメーターという等価温度測定装置も開発している（**図3.1**）人体形状を考慮したサーマルマネキンによる等価温度も原理的には同じである．

図3.1 マドセンの開発したコンフォートメーター
（作用温度・等価温度を測定できる）

$$t_{eq} = 0.522\,t_a + 0.478\,t_r - 0.2\sqrt{v}\,(37.8 - t_a) \quad \cdots\cdots(3\cdot2)$$

$$t_{eq,m} = 0.55\,t_a + 0.45\,t_r + \frac{0.24 - 0.75\sqrt{v}}{1 + I_{cl}}(36.5 - t_a) \quad \cdots\cdots(3\cdot3)$$

I_{cl}：基礎着衣熱抵抗　[clo]
t_{eq}：等価温度　[℃]
$t_{eq,m}$：Madsenによる等価温度　[℃]
v：平均風速　[m/s]

3.2.3　サーマルマネキン

人体形状をした発熱体を用いて，各部位からの熱損失量を測定し温熱快適性の評価が行われている．発汗を含めた潜熱までを模擬したサーマルマネキンも考案されているが，多くは顕熱のみを取り扱っている．サーマルマネキンは着衣熱抵抗の測定のために開発されてきた．これに加えて，近年，建築や自動車室内の温熱環境評価に応用されるようになっている．

図3.2にサーマルマネキンを示す．制御に関しては，発熱量を一定に保つ方法，皮膚温を一定に保つ方法，および皮膚温と発熱量の間に拘束条件式を用い，式(3・4)を満たすように制御する方法がある[7]．最後はコンフォート制御と呼ばれている．サーマルマネキンに関しては，日本建築学会から出版されている「AIJES-H 0005-2015 サーマルマネキンを用いた室内温熱環境評価法規準・同解説」に詳しい[8]．

図3.2　サーマルマネキン

$$t_s = 36.4 - 0.054\,Q_t \quad \cdots\cdots(3\cdot4)$$

Q_t：着衣時の皮膚表面よりの顕熱損失量　[W/m^2]
t_s：皮膚温　[℃]

温熱環境評価のために，サーマルマネキンによる等価温度が用いられることがある．式(3・5)で算出する．

$$t_{eq} = t_s - 1.55\left(I_{cl} + \frac{I_a}{f_{cl}}\right)Q_t \quad \cdots\cdots(3\cdot5)$$

I_a：裸体時の空気層熱抵抗　[clo]

f_{cl}：着衣面積比　[－]

t_{eq}：サーマルマネキンによる等価温度　[℃]

3.2.4 PMV（予想平均温冷感申告）

PMVとPPDはデンマーク工科大学のFanger（ファンガー）（**図3.3**）によって提案された温熱快適性指標である．Fangerは，空調技術者としてこの指標を提案した．

FangerのPMVを理解するためには快適方程式を理解する必要がある．熱的中立となるためには，①熱平衡が保たれること，②平均皮膚温が適当な範囲であること，③皮膚からの蒸発熱損失量が適当な範囲であること，が同時に満たされる必要がある．熱的中立時において，②の平均皮膚温と③の皮膚からの蒸発熱損失量は式（3・6），（3・7）のように代謝量の関数として表すことができる．これによって熱的中立時の人体の熱平衡式は6要素のみで表現できる．

$$t_s = 35.7 - 0.028(M - W) \quad \cdots\cdots(3 \cdot 6)$$

$$E_s = 0.42(M - W - 58.15) \quad \cdots\cdots(3 \cdot 7)$$

式（3・6），（3・7）より，人体の熱平衡式は以下のようになる．ここでは，熱伝導は面積が小さいことから C，R に含めて扱っている．

$$(M - W) - E_d - E_s - E_{re} - C_{re} = K = R + C \quad \cdots\cdots(3 \cdot 8)$$

t_s：平均皮膚温　[℃]

M：代謝量　[W/m^2]

W：機械的仕事量　[W/m^2]

E_d：不感蒸泄量（汗以外での蒸発）　[W/m^2]

E_s：皮膚面よりの蒸発熱損失量　[W/m^2]

E_{re}：呼吸による潜熱損失量　[W/m^2]

C_{re}：呼吸による顕熱損失量　[W/m^2]

K：着衣を通しての顕熱損失量　[W/m^2]

R：放射熱損失量　[W/m^2]

C：対流熱損失量　[W/m^2]

図3.3 Fanger（左）

以上の単位 [W/m^2] は，体表面積当たりの熱量を意味する．各パラメータは以下の式で表される．

$$E_d = 3.05(5.733 - 0.00699(M - W) - P_a) \quad \cdots\cdots(3 \cdot 9)$$

$$E_{re} = 1.7 \times 10^{-2} M(5.867 - P_a) \quad \cdots\cdots(3 \cdot 10)$$

$$C_{re} = 0.0014 M(34 - t_a) \quad \cdots\cdots(3 \cdot 11)$$

$$K = \frac{t_s - t_{cl}}{0.155 I_{cl}} = \frac{35.7 - 0.028(M - W) - t_{cl}}{0.155 I_{cl}} \quad \cdots\cdots(3 \cdot 12)$$

$$R = 3.96 \times 10^{-8} f_{cl}((t_{cl} + 273.15)^4 - (t_r + 273.15)^4) \quad \cdots\cdots(3 \cdot 13)$$

$$C = f_{cl} h_c (t_{cl} - t_a) \quad \cdots\cdots(3 \cdot 14)$$

t_{cl}：着衣外表面温度　[℃]

P_a：水蒸気圧　[kPa]

Fangerの快適方程式では，人体に対する対流熱伝達率は，Winslow（ウィンスロー）による式（3・15）が使用されている．また，着衣面積比は式（3・16）が使用されている．これら一連の式を満た

3. 温熱環境評価手法

す条件として熱的中立を予測できる．

$$h_c = \begin{cases} 2.38(t_{cl}-t_a)^{0.25}, & 2.38(t_{cl}-t_a)^{0.25} > 12.1\sqrt{v} \text{ のとき} \\ 12.1\sqrt{v}, & 2.38(t_{cl}-t_a)^{0.25} \le 12.1\sqrt{v} \text{ のとき} \end{cases} \quad \cdots\cdots(3\cdot15)$$

$$f_{cl} = \begin{cases} 1.00 + 0.2\,I_{cl}, & I_{cl} \le 0.5\,\text{clo のとき} \\ 1.05 + 0.1\,I_{cl}, & I_{cl} > 0.5\,\text{clo のとき} \end{cases} \quad \cdots\cdots(3\cdot16)$$

v：平均風速 [m/s]

熱的中立から離れた場合，人は暖かい，寒いと感じるようになる．PMV 算出方法は，1984 年に ISO 7730 として国際規格化されている[9]．PMV 理論は，温熱環境の 6 要素を代入するとその条件で暖かいと感じるか寒いと感じるかを数値として表現してくれる．人体に関する熱平衡式と 1 300 人に及ぶ被験者実験結果に基づいて提案された．**図3.4** にそのスケールを示す．なお，日本語訳としては＋3：暑い，＋2：暖かい，＋1：やや暖かい，0：どちらでもない，－1：やや涼しい，－2：涼しい，－3：寒い，とするものが一般的である．しかし英語の hot-warm や cold-cool が感覚的に連続したものである一方，日本語の「暖かい」や「涼しい」は 2.1.1 項に示すように積極的快適の意味を含んでおり，「暑い」や「寒い」と完全に一直線上に並べられる概念であるとはいえない．そのため多少誤解が生じると考えられ，よりよい訳語に関する研究も行われているが，現状では図に示した訳語を用いることが多い．

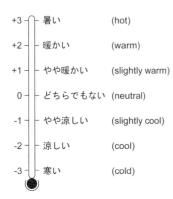

図3.4 PMV のスケール（ASHRAE 温冷感申告と同様）

PMV は人体の熱負荷（L）に基づき算出される．人体の熱負荷とは熱的中立状態からの仮想上の偏差を熱量で表したものである．実際の人体は生理学的に皮膚温，蒸発熱損失量を調節し熱平衡を保っている．式（3·18）の左辺より右辺を引いて人体の熱負荷は求められる．

$$L = (M-W) - E_d - E_s - E_{re} - C_{re} - R - C \quad \cdots\cdots(3\cdot17)$$

着衣外表面温度（t_{cl}）は以下の式で求める．

$$\begin{aligned} t_{cl} &= t_s - 0.155\,I_{cl}(R+C) \\ &= 35.7 - 0.028(M-W) - 0.155\,I_{cl}(3.96\times10^{-8}f_{cl}((t_{cl}+273.15)^4 - (t_r+273.15)^4) + f_{cl}\,h_c(t_{cl}-t_a)) \end{aligned}$$
$$\cdots\cdots(3\cdot18)$$

Fanger は人体の熱負荷（L）が変化すれば温冷感申告（Y）が変化すると考えた．代謝量の異なる 4 種類の被験者実験結果について，それぞれ $\partial Y/\partial L$ 値を求め，微分方程式（3·19）を作成した．**図3.5** に示すとおり，代謝量が高くなるほど熱負荷の変化に対しての温冷感の変化が鈍くなる．1 met 時の被験者実験数がほかの代謝量時の実験結果に比して多いため，回帰した曲線は 1 met 時の点を通るように考えられている．式（3·19）を積分し，熱負荷（L）が 0 であるときには，申告値（Y）＝0（中立時）とした．この積分で求められた Y を PMV（predicted mean vote：予想平均気温冷感申告）と名付けた．PMV は式（3·20）で算出される．

$$\frac{\partial Y}{\partial L} = 0.303\,e^{-0.036\,M} + 0.028 \quad \cdots\cdots(3\cdot19)$$

$$PMV = (0.303\,e^{-0.036\,M} + 0.028)(M - W - E_d - E_s - E_{re} - C_{re} - R - C) \quad \cdots\cdots(3\cdot20)$$

式（3·20）に各要素に関する式を代入するとすなわち，

3.2 通常環境

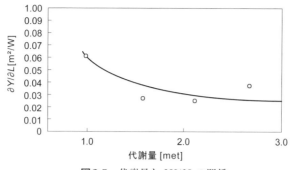

図3.5 代謝量と $\partial Y/\partial L$ の関係

$$
\begin{aligned}
PMV = &\ (0.303\,e^{-0.036\,M} + 0.028)((M-W) \\
&- 3.05(5.733 - 0.006\,99(M-W) - P_a) &\cdots(3\cdot9)\text{を代入}\\
&- 0.42(M - W - 58.15) &\cdots(3\cdot7)\text{を代入}\\
&- 1.7 \times 10^{-2} M(5.867 - P_a) &\cdots(3\cdot10)\text{を代入}\\
&- 0.001\,4\,M(34 - t_a) &\cdots(3\cdot11)\text{を代入}\\
&- 3.96 \times 10^{-8} f_{cl}((t_{cl} + 273.15)^4 - (t_r + 273.15)^4) &\cdots(3\cdot13)\text{を代入}\\
&- f_{cl} h_c(t_{cl} - t_a)) &\cdots(3\cdot14)\text{を代入}
\end{aligned}
$$
$$\cdots\cdots(3\cdot20)$$

となる．t_{cl} は式 (3・18) により求める．

Fanger はある PMV に対して何 % の人が不満足に感じるかという割合 PPD (predicted percentage of dissatisfied) を提案している．PPD は予想不満足者率という．人間がある状態下で暑いか寒いかが判明してもそのときに何 % の人がその環境に不満足かを調べなければ正しい建築・衣服設計はできない．**図3.6** に PMV と PPD の相関を示す．$-0.5 <$ PMV < 0.5 のとき PPD < 10 % であり，ISO 7730 はこれを推奨域としている．なお，PMV を用いるのに適しているのはPMV 0～±1.5 程度の環境と考えられている．また，座位においては作用温度3℃の違いが約 PMV＝1 の差に相当する．

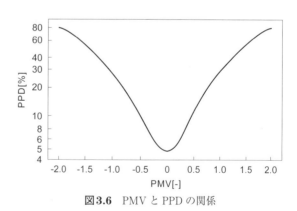

図3.6 PMV と PPD の関係

3.2.5 新有効温度（ET*）と標準新有効温度（SET*）

SET*，ET* は Gagge らによる理論に基づく体感温度である[10]．旧有効温度 (ET) と区別するため，「新有効温度」あるいは「ET*」と呼ばれる．人体のぬれ率と平均皮膚温に基礎を置いている．ET* は任意の代謝量，着衣量，気流に対して定義され，同一着衣量，代謝量，気流でなければ ET* の値の大小で温冷感，快適感を直接比較できない．そこで，標準状態において定義された新有効温度を，「標準新有効温度」(SET*) と称する．SET* では標準状態の着衣量，標準状態の気流は静穏として代謝量によって修正する．快適範囲を含んだ暑熱環境，寒冷環境の評価にも適用できる．快

3. 温熱環境評価手法

適に近い範囲において新有効温度と PMV の評価値の間に大きな差異はない.

皮膚表面からの熱損失 (Q_s) は式 (3·21) に示すように, 対流 (C), 放射 (R), 蒸発 (E_s) の合計になる. また, おのおのの項は式 (3·22)〜(3·26) のようになる. ここで, 皮膚表面から環境までの蒸発熱損失係数 h_e' は, 着衣状態を加味した Woodcock (ウッドコック) の i_m 係数 (6.3.3 項参照) と Lewis の関係より, 式 (3·26) のように表される. 皮膚表面から環境までの顕熱損失係数 h' は, 式 (3·27) のようになる. 顕熱移動に関しては**図3.7**を, 潜熱移動に関しては**図3.8**を参照のこと. ぬれ率 w に関しては, 5.3.2 項参照のこと.

$$Q_s = C + R + E_s \quad \cdots\cdots (3\cdot21)$$
$$C = f_{cl}\, h_c\, (t_{cl} - t_a) \quad \cdots\cdots (3\cdot22)$$
$$R = f_{cl}\, h_c\, (t_{cl} - t_r) \quad \cdots\cdots (3\cdot23)$$
$$C + R = f_{cl}\, h\, (t_{cl} - t_o) \quad \cdots\cdots (3\cdot24)$$
$$E_s = w h_e'\, (P_{s,s} - P_a) \quad \cdots\cdots (3\cdot25)$$
$$i_m L_R = \frac{h_e'}{h'} \quad \cdots\cdots (3\cdot26)$$
$$h' = \frac{1}{0.155\, I_{cl} + \dfrac{1}{(h_c + h_r) f_{cl}}} \quad \cdots\cdots (3\cdot27)$$

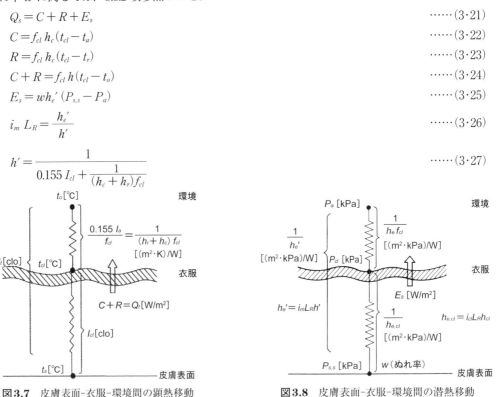

図3.7 皮膚表面-衣服-環境間の顕熱移動　　**図3.8** 皮膚表面-衣服-環境間の潜熱移動

式 (3·21) に式 (3·22)〜(3·27) を代入すると, 式 (3·28) のようになる. ET* は, 相対湿度 50% で定義されるので, 式 (3·29) のように表される. すなわち, 皮膚表面から同じ熱損失を生じさせる一連の作用温度 (t_o) と水蒸気圧 (P_a) との組合せが, ET* という単一の温度で表現される. しかし, 実際のさまざまな条件での ET* を求めようとすると, ある環境下での平均皮膚温とぬれ率を求める必要がある. これを求めるのが Gagge らにより提案されている体温調節をモデル化した 2 node-model (3.7.2 項参照) である. 標準条件に換算した SET* と温冷感, 快不快感との関係に関しては**表3.1**を参照すること. SET* を求めるプログラムに関しては ASHRAE などから入手できる[11)].

$$Q_s = h' \{(t_s + w i_m L_R P_{s,s}) - (t_o + w i_m L_R P_a)\} \quad \cdots\cdots (3\cdot28)$$
$$\mathrm{ET}^* = t_o + w i_m L_R (P_a - 0.5 P_{ET^*,s}) \quad \cdots\cdots (3\cdot29)$$

3.3 暑熱環境の評価

表3.1 標準新有効温度（SET*）と温冷感，生理学的状態

SET* [℃]	温冷感・快不快感	生理学的状態
>37.5	非常に暑い，許容できない	体温調節ができない
37.5〜34.5	暑い，非常に不快	おびただしい発汗
34.5〜30.0	暖かい，不快	発汗
30.0〜25.6	やや暖かい，やや不快	軽い発汗，皮膚血管拡張
25.6〜22.2	快適，許容できる	中立
22.2〜17.5	やや涼しい，やや不快	皮膚血管収縮
17.5〜14.5	涼しい，不快	軽い体冷却
14.5〜10.0	寒い，非常に不快	ふるえ

3.3 暑熱環境の評価

暑熱環境の評価に用いられる資料としては，WBGT，熱ストレス指標（HSI），P4SR など数多くある．ここでは，労働環境の評価に用いられる代表的な指標を紹介する．

3.3.1 WBGT

WBGT（wet-bulb glove temperature）は，Yaglou（ヤグロー）らにより1957年に提案された[12]．暑熱環境の熱ストレスを評価する指数である．湿球黒球温度とも呼ばれる．日本でも夏季の熱中症対策の指標としても用いられるようになったため一般にも知られるようになった．乾球温度・自然換気状態の湿球温度・グローブ温度から計算される．屋外，室内での算出式が異なる．

日射のある屋外での算出式

$$WBGT = 0.7\, t_{nwb} + 0.2\, t_g + 0.1\, t_a \qquad \cdots\cdots(3\cdot30)$$

日射のない屋外，または屋内での算出式

$$WBGT = 0.7\, t_{nwb} + 0.3\, t_a \qquad \cdots\cdots(3\cdot31)$$

$WBGT$ ：WBGT 指数 [℃]
t_g ：グローブ温度 [℃]
t_a ：空気温度 [℃]
t_{nwb} ：自然換気状態の湿球温度 [℃]

湿球温度は，通常強制的に風を与えることによって蒸発による冷却を行うが，自然換気状態の湿球温度を計測することで風速の冷却力の評価を行うことができる．通常の湿球温度とは異なる値となる．代謝量と許容できる作業については，**表7.12**を参照のこと．気候順化していない人は許容値が低くなる．

一般的な軽作業では気候順化した人が30℃，していない人は29℃が $WBGT$ の許容値となる．**図3.9**に日最高 WBGT と熱中症発生率との関係を示す．$WBGT$ が上昇すると熱中症発生が増加することがわかる．また着衣状態により補正が行われる．**表7.13** 参照．$WBGT$ 28℃が熱中症の目安とされることが多い[13]．$WBGT$ は，旧有効温度（ET）より暑熱環境の評価に適しており，発汗量とよい相関がある．暑熱労働環境評価に広く用いられており，JIS Z 8504[14]，ISO 7243[15]として規格化されている（**図3.10**）．簡易に $WBGT$ を算出できる計測器も多数市販されるようになっている．7.5節に詳述しているので参照されたい．

3．温熱環境評価手法

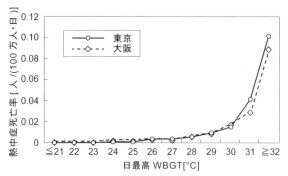

図3.9 日最高WBGTと熱中症発生率（国立環境研究所）

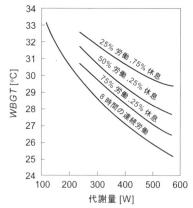

体重70 kg, 体表面積1.8 m², 気候順化した標準労働者を仮定

図3.10 $WBGT$ と推奨労働作業時間

3.3.2 HSI 熱ストレス指標

Belding（ベルディング）とHatchni（ハッチ）により1955年に提案された[16]．定常状態で平均皮膚温が35℃のとき，環境への最大可能蒸発熱損失量の割合に100を乗じたものである．熱ストレス指標（heat stress index：HSI）が100を超えると体深部が加熱され，0以下であれば冷却される．最大可能蒸発量を700 W/m² としている．HSI値のもつ生理学的な意味に関しては**表3.2**を参照すること．産熱に対して，対流と放射による放熱が不足したときに，不足分を汗の蒸発で補うことで熱平衡を保つとするHSIの概念を，着衣や人体の熱容量などの応答性を考慮して発展させた指標がpredicted heat strainであり，ISO 7933として国際規格化されている[17]．WBGTが着衣条件などによって修正が難しいのに対して人体の熱平衡に基づいているため，入力の変更によってさまざまな暑熱環境の評価の利用することができる．HSIを日本人用に修正したものが，川鉄温熱指数（KHI）である．

表3.2 熱ストレス指標（HSI）の評価

熱ストレス指標	8時間曝露されたときの生理学・衛生学的意味
0	熱ストレスなし
10 20 30	軽度の熱ストレス．高度な知的作業，手先の仕事，機敏な仕事はかなり効率が下がる．肉体労働では，熱ストレスのない環境下で，作業を遂行する能力がすでに限界に近くなければ，ほとんど効率は減じない．
40 50 60	激しい熱ストレス．環境適応していない人は，健康を阻害されるおそれがある．気候順化していない人は休息が必要である．肉体労働でも効率が減ずる．このような環境は，心臓血管疾患患者・呼吸器障害者・慢性皮膚炎症患者には適さない．そのような環境の労働者には，医学的スクリーニングが望まれる．また，知的作業は適当ではない．
70 80 90	非常に激しい熱ストレス．非常に少数の人々しかこの環境で仕事ができない．医学的スクリーニングが必要である．気候順化の後に試験的に作業を行うとともに，適当な水分と塩分を摂取する必要がある．可能な限りの作業環境の改善が強く望まれる．健康害を減じることが望まれる．大部分の作業において軽い嫌気が起こり，作業不適応になる．
100	暑熱順化した若者が日常の仕事で耐えられる最大の熱ストレス．

3.4 寒冷環境の評価

3.4.1 風冷指数

極地における寒冷環境評価のために，Siple（シップル）らにより，1945年に風冷指数（wind chill index：WCI）が提案された[18]．風速22 m/s以下の環境下で，気温と風速の総合影響を評価する．気象学者は，WCI により定義される等価風冷温度（t_{eqw}）をよく用いる．WCI と等価風冷温度の換算式を（3・32），（3・33）に示す．また，**表3.3** に風冷指数・等価風冷温度を評価する表を示す．近年，米国・カナダ，英国では改良された WCI が提案されている．

$$WCI = (10.45 + 10\sqrt{v} - v)(33 - t_a) \quad \cdots\cdots(3\cdot32)$$

$$t_{eqw} = -0.045\,44\,WCI + 33 \quad \cdots\cdots(3\cdot33)$$

WCI：風冷指数　［－］
v　：風速　［m/s］
t_a　：気温　［℃］
t_{eqw}：等価風冷温度　［℃］

表3.3 風冷指数・等価風冷温度の評価

風速 [km/h]	温度計指示値 [℃]												
	10	5	0	−5	−10	−15	−20	−25	−30	−35	−40	−45	−50
	等価風冷温度（t_{eqw}）［℃］												
静　隠	10	5	0	−5	−10	−15	−20	−25	−30	−35	−40	−45	−50
10	8	2	−3	−9	−14	−20	−25	−31	−37	−42	−48	−53	−59
20	3	−3	−10	−16	−23	−29	−35	−42	−48	−55	−61	−68	−74
30	1	−6	−13	−20	−27	−34	−42	−49	−56	−63	−70	−77	−84
40	−1	−8	−16	−23	−31	−38	−46	−53	−60	−68	−75	−83	−90
50	−2	−10	−18	−25	−33	−41	−48	−56	−64	−71	−79	−87	−94
60	−3	−11	−19	−27	−35	−42	−50	−58	−66	−74	−82	−90	−97
70	−4	−17	−20	−28	−35	−43	−51	−59	−67	−75	−83	−91	−99
危険性小 （$WCI < 1\,400$） 乾いた皮膚で5時間以内				危険増大 （$1\,400 < WCI < 2\,000$） 1分以内に凍傷の危険あり				危険性大 （$WCI > 2\,000$） 30秒以内に凍傷					

3.4.2 必要着衣量

必要着衣量（IREQ）は，Holmer（ホルマー）により提案された寒冷環境下における熱ストレスを評価する指標である[19]．IREQ は許容できる体温・皮膚温のレベルで熱的平衡状態に身体を維持するために，実際の環境下で必要な衣服の断熱性と定義されている．人体の熱平衡式に基づいている．ISO では，必要着衣量と風冷指数を組み合わせて，寒冷作業の評価を行うための基準化を行っており，これが ISO 11079 となっている．

3.5 接触環境

表面接触に対する評価方法に関しては，対流，放射，蒸発などの熱損失要素に比較すると学問的に解明されていない部分が多い．日本では松井ら[20]により材料との接触温冷感の研究が行われてきた．また，ISO/TS 13732[21]に適度な表面温度（約10〜40℃）における固体表面と身体の一部が接触する際の人が感じる不快および温熱感を予測する手法・原則が述べられている．すなわち，接触による温熱感に影響を与える環境要素として，皮膚温および環境温度，身体各部および接触する対象の種類，接触時間および接触圧，熱源のあるときとないときの表面，接触係数および熱拡散率をあげている．

3.5.1 手の接触における温冷感予測

図3.11は，表面温度ごとの手と異なる種類の物質との初期接触に起因する接触温冷感を示す．階段手摺およびドアノブを対象にしており，初期接触時の温冷感である．木とプラスチック，鉄とアルミニウムでは傾向が異なる．これは素材の熱伝導率による．表面温度が約34℃のとき，皮膚温と物質の温度が等しいため，すべての接触温冷感は等しくなっていることがわかる．

素手で素材に接触したときの接触温冷感を図3.12に示す．温冷感は熱拡散，素材温度

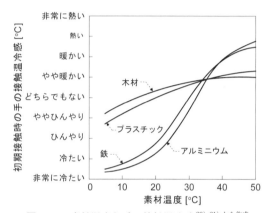

図3.11 素材温度と手の接触温冷感[20),21)]から作成

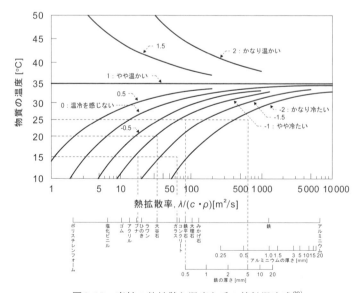

図3.12 素材の熱拡散と温度と手の接触温冷感[20)]

3.5 接触環境

より予測することができる．鉄やアルミニウムなどの金属の場合，薄い板に触れたときよりも厚い板に触れたときに冷たくあるいは熱く感じる．また，近年の研究により小畑は，接触温冷感は熱浸透率によって評価されると述べている．

3.5.2 足と床との接触による温冷感

DIN 52614[22]，ISO/TS 13732-2 では，模擬足を用いて評価を行っている．模擬足は温水で満たされ，底面がゴム膜のシリンダー（直径15 cm）でできている．被験者実験は Olesen（オレセン）によるものである[23]．**図3.13** に試験床と接触後1分，10分間の熱損失量を示す．標準条件は模擬足33℃，床面18℃としているが，10〜25℃までの範囲の床温であれば補正式が与えられている．異なる床に素足で直立する被験者実験において得られた模擬足からの熱損失量測定値と1分時と10分時の最適床温度を**図3.14**，**3.15** に示す．**表3.4** に Olesen による最適床温度，推奨範囲を示した．典型

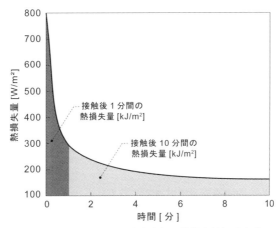

図3.13 模擬足による試験床との熱損失量経時変化

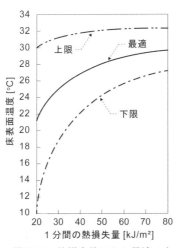 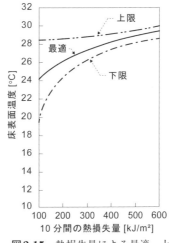

図3.14 熱損失量による最適，上下限床温度（1分間）[23]　　**図3.15** 熱損失量による最適，上下限床温度（10分間）[23]

3. 温熱環境評価手法

表3.4 典型的な床に素足で直立したときの快適床温度[23]

床構造（厚さ）下地：コンクリート	足の熱損失量 [kJ/m²]（DIN 52614に基づいて測定）		最適床温度 [℃]		推奨床温度範囲 [℃]	
	（1分）	（10分）	（1分）	（10分）	（1分）不満足者10%	（10分）不満足者15%
木質床材	38	134	26.5	25.5	22～31.5	23～28
コンクリート床	50	293	28.5	27	26～32	26～28.5
テキスタイル	17	75	19	24	8～30	20～28
ウィルトンカーペット	20	91	21	24.5	12～30.5	21～28
麻カーペット	24	123	23	25	15.5～31	22.5～28
フェルトシート	21	111	22	25	13～30.5	22～28
コルク（5mm）	26	145	24	26	17～31	23～28
松材	29	124	25	25	18.5～31	22.5～28
オーク材	36	182	26	26	21.5～31.5	24.5～28
ビニル-アスベスト床	80	485	30	28.5	22～31.5	23～28
PVCシート＋フェルト下地	49	242	28	27	28～32.3	25.5～28
PVCシート（2mm）	60	365	29	27.5	26～32	26.5～28.5
発泡コンクリート＋テサレート床（5mm）	60	301	29	27	26～32	26～28.5
コルク（20mm）＋テサレート床（5mm）	63	211	29	26.5	26.5～32	25～28
木材＋硬化リノリウム（2.5mm）	46	176	28	26	24～32	24～28
コンクリート＋硬化リノリウム（2.5mm）	45	296	28	27	23.5～32	24～28
塗装したコンクリート	77	487	30	28.5	27.5～32.5	27.5～29
大理石	75	511	30	29	27.5～32.5	28～29.5
コンクリート鉄ゴテ仕上げ	63	475	29	28.5	26.5～32	27.5～29
コンクリートスラブ木材仕上げ	60	419	29	28	26～32	27～29

的な床に素足で直立したときの快適床温度である．結果は直立状態におけるものであるが，椅座状態時には1～2℃高い床温度を好んだ．男性，女性間では要求温度に差はみられなかったとしている．

3.5.3 日本における接触温冷感の研究

日本においては床面に直接座る習慣があるため，接触温冷感に関するメカニズムを知ることはさらに重要になる．日本大学の松井勇らは多くの床接触感に関する研究を行っている[24]．暖房床の設計という立場から，床仕上げ材料と供給熱量を，床の熱貫流抵抗と床表面温度の関係から接触温冷感を評価している．模擬足を床に接触させて測定した接触部温度変化を指標として，暖房床の床仕上げ材料が接触温冷感に及ぼす影響を明らかにした．接触温冷感の快適範囲は，接触部温度変化で1.6～3.2℃であるとしている．また，深井らが床座時の床接触温と床温感に関する一連の研究を行い，床接触温推定装置（EFCT計）を考案している（**図3.16**）[25]．閉塞温度を提案して，室温20℃，22℃において，床暖房時の床温快適感はEFCT計で測定した閉塞温度が36.5～37.0℃で最も高くなることを見出している．

また，深井らは，実際の生活条件に近い形での被験者実験を行い，床座時での床暖房快適条件などを検討している．床座姿勢の被験者に対して全身温冷感を室温，床接触温で予測する重回帰式を提案している．ここで床接触温とは，EFCT計で測定された閉塞温度のことである．

$$全身温冷感 = 0.5384 \times 室温 + 0.4259 \times 床接触温 - 27.50 \quad \cdots\cdots(3\cdot34)$$

$$床温感 = 0.0823 \times 室温 + 0.4254 \times 床接触温 - 16.56 \quad \cdots\cdots(3\cdot35)$$

3.5 接触環境

　全身温冷感では室温の係数が大きくEFCTは室温と等価の影響があることに対し，床温感はEFCTの係数が大きく，室温はEFCTの3分の1程度の影響であった．床暖房時の快適感は床温快適感および全身快適感と密接に関係していると考え，両者を平均した値を総合快適感として定義し，快適感の指標として検討している．曝露後90～120分平均の総合快適感の値が0.5以上の範囲を床座時の快適範囲として，EFCTと室温の組合せによって示している．

　一方，床座の場合に問題になるのが，接触面積である．川又らは人体接触表面積測定装置を開発し，姿勢別の床面接触面積を被験者試験にて測定している[26]．実際の測定時のイメージを図3.17に，各姿勢における床面接触面積を図3.18に示す．

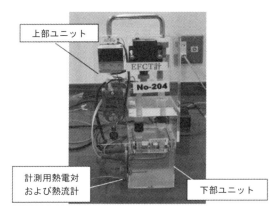

図3.16 EFCTの測定位置（東京ガス所有）

図3.17 床面接触面積測定装置

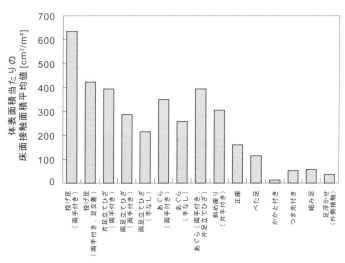

図3.18 各姿勢における体表面積当たりの床面接触面積（平均値）

― 53 ―

3．温熱環境評価手法

3.6 屋外環境の評価

　屋外・半屋外において室内と同等の快適性を追求するのは非現実的である．そもそも居住者や利用者は必ずしも室内と同等の質を求めているとは限らず，期待される快適性に見合った温熱環境計画が重要となる．「屋外」や「半屋外」といった用語は一般に空間特性を表すのに用いられるが，これらの建築的定義は明確でない．「半屋外環境」は両者の間に位置付けられるが，これらの分類は明確に線引きできるものではない．「半屋外環境」の中にも室内に近い条件から屋外に近い条件までが存在している．

　近年，外部環境に対して開放的で，積極的に自然を取り込もうとする建築空間が多く計画・設計・建設されている．その居住域の温熱環境設計・評価手法については均一，かつ一定の環境に保つことを旨としている従来の室内温熱環境基準が用いられていることが多い．しかし，このような空間は長期滞在空間として設計されることは少なく，一般の居室とは質の異なった環境が求められている．自然環境の導入を主目的とし，かつ長期滞在を目的としない半屋外空間においても，熱的快適条件が定常温熱環境基準とは同様にはならないと考えられる．通常居室のようにこのような空間を冷暖房したのでは，過度になるであろう．滞在者や通過者が許容できる温熱環境範囲がわかれば，その目標に対してさまざまなパッシブ的な手法も利用が可能である．

　大規模施設に設けられることの多いパブリックスペース（アトリウム・ガレリアなど）は，利用者が自由に通過や滞在ができる空間である．居室とは求められる環境が異なり，また空調されたアトリウムと開放的な非空調エリアでも許容できる環境範囲が異なる．滞在環境のSET*に対する利用者の熱的不快申告者率[27]を図3.19に示す．長時間滞在（定常）を前提としたPPD指標に比べ，パブリックスペース利用者の不快申告者率の上昇は緩やかであり，特に非空調空間で顕著である．不快申告者率が10%未満，または20%未満となる範囲を基準として求めたSET*の熱的快適域を表3.5に示す．PPDと比較して空調空間では2倍以上，非空調空間では3倍以上，SET*の温度域が広いことがわかる．滞在時間が比較的短い空間や冷房を行わない空間での環境制御のあり方を考える上では，重要な点である．

　また，近年，国際生気象学会を中心として標準的な温熱快適指標の開発が行われている．UTCIと

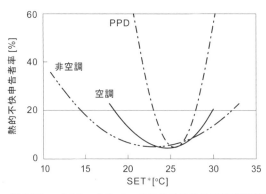

図3.19 パブリックスペースにおける熱的不快申告者率

3.7 人体モデル

表3.5 パブリックスペースの熱的快適域 [℃]

	10%不快範囲			20%不快範囲		
	下限	上限	範囲	下限	上限	範囲
PPD	24	27	3	23	28	5
空調	21	28	7	19	30	11
非空調	18	28	10	15	32	17

は Universal Thermal Climate Index の頭文字を取ったものである[28]．Fiala（フィアラ）の人体モデルを用いている．熱収支計算に基づき，空気温度，放射温度，風速，湿度の影響を統合して表す．標準状態は，4 km/h の歩行を想定した2.3 met，風速0.5 m/s，気温と同等の平均放射温度，相対湿度50%としている．指標に関しては，http://www.utci.org/index.php で公開されている．また，都市気候の分野では，Höppe（ホッペ）がPMVを用いた Physiological Equivalent Temperature（PET）という指標を提案してクリマアトラスなどに用いられている[29]．

3.7 人体モデル

3.7.1 体温調節モデル

数値流体力学（CFD）の進展に伴って，室内環境の熱的快適性に関して数値人体モデルを利用して解析しようという取組みが行われるようになっている．体温調節モデルでは，呼吸や対流，放射，伝導，蒸発に伴う熱移動，および生体内の各組織が産生した体熱の血液の流れと混合を介しての再配分，生体内での熱伝導を数値的に解析する．人体の体温調節モデルの研究は，1940年代初期から1960年代後半までは，主にアナログコンピュータが用いられた．1970年頃に，アナログコンピュータからデジタルコンピュータへと移行し，より詳細で複雑なモデルが提案された．

1960年頃から1970年代前半には，Wyndham（ワインダム）らのモデル[30]，Wissler（ウィスラー）のモデル[31]，Stolwijk（ストルビック）のモデル[32]が提案されている．Gaggeらの2 node-model[3]は Stolwijk モデルを基礎としている．また，血管系を詳細にモデル化した Smith（スミス）のモデル[33]が提案されている．Smith のモデルでは，生体内伝熱を有限要素法により解いている．Smith のモデルを発展させたものが，竹森らのモデル[34]で，体温調節において重要性が指摘されている動静脈吻合（AVA）を考慮している．また，Fu モデル[35]は Smith のモデルを改良し，着衣の非定常熱伝達を考慮したものである．

カンザス州立大学の Jones（ジョーンズ）は 2 node-model をもとに人体を分割した trans-mod モデルを提案し，着衣の非定常熱伝達を取り扱っている．日本では，川島による人体制御モデル研究[36]，横山による生体内熱移動に関する研究[37]が行われている．高田らは2 node-model を基礎としたモデルを構築し，着衣内に蓄積する水分が人体熱収支に及ぼす影響を検討している[38]．田辺らは人体熱モデル65MN[39]，JOS[40]，JOS-2[41]などを提案し，CFD，放射計算と連成を行っている．また，佐古井らにより Smith モデルを基礎としたモデル[42]が提案されている．近年は，体温調節のみではなく血圧を予測するモデルも開発が行われている[43]~[45]．**表3.6**に既往の代表的な人体モデルの例を示す．

3．温熱環境評価手法

表3.6 さまざまな人体モデル

Wissler	1964	人体を15部位に分割している．すべての部位は静脈プールおよび動脈プールからなる．
Stolwijk, Hardy	1966	人体を三つに円筒状に分割し，モデル化している．頭部および四肢はコアと皮膚の2層に分割され，体幹部はコア，筋肉および皮膚の3層に分割されている．すべての層が中央血流プールで互いに連絡している．
Gaggeら	1971 1986	人体を球状にモデル化している．球はコアと皮膚の2層に分割されている．
Stolwijk	1971	人体を六つに分割し，モデル化している．頭部は球状にモデル化され，その他部位は円筒状にモデル化されている．すべての部位はコア，筋肉，脂肪，皮膚の4層に分割され，本モデルは中央血流プールを導入している．
Smith, Fu	1991 1995	人体を15部位に円筒状に分割し，モデル化している．血流系は，血流との熱交換を計算することができる．温度に応じた血流調節ができ，皮膚表面の近くの血管の口径比を変えることにより行う．
Fialaら	1999	人体を15部位に球状および円筒状に分割しモデル化している．このモデルは，暑さや寒さから環境を評価するために使用されている人体熱モデルのUTCI（ユニバーサル熱気候指数）の基本的なモデルとなっている．
Tanabeら	1999 2001 2002	人体を16部位に分割し，モデル化している．頭部は球状，その他の部位は円筒状の要素としてモデル化されている．すべての部位はコア，筋肉，脂肪，皮膚の4層に分割され，各層は，血管系および中央血液プールに接続されている．65 MNから開発されたモデルが提案された．
Huizenga, Hui, Arens	2001	バークレー・モデルは，要素の数をシミュレーションすることができる．各要素は，コア，筋肉，脂肪，皮膚の4層で構成されている．本モデルは，着衣の熱容量や保有水分量を考慮し，着衣層を導入している．
郡ら	2003	Gaggeらの2層モデルの皮膚をさらに面積比率で部位に分割．深部から皮膚に向かう皮膚血流量に部位特性を設定し，各皮膚層と共通コア層の間でなされる熱交換に反映させている．不均一である車室内環境下での部位温感の予測に用いる．
佐古井ら	2006	Smithのモデルをもとに，全身の血流を血液プールを流れる血流に置き換えている．体温調節による皮膚血流の変動が特に大きい手，足の皮膚血流が表在静脈を通って体深部に戻ることで，低温下の血流の対向流，高温下の一方向流を再現する．
Zhangら	2010	このモデルは，人体の皮膚温およびコア温の生理的応答から人体部位別に19部位の局所温冷感，局所快適感，全身温冷感および全身快適感を予測することができる．本モデルは，均一，不均一，定常および非定常状態の環境に対して使用することができる．

3.7.2 2 node-model

体温調節機構を有する最も簡易なモデルである2 node-modelを紹介する[46]．全身を深部，皮膚の二つに分けた2節点のモデルで，各節点と環境の間の熱移動を解析する（**図3.20**）．全代謝産熱は深部で生じ，熱伝導と皮膚血流により深部と皮膚間で熱が移動する．モデル中央の血液だまりの温度は深部温に等しいとして，中央血液だまりと深部組織の間の熱移動は扱わず，血流による熱移動は皮膚血流のみを扱うモデルである．深部温と皮膚温の上昇，低下に応じて皮膚血流量調節，発汗，ふるえ，体の温調節機序が発現，制御する．

3.7 人体モデル

新有効温度 ET*，標準新有効温度 SET* 計算において温熱生理状態を予測するモデルで広く使用される．他方，高活動時条件下への適用に限界が示唆され[47]，全身に対する深部，皮膚の質量比変化に伴われるエンタルピー変化の扱いに疑問[35]も呈されている．2 node-model を基礎に，Jones の trans-mod モデル，郡らは分散2層モデル[48]などの多くのモデルが提案されている．

3.7.3 JOS-2 モデル

ここでは，代表的な体温調節モデルとして，JOS-2 モデルについて紹介する．JOS-2 モデルは 2013 年に公表された．JOS-2 モデルは Stolwijk モデルをもととし，標準体躯を体表面積 1.87 m²，

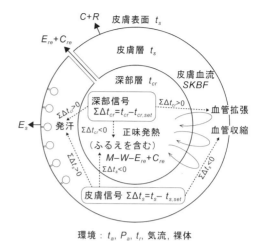

図3.20 2 node-model. の熱交換模式図

体重 74.43 kg の男性としている．全身は17部位 (Head, Neck, Chest, Back, Pelvis, Shoulders, Arms, Hands, Thighs, Legs, Feet) に分割されている．頭部を除く各部位は2層（コア，皮膚）で構成されている．一般的に着衣による熱抵抗のない頭部は，非定常過程での高い応答性が求められるため，4層（コア，頭部第一層，頭部第二層，皮膚）に分割されている．部位間を通る血流は，基点となる中央血液だまり，動脈，静脈にあたる動脈血液プール，静脈血液プール，表在静脈血液プール，そして組織を介さずに動脈，表在静脈を結ぶ AVA 血管から構成されている．各血管は，各部位コア層の中心に動・静脈血液プールが，四肢部位皮膚層の中央に表在静脈血液プールが，そして四肢の末端部位である Hand, Foot 部にのみ AVA 血管が配されている．いずれの血管プールにおいても前部位から流入してきた血液は完全混合の後に次の部位へ流出するものとし，動脈血液プールに関してはさらに部位内の各組織への流出も考慮した（図3.21）．四肢部位では外部の温熱環境によっ

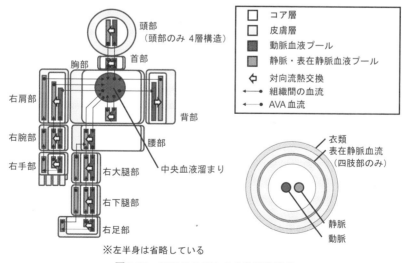

図3.21 JOS-2 モデルの人体部位構成

て血流経路が変化することが知られており，暑熱環境下において AVA 血管の開大度が変化することで表在静脈プールへ流出する血液量が増大するように再現した．JOS-2 モデルでは，制御系として血管収縮，血管拡張，発汗，ふるえなどの体温調節のメカニズムが考えられている．JOS-2 モデルを Werner（ヴェルナー）らにより定常条件下で行われた被験者実験結果と比較したところ非常によい一致が得られている．

3.7.4 部位温冷感

体温調節モデルでは，皮膚温，皮膚ぬれ率など生理量しか予測ができないため，それら生理量を用いて部位別温冷感を推定することができれば実用性がある．温冷感などの感覚量を予測する PMV や SET* などでは，均一環境を対象としており不均一環境に適用することは一般に難しい．また，非定常時の温冷感を予測するモデルも自動車のクールダウンやウォームアップ，室外からの入室などに応用できるため開発が望まれている．

カリフォルニア大学バークレー校の Zhang（チャン）[49]らは，不均一環境下の全身および局所の温冷感・快適感を評価する手法を提案しており，例えば暑い環境下では頭部を冷やすと快適であるなどの評価を可能としている．さらに，全身温冷感評価に関し，作用温度が低い領域および高い領域で被験者実験結果に対し過小評価する従来モデルを改良したモデルも提案している[50]．このモデルの形式を図3.22 に予測フローを示す．皮膚温から部位別温冷感を予測する．部位別温冷感から部位別快適感を予測する．また，得られた部位別温冷感から全身温冷感を推定しさらに全身快適感を予測するモデルになっている．式 (3・36) に Zhang モデルによる部位別温冷感予測式を示す．また，部位別快適感は全身温冷感の状態によって異なるという概念を図3.23 のように導入している．すなわち，全身が中立から少し暖かいときに，部位が寒さを感じると快適度は向上する．全身が少し寒いときに部位が暖かいと快適度は向上するという構成になっている．また，非定常時の温冷感に関しては久野モデルの考え方を取り入れ，変化速度によって温冷感の変化が変わる予測方法を行っている（図3.24）．

Zhang らは，全身温冷感を部位別温冷感の統合により予測するモデルを提案している．すなわち，部位別温冷感を予測することができないと全身温冷感を求めることはできない．全身温冷感を予測する手法は，これまで多く研究が行われているため，全身温冷感，部位別温冷感をそれぞれ独立に予測することも有益である．また，使用する生理量が皮膚温のみであるため，発汗時の予測が難しい．潜熱負荷を加えた OT_n モデルが提案されている[51]．

国内外で，Zhang モデルを利用した研究が行われている．江崎ら[52]は，定常車室内環境下において，人体を 24 部位に分けた体温調節モデルを作成し，Zhang モデルの局所温冷感予測式をベースとして日本人被験者実験結果に合うように拡張・修正している．ドイツの Streblow（ストレブロフ）[53]は，航空キャビン空調下において，6 種の定常空調条件に対し被験者実験を実施し，Zhang モデルの係数を最適化し，7 段階温熱申告スケールに対応させている．吉村ら[54]は，非定常車室内環境下において，9 段階温熱感申告スケールに対応している Zhang モデルの局所温冷感予測式の係数を単純に変更し，7 段階温熱感申告スケールに対応する局所温冷感の予測を試みている．被験者実験結果と比したところ，局所温冷感は比較的対応する傾向であることを示している．Zhou[55]は Zhang らのモデルをベースに中国人用の対応を試みている．コンピュータの発展に伴い本分野の研究はさらに進展すると思われる．

3.7 人体モデル

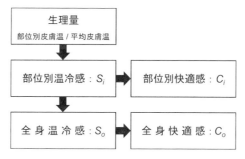

図3.22 Zhangモデルの構成[49]

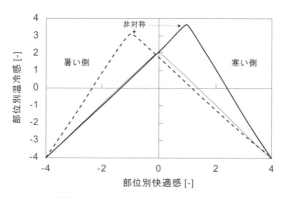

図3.23 部位別温冷感と快適感の関係

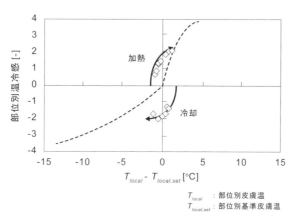

T_{local}：部位別皮膚温
$T_{local,set}$：部位別基準皮膚温

図3.24 非定常時の皮膚温と感覚量の変化

$Local\ Sensation$（部位別温冷感）

$$= 4\left\{\frac{2}{1+e^{-C1(T_{sk,local}-T_{sk,local,set})-K1((T_{sk,local}-T_{sk,local,set})-(T_{sk,ave}-T_{sk,ave,set}))}}-1\right\}$$
$$+ C2\frac{dT_{sk,local}}{dt} + C3\frac{dT_{cr}}{dt}$$

……(3・36)

3．温熱環境評価手法

C ：係数（1～3）
K ：係数（1～2）
T_{cr} ：コア温［℃］
T_{sk} ：皮膚温［℃］
ave ：平均値
$local$ ：各部位
set ：設定値

3.7.5 CFDとの連成

　数値流体力学（CFD）の進展に伴って，室内環境の熱的快適性に関して数値人体モデルを利用して解析しようという取組みが行われるようになっている．図3.25に人体モデルとCFDの連成による解析事例を示す．

　人体まわりの気流を詳細に解析した先駆的な事例として曽ら[56]の研究がある．人体形状を対象として，対流・放射・湿気連成シミュレーションにより発熱量一定，皮膚温一定，コンフォート制御モデルをそれぞれ用いた場合の全熱放熱性状を検討している（図3.26）．

　さらに大森ら[57]は，実際の人体形状を正確に模擬した精密人体モデルにコンフォート制御モデルを組み込み，低レイノルズ数型 k-ε 乱流モデルを用いて対流・放射連成解析を行い，人体表面における顕熱輸送を精度よく解析している．解析で得られた皮膚温，熱流束を図3.27に示す．

図3.25　人体モデルとCFDの連成

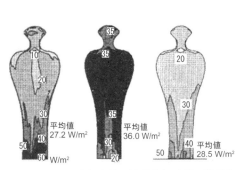

図3.26　対流熱伝達量，放射熱伝達量，潜熱伝達量[56]

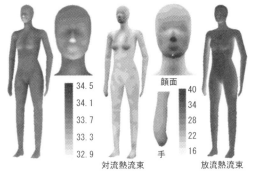

図3.27　皮膚温［℃］・対流熱流束［W/m²］・放射熱流束［W/m²］[57]

3.7 人体モデル

　林ら[58]は，呼気と吸気が繰り返される人体周辺の非定常現象を発熱量一定モデルにて解析している．呼吸域内の代表的な風速分布の時刻歴を**図3.28**に示す．

　一般的に人体形状を詳細に再現する数値人体モデルは複雑形状となる．そのため，非構造格子の適用が前提となる．人体の詳細なグリッドを作成するには時間を要する．汎用熱流体ソフトで使用可能な数値人体モデル virtual manikin が伊藤により作成され，公開されている．成人男女ならびに7歳児程度の子供の人体スケールを再現した virtual manikin を**表3.7**に示す．年齢，性別に起因する人体形状の相違に加え，椅座位モデルと立位モデルの2種類の姿勢を対象とした計6種類の virtual manikin である．詳細に人体形状を再現するため，耳，鼻などの幾何形状もある程度再現されている．virtual manikin のグリッドライブラリは WEB 上にて公開されており，ダウンロードが可能である（http://www.phe-kyudai.jp/research_01.html）[59]．人体モデルの幾何形状作成という煩雑な作業を割愛することが可能となり，詳細な室内環境解析，微気象解析への適用が容易となる．

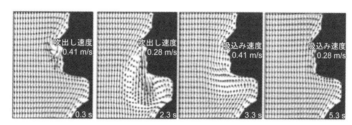

図3.28 呼吸域内の代表的な風速分布の時刻歴[58]

表3.7 数値人体モデル virtual manikin[55]

	椅座位モデル			立位モデル		
	(a) 子供	(b) 男	(c) 女	(a) 子供	(b) 男	(c) 女
体表面積 [m^2]	0.848	1.681	1.308	0.847	1.745	1.317
容積 [m^3]	0.022	0.063	0.040	0.022	0.064	0.040
身長 [m]	1.048	1.351	1.236	1.289	1.736	1.584
最小メッシュサイズ [mm^2]	0.490	0.562	0.746	0.490	0.469	0.652
最大メッシュサイズ [mm^2]	154.933	468.185	380.490	151.715	425.013	372.035
メッシュ数	20 085	44 620	36 742	18 971	44 974	35 500

参 考 文 献

1) P. O. Fanger : Thermal Comfort (1970), Danish Technical Press
2) A. P. Gagge et al. : Standard Effective Temperature — A single temperature index of temperature

sensation and thermal discomfort, Proc. of the CIB Commission W45, Building Research Station, pp. 229-250, 1973
3) A. P. Gagge : Standard operative temperature, generalized temperature scale applicable to direct and partitional calorimetry, American Journal of Physiology, 131(1940), p. 93
4) A. F. Dufton : The eupathrostat, J. Sci. Inst., 6(1929), pp. 249-251
5) T. Bedford : Basic Principles of Ventilation and Heating (1948), H. K. Lewis & Co.
6) T. L. Madsen et al. : Comparison between operative and equivalent temperature under typical indoor conditions, ASHRAE Transaction, Vol. 90, Part 1, pp. 1077-1090, 1984
7) S. Tanabe, E. A. Arens, F. S. Bauman, H. Zhang : Evaluating Thermal Environments by Using a Thermal Manikin with Controlled Skin Surface Temperature, ASHRAE Transaction, Vol. 100, Part 1, pp. 39-48, 1994
8) 日本建築学会：AIJES-H 0005-2015 サーマルマネキンを用いた室内温熱環境評価法規準・同解説, 2015
9) ISO 7730, Ergonomics of the thermal environment-Analytical determination and interpretation of thermal comfort by using calculations of the PMV and PPD indices and local thermal comfort criteria, 2003
10) A. P. Gagge, A. P. Fobelets, L. G. Berglund : A Standard Predicted Index of Human Response to the thermal Environment, ASHRAE Transactions, Vol. 92, Part 2, pp. 709-731, 1986
11) ASHRAE, ASHRAE Thermal Comfort Tool CD, Version 2, 2011
12) C. P. Yaglou and D. Minard : Control of heat casualties at military training centers, American Medical Association, Arch. Industrial Health, 16(4), pp. 302-316, 1957
13) 厚生労働省，熱中症の予防対策におけるWBGTの活用について，http://www.mhlw.go.jp/bunya/roudoukijun/anzeneisei05/（2019年1月5日）
14) JIS Z 8504，人間工学―WBGT（湿球黒球温度）指数に基づく作業者の熱ストレスの評価―暑熱環境，1999
15) ISO 7243, Ergonomics of the thermal environment — Assessment of heat stress using the WBGT (wet bulb globe temperature), 2017
16) H. S. Belding, T. F. Hatch : Index for evaluating heat stress in terms of resulting physiological strains. Heating, Piping and Air Conditioning 207 : 239, 1955
17) ISO 7933, Ergonomics of the thermal environment — Analytical determination and interpretation of heat stress using calculation of the predicted heat strain, 2004
18) P. A. Siple and C. F. Passel : Philos. Soc., 89(1945), pp. 177-199
19) ISO 11079, Ergonomics of the thermal environment — Determination and interpretation of cold stress when using required clothing insulation (IREQ) and local cooling effects IREQ, 2007
20) 松井　勇，笠井芳夫：仕上材の感触に関する研究，温冷感触：その2，日本建築学会論文報告集，294-8，pp. 1-12, 1980
21) ISO/TS 13732-2 : Ergonomics of the thermal environment-Methods for the assessment of human responses to contact with surfaces- Part 2 : Human contact with surfaces at moderate temperature
22) DIN 52614 Testing of Thermal Insulations Determination of Heat Dissipation of Floors, 1974
23) B. W. Olesen, Thermal Comfort Requirements for Floors Occupied by People with Bare Feet, ASHRAE Transactions, Vol. 83 Part 2, pp. 41-57, 1977
24) 松井　勇，湯浅　昇，沖倉優代，米久田啓貴：各種床仕上材料を用いた暖房床の接触温冷感の評価法に関

参 考 文 献

する研究,日本建築学会構造系論文集,64巻,517号,pp. 31-37,1999

25) 大竹伸明,深井一夫,永村一雄:床暖房時の床接触温の評価―床接触温推定装置(EFCT計)の概要と特性試験結果―,日本建築学会大会学術講演梗概集,pp. 359-360,1998

26) 川又大祐,鍵屋慎一,松前和則,稲垣勝之,秋元孝之,桑沢保夫:快適性を考慮した異なる暖房方式のエネルギー評価手法に関する研究:その4 人体の床面接触面積の測定,日本建築学会大会梗概集,pp. 441-442,2007

27) J. Nakano and S. Tanabe : Thermal Comfort Zone of Semi-Outdoor Public Spaces, Proceedings of Indoor Air 2014, USB (paper ID : HP 1241), 2014

28) D. Fiala et al. : Computer prediction of human thermoregulatory and temperature responses to a wide range of environmental conditions; Int. J. Biometeorol., No. 45, 2001

29) P. Höppe : The physiological equivalent temperature — a universal index for the biometeorological assessment of the thermal environment, Int J Biometeorol., 43(2), pp. 71-75, 1999

30) C. H. Wyndham, A. R. Atkins : An Approach to the Solution of the Human Biothermal Problem with the Aid of an Analogue Computer, Proceedings of the Third International Conference on Medical Electronics, London, pp. 32-38, 1960

31) E. H. Wissler : A Mathematical Model of the Human Thermal System, Bulletin of Mathematical Biophysics, 26(1964), pp. 147-166

32) J. A. J. Stolwijk : Mathematical Model of Thermoregulation, Physiological and Behavioral Temperature Regulation, Chapter 48, Charles C. Thomas Pub., pp. 703-721, 1970

33) C. E. Smith : A Transient, Three-Dimensional Model of the Human Thermal System, KSU, Dissertation, 1993

34) 竹森利和,中島 健,庄司祐子:人体熱モデルの開発(熱的快適性評価のための基本モデル開発),日本機械学会論文集(B編),61巻,584号,pp. 1513-1520,1995

35) G. Fu : A Transient 3D Mathematical Thermal Model for the Clothed Human, KSU, Dissertation, 1995

36) 川島美勝(南雲仁一編集):生体システム(1971),日刊工業新聞社

37) 横山真太郎:生体内熱移動現象(1993),北海道大学図書刊行会

38) 高田 暁,鉾井修一:着衣における水分の移動と蓄積を考慮した人体の熱環境に対する非定常応答(その16~19),日本建築学会大会学術講演梗概集(北陸),pp. 351-358,2002

39) 田辺新一,中野淳太,小林弘造:温熱環境評価のための65分割体温調節モデルに関する研究,日本建築学会計画系論文報告集,66巻,541号,pp. 9-16,2001.3

40) 田辺新一,佐藤孝広,徐 莉:温熱環境評価のための体温調節モデルJOSの開発,空気調和・衛生工学会学術講演会講演論文集,pp. 1729-1736,2002

41) Y. Kobayashi, S. Tanabe : Development of JOS-2 human thermoregulation model with detailed vascular system, Building and Environment, 66(2013), pp. 1-10

42) T. Sakoi, K. Tsuzuki, S. Kato, R. Ooka, D. Song, S. Zhu: A three-dimensional human thermal model for non-uniform thermal environments; thermal manikins and modeling, pp. 77-88, 2006

43) F. Y. Liang et al. : Biomechanical characterization of ventricular-arterial coupling during aging: A multi-scale model study, Journal of Biomechanics, 42(2009), pp. 692-704

44) 眞杉信之ら:姿勢変化に伴う血圧予測モデル,日本建築学会大会学術講演梗概集,pp. 287-288,2016

45) 高橋ら,人間―熱環境系快適性数値シミュレータ(その63)体温調節モデルを用いた血圧予測手法の開発 血圧を予測するモデル,日本建築学会大会学術講演梗概集,2018

3．温熱環境評価手法

46) A. P. Gagge, J. A. J. Stolwjik and Y. Nishi：An Effective Temperature Scale Based on a Simple Model of Human Physiological Regulatory Response, ASHRAE Transactions, Vol. 76, pp. 247-262, 1971
47) 佐古井智紀：運動時の発汗調節モデルの実態とのずれについて，SET*委員会報告書（委員長：高田　暁），人間―生活環境系会議温熱指標等研究委員会，pp. 3-23-3-24, 2003
48) 郡　逸平，持田　徹：分散二層モデルを用いた局所皮膚温の予測法，空気調和・衛生工学会論文集 28 巻，88 号，pp. 73-82, 2003
49) H. Zhang：Human Thermal Sensation and Comfort in Transient and Non-Uniform Thermal Environments, Ph.D., 2003
50) Hui Zhang：Thermal sensation and comfort models for non-uniform and transient environments（Part III）：whole-body sensation and comfort, eScholarship, University of California, 2009
51) 尾関義一，中村俊太，尾方壮行，宮嶋裕基，鈴木雅一，田辺新一：体温調節モデルを用いた局所温冷感予測手法の開発，日本建築学会環境系論文集，81 巻，731 号，pp. 795-802, 2016
52) 江崎ら：温冷感・快適感予測のための人体，シート熱モデルと車室内 CFD との連成解析（第 2 報），自動車技術会論文集，Vol. 37, No.4, pp. 193-198, 2006
53) Rita Streblow：Thermal Sensation and Comfort Model for Inhomogeneous Indoor Environments, RWTH AACHEN Univ., Ph.D., 2010
54) 吉村ら：人間―熱環境系シミュレータ（その 44）部位別冷却時の車室内乗員の快適性予測手法に関する研究（その 2），日本建築学会大会学術講演梗概集，pp. 97-98, 2011
55) X. Zhou：An individualized human thermoregulation model for Chinese adults, Building and Environment, 70, 2013
56) 曽ら：人体皮膚全熱放熱特性に関する CFD・放射・湿気輸送連成解析，生産研究，1998.1
57) 大森ら，対流・放射連成解析による精密人体モデル周りの温熱環境解析，日本建築学会大会学術講演梗概集，2002
58) 林ら：室内化学物質による呼吸空気質汚染の数値解析とその制御に関する研究（その 9）非定常の CFD 解析による呼吸域周辺流れ場と呼吸空気質性状の検討，日本建築学会大会学術講演梗概集，2001
59) 伊藤一秀，堀田太郎：数値解析用 Virtual Manikin のグリッドライブラリ作成，空気調和・衛生工学会論文集，31 巻，113 号，pp. 27-34, 2006（http://www.phe-kyudai.jp/research_01.html）（2019 年 1 月 5 日）

4. 温熱環境の基本データの計測

 1.3節に述べたように,温熱快適性には環境側の空気温度,湿度,放射,気流の4要素と,人間側の着衣,代謝量の2要素が大きく影響する.多人数で使用する室内空間の温熱快適性を高める上で最初に思い浮かぶ方法は,空気を温めまたは冷やす,あるいは加湿または除湿による調節であろう.ただし,2.1.3項に記したように全員にとって熱的に快適な環境を実現することは難しい.「暑い」と感じる人は衣服を脱ぐまたは扇風機を用いる,「寒い」と感じる人はひざ掛けを使うなど,私たちは空気温度と湿度以外の要素を経験的に活用している.滞在人数が少ない空間を対象にする場合,滞在者の周囲に空気温度と湿度を調整した空気を送っても,空気は混ざりあい滞在者がいない空間も含めて空気温度や湿度を調整することになり効率が悪い.このような条件では,空気の移動に伴う熱の拡散がない放射や,温度差を生じない気流,着衣を活用していくことが求められる.

 居住空間の空気温度,湿度,放射は,建物の断熱性,気密性,外気の温湿度,日射の影響を強く受ける.また,着衣や気流による調節には,衣服の形態,通風の方向や強さなど,地域性が強く現れる.温熱6要素を利用することで熱的快適性をどのくらい高められるかを検討するには,これら温熱6要素の現状を正確に把握する必要がある.5章に代謝量の評価法を,6章に着衣の評価法を記載することから,本章では代謝量と着衣を除く4要素と,空気温度,放射,気流,着衣が影響する人体の顕熱損失の計測理論と方法,計測にあたっての注意点を,以下の文献に基づき,補足しながら記述する.

- ISO 7726 : Ergonomics of the thermal environment – Instruments for measuring physical quantities[1]
- 日本建築学会環境規準:室内温熱環境測定規準・同解説[2]
- VDI 3787 Part 2 Environmental meteorology, Method for the human biometeorological evaluation of climate and air quality for urban and regional planning at reginal level, Part 1: Climate[3]
- ASHRAE Handbook-Fundamentals, Chapter 9 Thermal comfort[4]
- 温熱環境の基本データの計測手法,新版 快適な温熱環境のメカニズム 豊かな生活空間をめざして,空気調和・衛生工学会[5]
- 日本建築学会環境規準:サーマルマネキンを用いた室内温熱環境評価規準・同解説[6]

 空気温度や湿度,気流,放射などの環境側の要素は,空間的分布をもつことが多い.例えば,28℃に設定したオフィスであっても,場所や時間帯によって28℃を超える場合は多々ある[7].そのため,分布をもつことを前提として一点ではなく把握したい空間をカバーするように計測する必要

がある．ISO[1]は，測定高さとして立位人体を対象として1.1 mを，椅座人体を対象として0.6 mを推奨している．これは腹部の高さに当たる．分布のある場合には，この高さに加えて足首と頭の高さに当たる0.1 mと1.1 m（椅座時），0.1 mと1.7 m（立位時）も測定することが推奨されている．

4.1 空気温度とその測定法

4.1.1 温度の計測原理

〔1〕 ガラス製温度計[2]

温度により体積が変化する液体をガラス製容器内に入れ，体積変化から温度を読み取る．ガラス製温度計の特色は，応答性が遅く自動記録に向かないものの，測定の機構が簡易であるため，長期間にわたって測定値が安定していること，温度校正の基準となる標準温度計など，高い精度の計器も実現できる点にある．

〔2〕 バイメタル温度計[2]

熱膨張係数の異なる2種類の金属の薄板を張り合わせると，温度により反り具合が変化する薄板がつくれる．この薄板の先に空気温度を示す針を付けたものが，家庭内でよく使用される回転する針で空気温度を示す温度計である．この薄板の先にペンを付け，一定の速さで動く紙面と組み合わせることで，アナログの記録であるものの，時刻ごとの温度を記録できる．器差が大きいため，事前に標準温度計との比較から温度校正を行う必要がある．

〔3〕 **熱電対温度計**

異なる金属線の両端を接合して温度差を与えると，金属線の種類と温度差に応じて電力が生じる（ゼーベック効果）．この起電力から温度を決定する．接合された一端を計測点に置き，他端において両金属線間の電圧を計測，ここを基準温度とする．電圧計測点を氷水などで一定温度に維持するか（**図4.1(a)**），またはその点の温度自体を後述する白金測温抵抗体などで測り（**図4.1(b)**），基準温度からの温度差を電圧として検知する．計測に電源を要するものの自動計測およびデジタルでの記録が可能なこと，通電が少なく自己発熱が小さいこと，直径が0.1 mmの極細の金属線を用いることもでき，接合部分の熱容量を抑えて応答性の高い計測が可能なことに特徴がある．他方，正確な温度計測を行うには，計測電圧に外部のノイズがのらないよう電気的に絶縁し，かつ，基準温度を正しく把握する必要がある．基準温度を測る場合（**図4.1(b)**）には，電圧差を測る計測器上に温度分布が生じないよう，日射などの放射熱源のある環境下への電圧計測部の設置を避けるべきである．また，金属線をはんだにより接合する場合，接合が不安定にならないよう2本の金属線を可能な限り密にねじり圧着させ，接合部分の熱容量を増やさないよう接合部のみに極力薄くはんだ付けする．また，基準温度と温度計測点の間が長く延長が必要な場合，熱電対に使用する2本の金属線とほぼ同じ熱起電力特性をもつ補償導線で延長する．

熱電対には，2種類の金属線の組合せによる複数の型がある．温熱環境を対象とした計測では，＋脚を銅，－脚をコンスタンタン（銅とニッケルの合金）とするT型熱電対を使用することが多い[2]．T型熱電対の精度と対象温度範囲を**表4.1**に示す[8]．要求する温度範囲と精度に見合ったクラスを選択すべきであるが，精度はクラスだけでなく基準温度の計測精度にも依存する．

〔4〕 **電気抵抗式温度計**

温度に伴う電気抵抗の変化から温度を決定する．電気抵抗の変化から温度を決定するため，測定

4.1 空気温度とその測定法

(a) 基準温度に対する電圧を計測する場合

(b) 電圧と基準温度を計測する場合

図4.1 熱電対を用いた温度計測法

表4.1 T型熱電対の許容差[8]

	クラス1	クラス2	クラス3
温度範囲	−40℃以上125℃未満	−40℃以上133℃未満	−67℃以上40℃未満
許容差	±0.5℃	±1℃	±1℃

に電源を必要とし，わずかではあるものの通電のためセンサ自身が発熱する．①金属をセンサとして用いる測温抵抗体と，②金属をセンサとするものと比べて常温での電気抵抗が大きい半導体をセンサに用いるサーミスタがある．自動計測，デジタルでの記録が可能で，熱電対温度計での計測では必須となる基準温度を必要としない．センサには図4.2に示す2線式，3線式，4線式がある．センサ自体の抵抗値が小さく導線の抵抗を無視できない場合には，導線の抵抗の影響を考慮するために3線式，または4線式を選ぶべきである．3線式のセンサは，電源を供給する＋極と−極につながる両導線の抵抗値を等しいとみなして導線による電源電圧の低下を評価するため，電源供給の導線を等しい長さにする必要がある．

①の測温抵抗体の代表的な例として白金測温抵抗体があり，ニッケル線も4.5.2項に述べるサーマルマネキンの平均表面温度の測定などに用いられる．白金測温抵抗体は計測対象とする温度の範囲が特に広い．材料のばらつきが小さく個体差の出にくい特徴があり，温度の上昇とともに直線的にセンサの電気抵抗が増加する．②のサーミスタでは，一般的に温度上昇により指数関数的に抵抗値が下がるNTC（Negative Temperature Coefficient）サーミスタが用いられる．NTCサーミスタは，複数の金属酸化物を焼結してつくる半導体で，センサの電気的特性，精度，形状はさまざまである．特に小さなセンサを用いることで高い応答性での計測が可能になる．

4.1.2 空気温度の測定方法

空気中に置いた温度計は対流による熱交換のみでなく放射による影響も受ける．測定にはセンサの温度を空気の温度と同化させる必要がある．センサを小さくし，対流の影響を相対的に放射より

4．温熱環境の基本データの計測

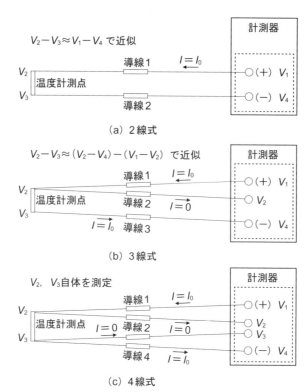

(a) 2線式

(b) 3線式

(c) 4線式

図4.2　抵抗式温度計の導線の結線方法

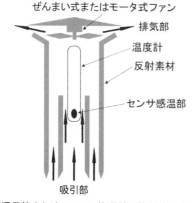

(a) 強制通風筒またはアスマン乾湿計の放射遮熱と通気の構造

(b) アルミ箔の簡易カバー

図4.3　放射遮熱と通気の例

大きくすること，または，アルミ箔などの高反射のもので覆うことで放射の影響を減らせる（図4.3）．ただし，センサの自己発熱がある場合には被覆によりセンサ温度が上昇しないよう，センサへの通風の確保に特に留意する必要がある．

4.1.3 温度校正法

測定精度の低い温度計を使用する場合，あらかじめ温度計の計測値と真の温度との関係を決定しておき，その関係によって計測値を補正することで測定精度を改善できる．この関係は，真の温度として精度が保証された標準温度計の値を参照し，対象とする温度範囲をカバーするように均一にかくはんした恒温槽の温度を変え，恒温槽の温度を標準温度計と使用する温度計で測定すること，または，氷の融点や水の沸点など既知の基準温度を真値として，このときの水温を使用する温度計で測ることで得られる．ただし，熱電対の校正では，基準温度の計測に伴う誤差を避けるため，基準温度が使用条件下と大きく変わらない条件で行うべきである．また，センサに電気的絶縁が施されていない場合，正確な水温の測定には，エポキシ樹脂でセンサを被覆するなど，センサを周囲の水から電気的に絶縁する必要がある．

4.2 湿度とその計測方法

4.2.1 湿度の表現法

〔1〕 絶 対 湿 度[2)]

建築分野や機械分野では，乾き空気 (Dry Air：DA) 1 kg 当たりの水蒸気重量 [kg] を絶対湿度とし，その単位は kg/kg (DA) である．これは加熱・冷却，加圧・減圧があっても変わらない乾き空気の単位質量当たりに含まれる水蒸気重量である．ただし，気象分野などでは単位体積当たりの水蒸気の質量 [kg/m^3] を絶対湿度とし，建築分野や機械分野の絶対湿度を混合比と呼んでいる．

〔2〕 水 蒸 気 分 圧

水蒸気の分圧によって水蒸気の量を表現する．飽和水蒸気圧は，空気が含みうる最大の水蒸気の分圧で，空気温度が高くなるにつれて増加し，周囲環境の圧力への依存はごくわずか[9)]である．飽和水蒸気圧 ($P_{a,S}$) は空気温度 (t_a) を用いて近似的に式 (4·1) の SONNTAG (ゾンターク) の式[10)]，またはより簡略な式として 0～40℃の温度範囲を対象とする場合の Antoine (アントニー) の式 (式 (4·2)) により求められる．

$$\ln(P_{a,S}) = -\frac{6\,096.938\,5}{t_a + 273.15} + 14.433\,320\,89 - 2.711\,193 \times 10^{-2}(t_a + 273.15) \quad \cdots\cdots(4\cdot1)$$
$$+ 1.673\,952 \times 10^{-5}(t_a + 273.15)^2 + 2.433\,502 \ln(t_a + 273.15)$$

$$P_{a,S} = \exp\left(16.653\,6 - \frac{4\,030.183}{235 + t_a}\right) \quad \cdots\cdots(4\cdot2)$$

$P_{a,S}$：飽和水蒸気圧 [kPa]
t_a ：空気温度 [℃]

〔3〕 相 対 湿 度

相対湿度 (RH) [%] は空気中の水蒸気分圧と飽和水蒸気分圧の比を百分率によって表したものである[5)]．ただし相対湿度が同一であっても温度が異なると含まれる水蒸気の量は異なる．相対湿度は温度の異なる空気が含む水蒸気量の比較には不向きである．

〔4〕 露 点 温 度

式 (4·1)，(4·2) にみられるように，水蒸気を含んだ空気を冷却していくと空気が含むことの

できる水蒸気の量は少なくなり，含みきれなくなった水蒸気は液化する．液化が始まる温度を露点温度と呼ぶ．建物の窓や冷たい飲み物を入れたコップの表面への結露は，窓またはコップの表面の温度が周辺空気の露点温度を下回り，空気中に含みきれない水蒸気が表面で液化したものである．

4.2.2 湿度の計測原理

繊維の吸放湿による長さの変化を利用した毛髪式温度計や，鏡面を冷やし結露の生じる温度を測る露点温度計もあるが，以下では温熱環境計測においてよく使われる金属-紙式湿度計，アスマン乾湿計と電子式湿度計について述べる．

〔1〕 金属-紙式湿度計

代表的なものとして，家庭内で日常的に使用される回転する針で相対湿度を示す湿度計がある．吸放湿により膨張，収縮する塩をしみこませた紙を，吸放湿のない薄い金属板に貼り付けると，相対湿度により反り具合の変化する薄板がつくれる．この薄板の先に指示針を付けて相対湿度を指示盤上に表示する．安価であるが誤差も大きい．

〔2〕 アスマン乾湿計

図4.4に示すように，感温部をぬらしたガーゼなどで湿らせた湿球温度計と，ガーゼを巻かず乾かしたままとした乾球温度計を，熱放射を遮断して同じように通風した円筒内に設置する．乾球温度 (t_d) は空気温度 (t_a) と等しい温度になるが，湿球温度計 (t_w) は蒸発により熱が奪われる分だけ空気温度より低くなる．この蒸発で奪われる熱量は通風空気の水蒸気圧 (P_a) が低いほど大きく，t_w は t_d より低くなる．水蒸気圧 (P_a) は，t_d と t_w に対する P_a の対応を示した湿り空気線図，または式 (4·3) の乾湿計公式 (SPRUNG (スプルンク) の式[10]) から求められる．湿球のセンサにはきれいなガーゼを一重半，すき間の生じないように取り付ける．

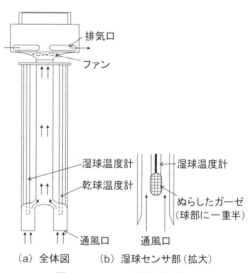

図4.4 アスマン乾湿計の構造

給水には蒸留水か蒸留水に近い水を用いる．センサの温度が安定するには，給水，通風後，約5〜7分かかる[2]．棒状の温度計の値を読み取ることとなるため自動記録には不向きであるが，ヒステリシス(履歴)の影響の生じない精度の高い計測法である．

$$P_a = P_w{}^* - A \cdot P (t_d - t_w) \qquad \cdots\cdots(4\cdot3)$$

P_a ：水蒸気圧 [Pa]

$P_w{}^*$：t_w における飽和水蒸気圧 [Pa]

A ：乾湿計係数 [K^{-1}]（湿球が氷結していないとき，0.000 662 K^{-1}）

P ：大気圧 [Pa]

t_d ：乾球温度 [℃]

t_w ：湿球温度 [℃]

なお，乾湿計には，前述のセンサを反射性の筒で覆うことで熱放射の影響を防ぎ，ファンにより

強制的に通気するアスマン乾湿計と，センサをそのまま外気に曝露したアウグスト乾湿計がある．熱放射による影響があるため，アウグスト乾湿計には式 (4·3)，および湿り空気線図上における t_d と t_w に対する P_a の対応関係を適用できない．

〔3〕 電子式湿度計

センサ部の電気抵抗または電気容量が吸放湿により変化することを利用して相対湿度を決定する．小型なものもあり，電源が必要であるもののデジタルでの自動記録が可能なものもある．ヒステリシスによる誤差を生じやすいセンサでもある．汚れやセンサの変形によって電気特性が変わると精度が低下するため，特に古いセンサは，アスマン乾湿計との比較から精度を確認し，校正すべきである．センサの温度を気温と同じとみなした上で計測するため，手持ちで計測を行い手からセンサへの熱伝導を生じさせる，あるいは強い放射熱源の下に置くなどは避けるべきである[2]．

4.3 放射とその計測方法[1),2)]

冷房時には外壁から熱が流入し，暖房時には外壁へ熱が流出する．部屋内部と外壁の間に熱の流れのある，すなわち温度こう配のある条件では，壁面内側の表面温度は室内空気温度と異なり，その差は建物の断熱性能が低いほど大きくなる．結果として室内の平均放射温度 (mean radiant temperature : t_r) は冷房時に室内空気温度より高く，暖房時に低くなる．以下では，t_r の評価法として①人体にみたてた計測器（グローブ温度計）に入射する放射熱から推定するもの，②周囲壁面の表面温度を測り，その表面温度から推定するもの，③広い空間を対象として，前後，上下，左右の平面放射温度の値から推定するものの三つ方法を紹介する．

4.3.1 グローブ温度計による平均放射温度の評価[12),13)]

図 4.5 に示すように，直径 15 cm のつや消し黒塗りの薄い銅球の中心部に温度計を設置する．銅球へ流入または流出する放射熱と，銅球から対流によって流出または流入する熱の釣り合いから，t_r を式 (4·4) により算出する[12)]．

$$t_r = t_g + 2.37\sqrt{v}\,(t_g - t_a) \qquad\qquad \cdots\cdots(4\cdot4)$$

t_r：平均放射温度　［℃］
t_a：空気温度　［℃］
v：風速　［m/s］
t_g：グローブ温度　［℃］

式 (4·4) は，グローブ温度計が環境との間で定常熱平衡状態に達していることを前提とする．それには設置後 20〜30 分の時間を要する[1)]．早く定常熱平衡に達するよう，15 cm の銅球をつや消し黒塗りの熱容量の小さなピンポン球で代用する試み[14)]もある．大きさと放射率の異なる球から t_r を算出する式として式 (4·5) が示されている[1)]．ただし小型化に伴い放射熱に比べてグローブ温度計への対流熱の影響が相対的に大きくなるため，t_r の決定において誤差が生じやすくなる．

$$t_r = \left[(t_g + 273.15)^4 + \frac{1.1 \times 1.0^8\, v^{0.6}}{\varepsilon_g \cdot D^{0.4}}(t_g - t_a)\right]^{0.25} - 273.15 \qquad\qquad \cdots\cdots(4\cdot5)$$

ε_g：グローブの放射率　［−］
D：グローブの直径　［m］

なお，簡便な式 (4·4) と式 (4·5) による t_r が ±1℃ で一致するのは，通常の室内で t_g と t_a の差が5℃以下の場合である．その条件以外で t_r を評価する場合には，直径15 cm の銅球によるグローブであっても放射の影響をより正確に扱っている式 (4·5) を用いるべきである．物体と周囲環境の間の熱交換において，単位表面積当たりの放射熱交換量は物体の大きさにかかわらず変わらないが，対流熱交換量は大きさとともに小さくなる．グローブ温度計は空気温度を測定するセンサと比べて大きく，相対的に放射熱の影響をより強く受ける．測定対

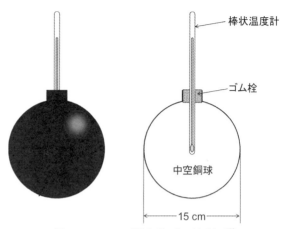

図4.5　グローブ温度計の概要と断面[2]

象者が滞在する空間の t_r を測定する場合でも，対象者のすぐそばにグローブ温度計を置いて計測すると，対象者の代謝発熱の影響を強く受けた結果になってしまうことに注意する必要がある．なお，球形のグローブ温度計は，高さ方向に長い実人体と比べ上下方向の放射熱の影響を強く反映してしまうことも報告されている[15]．

4.3.2　周囲壁面の温度計測による平均放射温度の評価

t_r は，周囲壁面の温度の形態係数による加重平均として式 (4·6) により求められる．

$$t_r = \sum_{i=1}^{n} t_i \cdot F_{s-i} \quad \cdots\cdots (4·6)$$

　　t_i　：周囲壁面 (i) の温度　[℃]
　　F_{s-i}：人体から周囲壁面 (i) を見込む形態係数　[−]

F_{s-i} を求めるに当たり，例えば身体の中心に一つの基準点を設け，その基準点からみた天井と四方の壁の角関係に対して F_{s-i} を線図として与えるもの[16]，人体は質点ではなく体積をもち，上下，前後に非対称であることから基準点からの角関係に加えて距離を考慮して F_{s-i} を線図で与えるもの[17]がある．前者は，特に空間が大きく人体を点とみなせる場合に誤差は小さく[18]，人体と対象面の距離にかかわらず F_{s-i} を簡易に推定できる長所がある．しかし壁面と人体の距離が短くなると誤差は大きくなる．ここでは，より厳密である後者の手法のうち，実人体を対象に決定された線図[17]を図4.6に示す．

前者の人体と対象面の距離によらず基準点からの角関係をもとに F_{s-i} を決める手法は，人体を微小な，ただし前後，左右，上下6方向の投射面積率の異なる点要素とみなしたことに応じる．Olesen（オレセン）らは，6方向の投射面積率として，表4.2に示す比率を提案している[19]．この手法には，人体に対する角度と形状が任意の面を対象とする場合でも F_{s-i} を推定できる大きな利点がある．

点から任意の面を見込む形態係数は立体角投射カメラを用いて測定できる[20]．また，人体からみて上下，左右，前後に位置する矩形面に限ると，図4.7の平行面を微小面から見込む形態係数は式 (4·7) で，図4.8の直交面を見込む形態係数は式 (4·8)[4]で計算できる．

4.3 放射とその計測方法

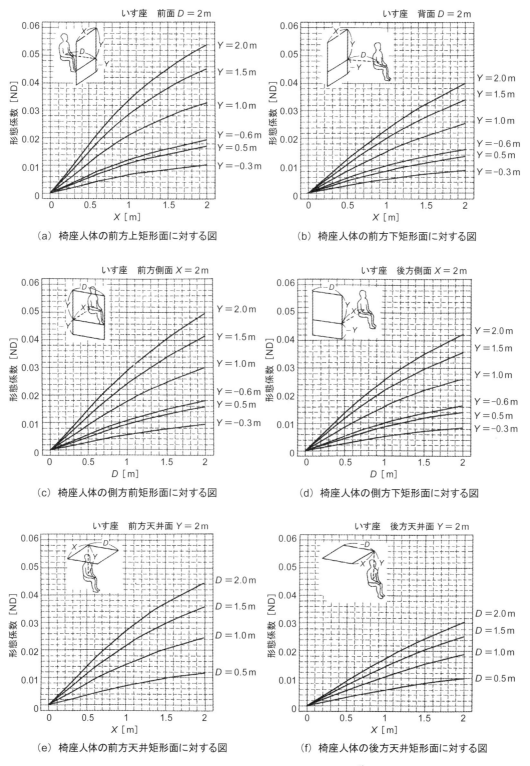

図4.6 椅座人体と矩形面の間の形態係数[5]

4．温熱環境の基本データの計測

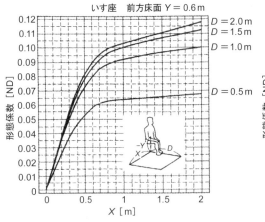

（g）椅座人体の前方床矩形面に対する図

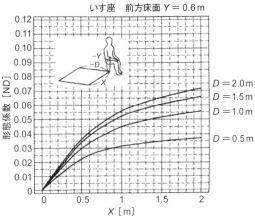

（h）椅座人体の後方床矩形面に対する図

図4.6 （つづき）

表4.2 人体の投射面積率[19]

	上 下	左 右	前 後
立 位	0.08	0.23	0.35
椅 座	0.18	0.22	0.30

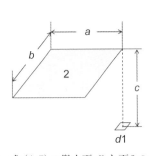

図4.7 式(4·7)の微小面 $d1$ と面2の位置関係

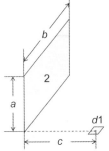

図4.8 式(4·8)の微小面 $d1$ と面2の位置関係

$$F_{d1-2} = \frac{1}{2\pi}\left(\frac{x}{\sqrt{1+x^2}}\tan^{-1}\frac{y}{\sqrt{1+x^2}} + \frac{y}{\sqrt{1+y^2}}\tan^{-1}\frac{x}{\sqrt{1+y^2}}\right) \quad \cdots\cdots(4\cdot7)$$

$$x = \frac{a}{c}, \quad y = \frac{b}{c} \quad (\text{図}4.7\text{参照})$$

$$F_{d1-2} = \frac{1}{2\pi}\left(\tan^{-1}\frac{1}{y} - \frac{y}{\sqrt{x^2+y^2}}\tan^{-1}\frac{1}{\sqrt{x^2+y^2}}\right) \quad \cdots\cdots(4\cdot8)$$

$$x = \frac{a}{b}, \quad y = \frac{c}{b} \quad (\text{図}4.8\text{参照})$$

4.3 放射とその計測方法

　ここで形態係数 (F_{s-i}) の概念を補足する．形態係数は**図4.9**に示すように，受射点から同一の方向，同一の立体角のスリットを通じて受射点が受ける放射熱は，放射面の向きや距離が異なっても，放射面の温度と放射率が同じであれば等しいことを前提にする．これは，放射面から出る放射熱の密度が式 (4·9) の Lambert（ランベルト）の余弦則[21]を満たすことに応じる．

$$RI = RI_b \cdot \cos\theta \qquad \cdots\cdots(4\cdot9)$$

　　RI ：放射面の法線から角 (θ) の方向へ向かう単位立体角当たりの放射熱　[W/sr]
　　RI_b：放射面の法線方向へ向かう単位立体角当たりの放射熱　[W/sr]
　　θ ：放射面の法線となす角　[rad]

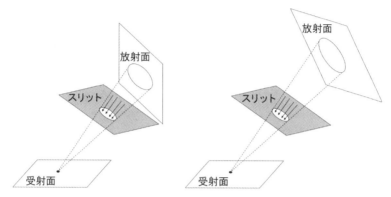

図4.9　形態係数の前提（Lambert の法則の意味合い）
注　放射面の温度と放射率，受射面から見込む角度が等しければ，放射面の向き
　　や距離にかかわらず受射面への影響は等しい．

　また，受射面に入射する放射熱の角度について，**図4.10**に示すように放射熱の密度が同じ条件下では，受射面が入射角に対して垂直の場合に受射面に入射する放射熱の密度は高く，入射角に平行に近くなるほど密度は低くなる．すなわち入射する放射熱の密度が式 (4·10) を満たすことを前提とする．

$$II = II_b \cdot \cos\varphi \qquad \cdots\cdots(4\cdot10)$$

　　II ：受射面が受ける単位面積当たりの放射熱　[W/m²]
　　II_b：入射光と直交する面が受ける単位面積当たりの放射熱　[W/m²]
　　φ ：入射光と受射面の法線がなす角　[rad]

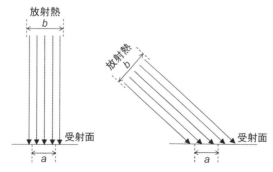

図4.10　形態係数の前提（入射角とエネルギー密度の対応）

4. 温熱環境の基本データの計測

形態係数 (F_{s-i}) は，式 (4・9) による放射面の放射熱の方向と強さと式 (4・10) による受射面での密度変化を踏まえ，人体に入射する放射熱における周囲壁面ごとの影響を表す加重である．言い換えると，放射面からの放射熱に指向性が強く式 (4・9) の Lambert の余弦則から隔たる場合，および受射面である着衣の吸収率が入射角度によって大きく変わるものを対象とする場合には，F_{s-i} を t_r 計算の加重とすると誤差が大きくなってしまう．また周囲面または着衣の吸収率が小さく反射の影響が大きく現れる場合には反射を含む多重放射を考慮した計算法[22]を用いるべきとなる．

周囲壁面の温度 (t_i) を，4.1.1 項に記した温度計センサを貼り付けて計測する場合，貼り付けるセンサの温度が壁面と等しくなるよう留意すべきである．そのためには①センサを壁面に密着させること，②導線を通じてセンサが空気からの熱伝導による影響を受けないよう，センサにつながる導線のうちセンサ直径の40倍程度の長さ以上を壁面に密着させることが望まれる[2]．

非接触のセンサを用いて計測する方法として，点の温度を測定する放射温度計や面の温度分布を測定する赤外線熱画像装置がある．これらの機器では壁面の放射熱を観測して壁面温度を求める．壁面は表面温度の4乗に比例する放射熱を発する．

$$R_i = \varepsilon \cdot \sigma (t_i + 273.15)^4 \quad \cdots\cdots(4\cdot11)$$

R_i：面 (i) が発する放射熱 [W/m²]

ε：放射率 [－]

σ：ステファン-ボルツマン定数
    [W/(m²・K⁴)] (= $5.67 \cdot 10^{-8}$ W/(m²・K⁴))

t_i：面 (i) の温度 [℃]

非接触のセンサの例として放射温度計の構造を**図4.11**に示す．放射温度計は，熱流束 (P) を測定するサーモパイル (4.5.1 項の熱流計と同じ原理で熱流を計測) と，サーモパイルの温度 (t_n) を測る温度計，サーモパイルに空気との対流熱交換が影響を及ぼすのを防ぎサーモパイルに入射する放射熱の範囲を決める放射熱透過性のカバーからなる．環境から面 (i) に入射し，面 (i) から反射される放射熱を考慮するとこの熱流束 (P) は式 (4・12) で記述される．

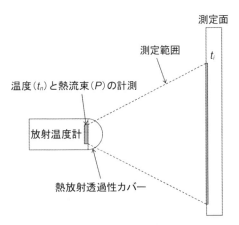

図4.11 放射温度計の計測原理

$$P = \varepsilon_i \cdot \sigma (t_i + 273.15)^4 F_{n-i} + (1-\varepsilon_i)\sigma(t_{i-e} + 273.15)^4 F_{n-i} - \varepsilon_n \cdot \sigma(t_n + 273.15)^4 F_{n-i} \quad \cdots\cdots(4\cdot12)$$

P　：サーモパイルが計測する熱流束 [W/m²]

ε_i　：測定面 (i) の放射率 [－]

F_{n-i}：サーモパイルから測定範囲を見込む形態係数 [－]

t_{i-e}：測定面 (i) へ環境から入射する放射熱に応じる平均放射温度 [℃]

ε_n　：サーモパイルの放射率 [－]

t_n　：サーモパイルの温度 [℃]

なお，測定範囲をサーモパイルから見込む形態係数 (F_{n-i}) は放射温度計に付けるカバーなどの光学系により定まる．式 (4・12) から t_i は次式で求められる．t_i を計測するときには，測定範囲全体が面 (i) の中に含まれるように注意すべきである．

$$t_i = \sqrt[4]{\frac{P}{\varepsilon_i \cdot \sigma \cdot F_{n-i}} - \frac{1-\varepsilon_i}{\varepsilon_i}(t_{i-e}+273.15)^4 + \frac{\varepsilon_n}{\varepsilon_i}(t_n+273.15)^4} - 273.15 \quad \cdots\cdots(4\cdot13)$$

ただし t_{i-e} 自体を放射温度計で計測することは難しい.放射温度計自体の温度など,何らかの温度で代用している計器では,放射率補正を行っても ε_i が小さくなるほど反射に伴う誤差が生じやすくなる.なお,面 (i) のみを対象とするのではなく半球面全体を対象とする F_{n-i} を1とする放射温度計を用いると,温度計が見込む方向の平面放射温度 (t_{pr}) を計測できる.短波放射計(日射計)は,日射に応じる波長帯を選択的に透過するカバーを使用したもの,長波放射計は長波長の領域のみを選択的に透過するカバーを用いたものである.

放射温度計ではサーモパイルに対して入射する正味の放射熱を,サーモパイルの温度を基準に決定する.手で持つなど,何らかの熱源によってサーモパイルの温度が変化してしまう状況下での計測を避け,設置は三脚などを用いることが望ましい[2].

面 (i) の表面温度の決定が目的であるなら,面 (i) の放射率を入力して計測する方が計測の精度は高い.他方,式 (4·6) を用いて t_r を求めることが目的であるなら,式 (4·6) は前提として反射による放射も含めた面 (i) からの全放射熱をそれぞれの面の形態係数 (F_{s-i}) を加重として平均し,全周壁面からの影響を評価するので,面 (i) の放射率に1を与えて得られる仮想の面温度 (T_i) を用いるべきである.

4.3.3 平面放射温度計測による平均放射温度の評価

前述のように t_r は,F_{n-i} を1とする放射温度計を用い,計測対象の放射率に1を与え,前後,左右,上下の平面放射温度を計測し,表4.2の投射面積率の加重平均をとることでも求められる[19].屋外を対象とする t_r を評価する場合,短波長(日射)と長波長が一定であっても,着衣の日射吸収率により t_r は異なる.前後,左右,上下の6方向の短波長放射量と長波長放射量を計測し,式 (4·14) により t_r を得る手法もあるが,別途直達日射を考慮する必要がある[3],[23].

$$t_r = \sqrt[4]{\frac{\sum_{i=1}^{6} W_i(a_k \cdot K_i + a_l \cdot L_i)}{\varepsilon_p \cdot \sigma}} - 273.15 \quad \cdots\cdots(4\cdot14)$$

W_i:各方向の投射面積比 [−](表4.2を参照)
a_k:着衣外表面の日射吸収率 [−]
K_i:各方向の短波長放射量 [W/m^2]
a_l:着衣外表面の長波長放射に対する吸収率 [−](=ε_p)
L_i:各方向の長波長放射量 [W/m^2]
ε_p:着衣外表面の放射率 [−]

4.4 風速とその計測方法

4.4.1 用語の説明

人体から環境への熱放散と熱的快適性にかかわる値として,平均風速,乱れの強さ[1],[4],パワースペクトル分布[24],[25]がある.以下でそれぞれについて概説する.

4．温熱環境の基本データの計測

〔1〕 平均風速と乱れの強さ[1]

スカラーとしての風速（v_{ai}）と3方向のベクトルである速度（v_{xi}, v_{yi}, v_{zi}）の間に以下の関係が成り立つ．

$$v_{ai} = \sqrt{v_{xi}^2 + v_{yi}^2 + v_{zi}^2} \quad \cdots\cdots(4\cdot15)$$

v_{ai}：i 時点における風速 [m/s]

v_{xi}, v_{yi}, v_{zi}：それぞれ，i 時点における x, y, z 軸方向の速さ [m/s]

一般に，居住空間の気流は乱流であり，時間によって変わる．そこで，気流は測定期間の平均風速（$\bar{v}_a$）と式（4・16）に示す乱れの強さを用いて表される．

$$T_u = \frac{100\,SD}{\bar{v}_a} \quad \cdots\cdots(4\cdot16)$$

ただし，

$$SD = \sqrt{\frac{\sum_{i=1}^{n}(v_{ai} - \bar{v}_a)^2}{n-1}}$$

T_u：乱れの強さ [%]

$\bar{v}_a$：平均風速 [m/s]

SD：風速の標準偏差 [m/s]

n：測定データ数 [-]

人体周辺の空気の境界層厚さは，平均風速が同じであっても気流の乱れが強くなるほど薄くなる．人体の対流熱伝達率の式として，平均風速（$\bar{v}_a$）に加え乱れの強さ（T_u）を変数とした式[26]も提案されている．T_u は，特に局所の風による冷不快感（ドラフト感）に大きく影響することが知られている[27]（2.2.1項参照）．T_u の計測には，時定数が0.01～0.2秒程度の風速計を用いることが推奨されている[2]．また，$\bar{v}_a$ と T_u は，3分間以上の計測データから決定することも推奨されている[2]．

〔2〕 パワースペクトル分布[24],[25]

気温や平均風速が同じであっても，風のゆらぎの違いが温熱快適性に影響を及ぼし，特に0.01～1.0 Hz の低周波領域が感覚に影響を及ぼすことが知られている．ゆらぎの表現法としてよくパワースペクトル分布が用いられる．横軸に周波数（f）の常用対数，縦軸にパワースペクトル（$E(f)$）の常用対数をとったグラフ（**図4.12**）上での傾き（β）が，機械風では前述の周波数帯において -0.5～0，自然風では -1.1 以下になる[24]．$E(f)$ は時々刻々のスカラー風速（v_{ai}）の時系列データをフーリエ変換して求められる振幅（$C(f)$）と以下の関係にある[28]．

$$E(f) = \frac{C(f)^2}{2} \quad \cdots\cdots(4\cdot17)$$

$E(f)$：周波数（f）のパワースペクトル [m²/s²]

f：周波数（f）[Hz]（ただし，$f>0$）

$C(f)$：周波数（f）の振幅 [m/s]

0.01～1.0 Hz の領域を対象に式（4・17）より縦軸に $C(f)^2$ の常用対数，横軸に f の常用対数をとったグラフの上の傾きとして β を決定できる．

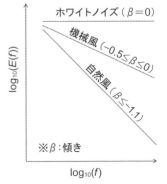

図4.12 機械風と自然風のパワースペクトル分布

4.4 風速とその計測方法

4.4.2 風速の測定原理

風速を測定する方式として，発熱源の冷却力に着目した熱式（熱線風速計，カタ寒暖計），音速が気流によって変化することに着目した超音波式，ファンを回す回転力に着目した機械式（ビラム式，ベーン式），風速の上昇とともに圧力が低下することを利用したピトー管式，2方向からのレーザー光を交差させてできる干渉縞により測定空間上に光の線を描き，空気と同一の動きをする粒子が光の線を通過するときに生じる反射光の点滅の時間間隔から測定空間の速度を求めるレーザードップラ式，測定空間に散布した粒子の濃淡を時々刻々追っていくことで風速の分布を求める Particle Image Velocimetry（PIV）などがある．ここでは居住空間での使用に適し，比較的遅い風速を測定でき，普及している熱線風速計と超音波風速計について記す．

〔1〕 熱線風速計[2]

発熱体の冷却は対流と放射によりなされる．図 **4.13** に示すように，熱線風速計は温度（t_s）と発熱量（Q）を計測できる発熱部と，発熱部に対する作用温度（t_o）を計測する非発熱部からなる．一般に物体形状が小さくなるほど対流熱伝達率は大きくなり，放射の影響は相対的に小さくなる．放射の影響を無視し，発熱部の作用温度＝センサ周辺空気温度とみなせるように熱線風速計の発熱部は小型につくられる．発熱部からの放熱量は次式で表される．

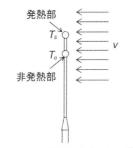

図4.13 熱線風速計の概要[2]

$$Q = (A + B\sqrt{v})(t_s - t_a) \quad \cdots\cdots(4\cdot18)$$

Q：発熱部の発熱量 ［W/m²］
A, B：気体の性質，物体の形状，風速によって決まる定数 ［−］
v：風速 ［m/s］
t_s：発熱部の温度 ［℃］
t_a：空気温度 ［℃］

熱線風速計の原理上，計測時には発熱部周囲に発熱に伴う熱上昇流が生じる．微風条件では，測定対象の気流に加えてこの自然対流が発熱部からの放熱に影響を及ぼすため，熱線風速計は微風速の測定に不向きである．機器の測定範囲の仕様を確認した上で計測することが望まれる．

熱線風速計を用いての測定は，発熱部周囲の空気温度と非発熱部で計測する空気温度が同じであることを前提とする．発熱源の付近など，温度分布のために発熱部の周辺と非発熱部の温度が異なる空間を対象とする測定には適さない．また，空気中に霧などの水滴を含む条件では，式（4・18）で考慮している対流と放射による発熱部からの放熱に加えて，蒸発による放熱が加わるため，風速を過大評価する．

微風条件として風速0.01 m/sのもと，発熱部として直径3 mmの球を仮定して坪内らの式[21]により対流熱伝達率を試算したところ約24 W/(m²·℃)，発熱部の放射率としてステンレス鋼の値[21]を与え線形化放射熱伝達率を試算したところ約3 W/(m²·℃)となった．熱線風速計を手に持って測定するなど，風速計の周囲に人体などの熱源がある場合，この熱源からの放射熱が発熱部の冷却に影響を及ぼす．したがって，特に微風速の計測は放射熱を避けて行う，あるいは放射熱の影響を相殺する工夫が必要である．放射熱の影響を相殺する工夫として，発熱部と空気温度計測の無発熱部を同一の放射環境下に置くこと[2]に加え，発熱部と無発熱部のセンサの対流熱伝達率を等しいとみ

なせるよう，センサ形状を近づけることがあげられる．

熱線風速計には，**図4.14**に示すように無指向性のプローブ (a) と指向性のあるプローブ (b) がある．右の指向性プローブ (b) は，一方向に穴の開いた保護用の網で発熱部，および空気温度を計測する非発熱部分を囲んでいる．指向性のプローブでは計測に当たり，風の主流方向に穴の向きを合わせる必要がある．

〔2〕 **超音波風速計**[2]

音速は流れに沿った方向に早く，流れに逆らう方向に遅い．このことを利用し，3次元の超音波風速計 (**図4.15**) は，向かい合うプローブ間での音速を測定し，3方向の風速を演算する．長所として，3方向の計測ができ応答性がよいこと，微風から強風まで計測できることがある．一方，短所として，プローブ部分が5～50 cm程度と大きいこと，外力によりプローブが変形すると誤差が生じてしまうことがあげられる．3方向の成分を正しく計測するためには水平をとるなど，風速計の向きを慎重に定めて設置することが求められる．

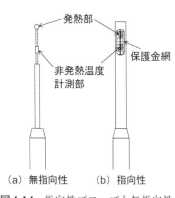

図4.14 指向性プローブと無指向性プローブの例

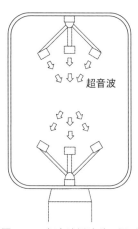

図4.15 超音波風速計の概要

4.5 総合的な顕熱損失とその評価方法

4.1～4.4節では，人体と環境の間の熱交換と人体の熱収支を評価する上で必要になる環境側要素の計測法を記述した．本節では，人体と環境との熱交換のうち，特に人体の顕熱損失を直接計測する方法として，熱流計およびサーマルマネキンを用いた測定について記述する．

4.5.1 熱流計による計測

熱流は高温部から低温部へと流れ，温度こう配のない均一温度下では流れない．熱流計は熱流により生じるこのごく微小な温度差を精度よく測定し，温度差をもとに熱流を推定する．なお，センサの貼付けにより放熱を妨げることのないよう，熱抵抗が極力小さくなるように熱流計はつくられる．

図4.16に一般的な熱流計の構造[29]を示す．表面温度 (t_1)，裏面温度 (t_2) の表面側に熱電対の接合部を，裏面側に基準温度を設けて計測すると1組の熱電対から起電力 (V) が生じるとする．こ

4.5 総合的な顕熱損失とその評価方法

の熱電対 n 個を直列につなぎ，接合部をすべて表面側に，基準温度をすべて裏面側にとると，出力電圧を nV まで増幅できる．熱流計は熱抵抗が小さく表裏の温度差も小さいが，熱電対を直列に配することで温度差による電圧差を増幅し，精度のよい計測を可能にしている．熱流計の面積を増やし直列につなげる熱電対の数を多くするほど熱流計の感度はよくなる．

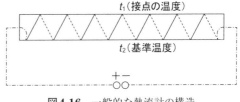

図4.16 一般的な熱流計の構造

人体の顕熱損失の測定に熱流計を使用する上での注意点をあげる．熱流計自体の熱抵抗は小さく，相対的に皮膚とセンサの間に生じる接触熱抵抗が計測される熱流に大きな影響を及ぼす．対策として，皮膚の形状に合わせることのできる柔軟なセンサを用いること，皮膚とセンサの間に空きが生じないよう密着固定することがあげられる．また，例えば皮膚が風上側に面しているか，下流側にあり，すでに上流に位置する皮膚との熱交換で加温された空気に接するか，熱源と面しているか，などによって，皮膚面上の熱流に分布が生じる．皮膚温の計測では皮膚血流により分布が抑えられているが皮膚熱流では測定位置の違いが測定値に大きく影響を及ぼすと想定される．センサの貼付け位置についても常に再現性をもたせるよう留意すべきである．

熱流計を用いた計測は，実際の体温調節と体動を反映した実人体を対象とする計測であること，被験者の体温が変わる非定常状態であっても計測できることに長所があるが，前述の接触熱抵抗や計測位置の問題のため，再現性に課題の残る方法である．

4.5.2 サーマルマネキンによる計測

実人体を対象とした計測ではないが，接触熱抵抗の影響を受けず，また，測定対象全体の放熱を計測するため再現性に優れる方法として，サーマルマネキン（**図4.17**）を用いる方法がある[6]．サーマルマネキンは人体形状の発熱模型で，一般に電力で発熱する．サーマルマネキンでは表面温度（皮膚温）と供給電力（＝発熱量）を計測し，部位ごとのデータを計測できるものもある．計測される発熱の一部はサーマルマネキンを加温し，残りが環境への放熱となる．したがって，計測された発熱量を放熱量とみなすことのできるのは，サーマルマネキンが設定条件まで十分に加温され，発熱の一部がサーマルマネキンの加温に用いられない条件に限られる．定常環境を対象とする計測なら，サーマルマネキン側も皮膚温と放熱量がともに時間によって変化しない定常状態を待って初めて顕熱損失の計測が可能になるため，計測に長い時間を要する．

人体の顕熱損失を評価するには，サーマルマネキンの皮膚温と発熱量を，定常状態での実人体の皮膚温と放熱量に一致させるように制御すべきである．言い換えると環境が非常に高温，または低温であって，実人体が定常に至らない環境下を対象とすると実人体の顕熱損失量をサーマルマネキンでは決定できない．サーマルマネキンの発熱制御法には，皮膚温と顕熱損失の間に暑くも寒くもない中立のときの経験的拘束を設定するもの（コンフォート制御）[30),31)]，人体の産熱量に合わせ，産熱量自

図4.17 サーマルマネキンの例

― 81 ―

体を設定するもの（発熱量一定制御），体温を想定して皮膚温を与えるもの（皮膚温一定制御）[32]がある．また，蒸発の影響を含めた発汗サーマルマネキンでは，人体熱モデルを用いて身体の中の熱収支を解析し，人体熱モデルの皮膚温を表面温度として設定する制御（人体熱モデル連成制御）[33]もある．

コンフォート制御では，発熱量と皮膚温を拘束する関係として式（4・19）が与えられている．

$$Q = \frac{36.4 - t_s}{0.054} \qquad \cdots\cdots(4\cdot19)$$

　　Q：発熱量　［W/m^2］
　　t_s：皮膚温　［℃］

この式について，コア部を36.4℃，コア部と皮膚の間の熱抵抗を0.054（m^2・K）/Wとする解釈が示されている[31]．より詳しく検討すると，36.4℃は中立のときに血流により体熱が再配分された結果として形成されたコア温と解釈でき，中立時の血流による体熱の再配分を組み入れた制御とも位置付けできる．ただし，実人体では高温条件で血流増のため皮下脂肪層の熱抵抗の断熱効果が低下し，低温条件で血流減のため皮下脂肪の熱抵抗の断熱効果が増加することを考えると，コア部と皮膚の間の熱抵抗値を中立状態の0.054（m^2・K）/W一定，コア部を36.4℃とするコンフォート制御は，中立条件を前提とした制御といえる．逆に，この制御を中立から離れた条件に適用すると，仮に評価環境下において皮下脂肪の熱抵抗が中立のとき，かつ，コア温も中立を維持すると仮定した場合の皮膚温と放熱量を計測することとなる．定常状態に至るまでに要する時間は比較的短い[6]が，環境が刻々と変化する場合は皮膚温と放熱量が同時に変動するため，サーマルマネキンが定常状態に至っているかの判断が難しい．

発熱量一定制御は，環境が中立条件から離れていると予想され，定常状態での実人体の皮膚温を想定しにくい条件を対象に，活動に応じる発熱量をサーマルマネキンに設定して定常熱平衡の成り立つ皮膚温を探査しようとする場合に有効である．ただし，サーマルマネキンへの加温がなくなる定常状態に至るまでに長い時間を要し，応答性が悪い[6]．

皮膚温一定制御は，環境が中立条件に近く皮膚温を想定できる場合，または，想定の皮膚温において放熱量がどうなるかを評価する場合に適する．応答性が早いことに特徴があり[6]，一旦，サーマルマネキンが定常状態に至ると環境が変動してもサーマルマネキン自体を加温するのに電力が使われないので，変動する環境下でも刻々の顕熱損失を計測できる．

発汗サーマルマネキンの使用を前提とする人体熱モデル連成制御は，寒い条件から暑い条件まで，実人体の皮膚温と発汗に合うようにサーマルマネキンの皮膚温と発汗を設定する．非定常条件下での体深部温などの温熱生理応答も予測できるが，非定常条件下において放熱量と発熱量が等しいとして放熱量を決定しており，その影響の検証が必要になろう．定常状態での計測ではサーマルマネキンと人体熱モデルの両方が定常状態に至る必要があり，計測に特に長い時間を要する．

人体の顕熱損失の測定に当たっては，制御モードの適切な選択に加え，できる限り体動をサーマルマネキンに再現させるよう留意すべきである．ただし，歩行機構をもたせたサーマルマネキンも市販されているが，現状のサーマルマネキンでは実人体と比べて動きに制約がある．

サーマルマネキンの皮膚温校正では，発熱源がない一様な温度の部屋に無発熱のサーマルマネキンを設置し，サーマルマネキンと気温が等しくなるようにサーマルマネキンに向けて扇風機などで送風する．サーマルマネキンが定常に至ったのちに，サーマルマネキンの皮膚温が部屋の温度と等

しくなるよう，サーマルマネキンのシステムの定数を変更する．この校正は，例えば25℃と37℃など，サーマルマネキンに設定する皮膚温の領域をカバーする2室温で行う．部屋の中では灯りなどの熱源を極力排除し，また，サーマルマネキンを床から浮かせ，全身が空気と接する条件で行うことが望ましい[6]．特に皮膚温と環境の作用温度の差が小さい条件での顕熱損失量の計測では皮膚温のずれが顕熱損失量に大きな相対誤差をもたらす．皮膚温と作用温度の差が小さい条件で顕熱損失の分布を計測する場合，先立って特に慎重に皮膚温の校正を行うべきである．

また，顕熱損失を測定するものではないが，無発熱のマネキンに4.1～4.4節で計測法を述べた空気温度，湿度，放射，風速のセンサを埋め込み，自身の発熱の影響を受けず，刻々の人体まわりの空気温度，湿度，放射，風速を計測する計器も市販されている[34]．

参 考 文 献

1) ISO 7726：Ergonomics of the thermal environment – Instruments for measuring physical quantities, 1998
2) 日本建築学会環境規準：室内温熱環境測定規準・同解説，2008
3) VDI 3787 Part 2 Environmental meteorology, Method for the human biometeorological evaluation of climate and air quality for urban and regional planning at reginal level, Part 1: Climate, 2008
4) ASHRAE: Chapter 9 Thermal comfort, ASHRAE Handbook–Fundamentals, 2013
5) 半澤 久，土川忠浩：温熱環境の基本データの計測手法，新版 快適な温熱環境のメカニズム―豊かな生活空間をめざして（2006），空気調和・衛生工学会
6) 日本建築学会環境規準：サーマルマネキンを用いた室内温熱環境評価法規準・同解説，2015
7) 羽田正沖，西原直枝，中村駿介，内田智志，田辺新一：夏季室温緩和設定オフィスにおける温熱環境実測および執務者アンケート調査による知的生産性に関する評価，日本建築学会環境系論文集，74巻，637号，pp. 389-396，2009
8) 日本工業規格：JIS C 1602-1995 熱電対
9) 第13版空気調和・衛生工学便覧，第1編（2002），pp. 80-81，空気調和・衛生工学会
10) 日本工業規格：JIS Z 8808-2001 湿度-測定方法
11) ISO 7730：Ergonomics of the thermal environment – Analytical determination and interpretation of thermal comfort using calculation of the PMV and PPD indices and local thermal comfort criteria, 2005
12) 堀越哲美，小林陽太郎，土川忠浩：温熱環境測定器としてのグローブ温度計の成立に関する研究，日本建築学会計画系論文報告集，420巻，pp. 62-79，1991
13) 渡邊慎一，堀越哲美：測定に基づいた屋外における平均放射温度の算出方法，日本生気象学会雑誌，49-2 (2012)，pp. 49-59
14) R. de Dear：Ping-pong globe thermometers for mean radiant temperatures, Heating and Ventilation Engineer and Journal of Air Conditioning, 60(1987), pp. 10-11
15) K. Blazejczyk, I. Holmer, H. Nilsson：Absorption of solar radiation by an ellipsoid sensor simulated the human body, Applied Human Science, Journal of Physiological Anthropogy, 17-6(1998), pp. 267-273
16) P. O. Fanger：Thermal comfort, Analysis and application in environmental engineering(1970), Danish Technical Press
17) 土川忠浩，小林陽太郎，堀越哲美，三輪恵美，藏澄美仁，平山慶太郎：実測による人体の有効放射面積および人体と矩形面との間の形態係数に関する研究―青年男子に対する裸体・着衣，立体・椅座の場合，日

4．温熱環境の基本データの計測

本建築学会計画系論文報告集，388 巻，pp. 48-59，1988
18) 尾関義一，平松徹也，田辺新一：人体に対する放射熱授受を表現する全身の重み係数の数値計算による算出，日本建築学会環境系論文報告集，68 巻，566 号，pp. 47-50，2003
19) B. W. Olesen, J. Rosendhal, L. N. Kalisperis, P. E. Steinman：Method for measuring and evaluating the thermal radiation in a room, ASHRAE transaction, Vol. 95(I), pp. 1028-1044, 1989
20) 堀越哲美，宮原英男，小林陽太郎：人体と矩形面との間の形態係数および人体の有効ふく射面積に関する研究　1. 算出理論と椅座着衣の場合の実測，日本建築学会論文報告集，268 巻，pp. 109-120，1978
21) 日本機械学会：伝熱工学資料 改訂第4版，1986
22) T. Mochida, K. Nagano, T. Migita：Mean radiant temperature weighted by absorption factor and its characteristics, Journal of the human-environment system, 1-1(1997), pp. 57-63
23) 渡邊慎一，堀越哲美：測定に基づいた屋外における平均放射温度の算出方法，日本製気象学会雑誌，42-2 (2012), pp. 49-59
24) Y. Zhu, Q. Quyang, B. Cao, X. Zhou, J. Yu：Dynamic thermal environment and thermal comfort, Indoor Air 26(2016), pp. 125-137
25) K. N. Kang, D. Song, S. Schiavon：Correlation in thermal comfort and natural wind, Journal of Thermal biology, 38(2013), pp. 419-426
26) 小野剛司，村上周三，大岡龍三，高橋岳生，大森敏明，早乙女　強：屋外空間における人体表面の平均対流熱伝達率の予測式の開発―風洞実験とCFD解析による人体表面の平均対流熱伝達率の予測式の提案―，日本建築学会環境系論文集，71 巻，601 号，pp. 9-14，2006
27) P. O. Fanger, A. K. Melikov, H. Hanzawa, J. Ring：Air turbulence and sensation of draught, Energy and Buildings, 12-1(1988), pp. 21-39
28) 小野測器：計測コラム emm146 号用 基礎からの周波数分析(12) ―「パワースペクトル（その1）」，2013
29) CAPTEC / Entreprise: Captec scientific catalogue, p. 6
30) B. W. Olesen, E. Sliwinska, T. L. Madsen, P. O. Fanger：Effect of body posture and activity on the thermal insulation of clothing: Measurements by a movable thermal manikin, ASHRAE transactions, vol. 88, pp. 791-799, 1982
31) S. Tanabe, E. A. Arens, F. S. Bauman, H. Zhang, T. L. Madsen：Evaluating thermal environments by using a thermal manikin with controlled skin surface temperature, ASHRAE Transactions, vol. 100(I), pp. 39-48, 1994
32) H. Nilsson, I. Holmér, M. Bohm, O. Norén：Equivalent temperature and thermal sensation – Comparison with subjective responses, Proceedings of Comfort in the automotive industry. Recent development and achievements, Bologna, ATA(1997), pp. 157-162
33) M. Hepokoski, A. Curran, R. Burke, J. Rugh：Simulating physiological response with a passive sensor manikin and an adaptive thermal manikin to predict thermal sensation and comfort. SAE Technical Paper 2015-01-0329, 2015
34) 日本カノマックス(株)：室内温熱環境・快適性を直感的に見える化　アメニティマネキン計測システム，2012

5．生理・心理評価

　温熱環境の快適性に関する研究では，室内の物理的な温熱環境（空気温度，放射温度，気流，湿度）測定と合わせて，居住者・執務者・建築利用者・被験者といった実際の人間による温冷感・快適感の評価が多く行われている．ここでは，これらのヒトの生理・心理評価について述べる．

5.1　被験者の選定・調査対象者の選定

5.1.1　被験者実験・人を対象とするアンケート（実測）の目的
　室内外の温熱環境を評価する場合，その温熱環境で人がどのように感じているのか，どのような生理反応があるかは，最も知りたいデータの一つである．このために，被験者を用いた実験や実建築物での室内環境測定と同時に居住者（執務者）を対象とした調査を実施することが有効である．これらの調査では，対象者の温冷感や快適性といった心理量のアンケートによる申告や，皮膚温や体温などを計測する生理量測定が実施されることが多い．これらの心理量・生理量測定と室内の温熱環境測定結果を合わせて考察する．加えて，ヒトを使った心理量・生理量測定データを比較対象としてシミュレーションを行う場合もある．

5.1.2　スクリーニング，報酬
　被験者実験や実測調査を実施する際，その温熱環境に対する暑さ・寒さ（温冷感），快適性などを評価してもらう被験者の選定を行う必要がある．
　これまでの温熱感研究では，「健康な大学生年齢の男女」（場合によっては男性，女性のいずれか）を被験者とする，または実測調査では「そのオフィスで働くオフィスワーカー」に協力してもらう例が多かった．しかし，温熱感研究が多彩になり，例えば，高齢者・子供・病院での患者といったこれまでとは年齢層や健康状態の異なる人を対象とする実験・実測調査も行われてきている．
　実験や実測調査に参加可能な被験者や回答対象者を応募者の中から選定（スクリーニング）する場合もある．その際には，体力や健康状態の面から実験や実測調査に参加可能か，調査対象としての条件を満たしているかなどを確認する．例えば，室内の空気質の評価を伴う実験であれば，嗅覚の感度（閾値）を事前に確認し，実験に参加可能かどうかスクリーニングを行う．また，実験参加予定の被験者をグループ分けする場合もある．例えば，「花粉症群」「暑がり・寒がり群」「高齢者群」などがある．このうち，例えば「暑がり・寒がり」「冷え性」などのグループ分けは，被験者自身の主観申告によるものと皮膚温分布などの客観的データによるものがある．
　実験や実測調査への参加に対して被験者などに報酬を支払ったり，アンケート回答者にお礼の品を渡したりする場合も多い．実験・実測調査の規模，拘束時間，従事させる作業の内容などを考慮

5．生理・心理評価

して，報酬の有無，報酬の種類（金銭かそれ以外の品か），金額（時給），支払い方法については，実験・実測調査前にあらかじめ計画する．そして実験前に報酬内容を提示した上で被験者や調査対象者を募集する．

5.1.3　事前調査（体質，暑さ・寒さへの耐性，健康状態）

実験などに参加する被験者の体質や暑さ・寒さへの耐性，健康状態や住まいの状態などを事前に確認する場合もある．一例として，**図5.1**，**5.2** に空気調和・衛生工学会にて提案された温熱環境調査票を示す．温熱環境調査票 A は事前に1回，調査票 B は毎回の実験時に被験者の健康状態の確認のために使用する．

なお，**図5.1**，**5.2** には，提案された1978年版の温熱環境調査票を示す．適宜，自身のテーマに沿って，質問項目の取捨選択をされたい．

5.1.4　調査内容の説明

実験の被験者や実測調査におけるアンケート回答者には，実験の内容や進め方などを実験開始前に説明しておくと進行がスムーズになるであろう．しかし，例えば「湿度を20％まで下げた場合の快適性を調査している」といった研究の目的や実験条件まで実験前に明らかにしてしまうと，被験者は「この部屋は乾燥しているかもしれない」「寒いかもしれない」といった先入観をもってしまい，正しい申告値とならなくなる危険性もある．実験条件や研究目的などをどこまで事前に被験者に開示するかには細心の注意を払うべきである．また，実験中に被験者同士や被験者と実験者の間で，室内環境に関する会話や，誘導的な会話はしないように注意する．

図5.1　温熱環境調査票 A[1)]

温熱環境調査票 B

1978 年

整理番号

※
調査の解答は，（　）の中に記入，もしくは該当するものに○を付けて下さい。

1. 一般的事項について，お答えください。
1) 調査年月日　昭和（　）年（　）月（　）日
2) 氏名のイニシャルを書いてください（ ，　）
3) 性別　①男　②女
4) 生年月日　(明治・大正・昭和)（　）年（　）月（　）日
5) 調査場所　（　）号館（　）階（　）列（　）番
6) 今日の睡眠時間　（　）時間（　）分
7) 今日の朝食はとりましたか。　①はい　②いいえ

2. 通勤通学時の交通機関の状態およびその時の温冷感について，お答え下さい。
1) 利用交通機関名・利用時間・混雑程度および姿勢等について

利用交通機関名(利用・・○)		利用時間 (分)	冷房 (有る・・○)	混雑程度			姿勢		
				混んでいた	普通	すいていた	ずっと立っていた	途中からすわれた	ずっと座っていた
バス									
私鉄									
地下鉄									
国鉄（中距離）									
国鉄（電車）									
乗用車									
自転車									
徒歩									

2) 通学・通勤時間（家を出てこの部屋に入るまでの時間）はいくらでしたか。

（　）時間（　）分

3) 利用交通機関内における温冷感について

	非常に暑い	暑い	暖かい	どちらでもない	やや涼しい	涼しい	寒い	非常に寒い
バス								
私鉄								
地下鉄								
国鉄（中距離）								
国鉄（電車）								
乗用車								

4) 家を出て，部屋についた時の疲労度について，お答え下さい。
①　非常に疲れた　②　疲れた　③やや疲れた　④少し疲れた　⑤普通

5) 家から部屋までの通勤通学時間における温冷感について

	非常に暑い	暑い	暖かい	どちらでもない	やや涼しい	涼しい	寒い	非常に寒い
家を出た時								
建物に入った時								
部屋に入った時								

（以上でアンケートを終ります。御協力誠にありがとうございました。）

図5.2　温熱環境調査票 B[2)]

5.2　心 理 量 測 定

5.2.1　心理量測定の目的

我々は，自分のまわりの温熱環境に対して「暑い」「寒い」という感覚を生じている．一人一人が感じている感覚をカテゴリー化し，それぞれに数値を付して数量化することにより，温熱環境による心理量の平均値や変化を求めることできる．

5.2.2　申告尺度，感覚を表す言葉の選定

被験者や回答者の感覚をカテゴリー化・数量化するために，申告尺度を用いる．一般に，名義尺度，順序尺度，間隔尺度，比率尺度の四つに分類できる．

〔1〕　名義尺度（nominal scale）

1：男性
2：女性

対象をほかと分類するために数値を与える尺度である．数値の大小や順序などに意味はなく，四則演算はできない．

〔2〕　順序尺度（ordinal scale）

第 1 位：1
第 2 位：2
第 3 位：3

相対的な大小関係，順序関係を表すための尺度である．この尺度の数値からは中央値やパーセンタイル値を算出可能であるが，順位を示す数値を四則演算はできない．この尺度では，数値は順序を表すだけで，数値の差（間隔）には意味がない．

5．生理・心理評価

〔3〕 間隔尺度 (interval scale)

順序尺度では，数値の差（間隔）に意味はなかったが，間隔尺度では，数値の差（間隔）が意味をもつ尺度である．この尺度では任意の原点から，ある特定の単位に従って等間隔に割り振られたものである．例えば，氷の融点を0℃，水の沸点を100℃としその間を100等分した摂氏温度がある．この尺度では10℃と20℃の差の10℃分は，25℃と35℃の差の10℃分と等しい．この尺度での数値にはほとんどの統計的処理ができる．

〔4〕 比率尺度 (ratio scale)

それぞれの比率についても意味をもつ尺度である．比率尺度の数値は絶対的な原点のもと，ある単位に従って等間隔に割り振られている．例としては，絶対温度[K]，長さ[m]，重さ[kg]など物理量があげられる．例えば60 mは2 mの30倍というように比率に意味があるので，四則演算可能である．ただし，心理量測定において比率尺度で表すことはほぼ不可能とされている．

5.2.3 測 定 項 目

〔1〕 温冷感 (Thermal Sensation)

日本建築学会環境基準 AIJES-H 0004-2014[2]では，「温熱環境において生起した暑さ・寒さの感覚を温冷感という」と定義されている．温熱感研究においておそらく最も使用される心理量であろう．

図5.3 に ASHRAE Standard 55[3] や ISO 7730[4] で示されている温冷感尺度を示す．−3〜+3までの7段階で示されている（7段階尺度）．PMVとの比較を行う際にはこの尺度を使用する．この尺度は，順序尺度として扱うことが可能であるため，順序性が保持される限り，「寒い→暑い」を「暑い→寒い」としたり，−3〜+3ではなく1〜7としたりしてもよい．「0」を挟んだ正負の数値による提示は中立的温冷感とそこからの寒暑の感覚の強さの程度をイメージさせやすい．測定値に関しては，基本的に名義尺度および順序尺度で認められる範囲の数的処置が可能である．

上記の ASHRAE Standard 55[3] や ISO 7730[4] に準じた7段階尺度の両端に「+4：非常に暑い」「−4：非常に寒い」が追加された9段階温冷感尺度が空気調和・衛生工学会温冷感小委員会[5]において提案されている．**図5.4** に9段階尺度を示す．この尺度は，蒸暑環境，寒冷条件における温冷感を含めて測定する場合に使用できる．一方，**図5.3** の7段階尺度の測定値とは直接的な比較はできない．

```
＋3  暑い (hot)
＋2  暖かい (warm)
＋1  やや暖かい (slightly warm)
 0   どちらでもない (neutral)
－1  やや涼しい (slightly cool)
－2  涼しい (cool)
－3  寒い (cold)
```
図5.3　温冷感（7段階尺度）

```
＋4  非常に暑い (very hot)
＋3  暑い (hot)
＋2  暖かい (warm)
＋1  やや暖かい (slightly warm)
 0   どちらでもない (neutral)
－1  やや涼しい (slightly cool)
－2  涼しい (cool)
－3  寒い (cold)
－4  非常に寒い (very cold)
```
図5.4　温冷感（9段階尺度）

また，図5.5に示されるような連続温冷感申告尺度で呈示することもできる．これは，目盛りをつけた線分上にカテゴリー用語を配置することで，評価回答者にカテゴリー間の等間隔性を意識させ，間隔尺度による温冷感の測定を意図している[6]．この場合，以下のようなことに注意する必要があると指摘されている[2]．

図5.5 連続温冷感申告

・図式尺度におけるカテゴリー間の等間隔性はあくまでも仮定されたものであり，これを間隔尺度として扱う場合には，その等間隔性を検証する必要がある．
・尺度の大きさや形式など，図としての表現は任意である．また，尺度に付す数値などについては，前述の7段階尺度で示した注意事項と同様である．ただし，図の大きさを含めて，表現が異なる図式尺度の測定値を比較する場合には，測定値の同等性などを確認する必要がある．
・目盛り部分のみに回答させた場合と目盛り間への回答を認めた場合では，1目盛りに対応する感覚量が異なるといわれており，両測定値の同等性が保証されていない．

温冷感尺度については，以下のような2点が指摘されている[2]．

(a) カテゴリー用語の意味：ASHRAEやISO尺度に対し，日本語尺度では，cold：寒い，cool：涼しい，warm：暖かい，hot：暑いを対応させている．しかし，日本語の場合，「涼しい」「暖かい」は寒さ・暑さの感覚の強度が「寒い」「暑い」より弱いといった意味だけでなく，「心地よさ，快適さ」の意味を含んでいるという指摘がある．また，「どちらでもない（neutral）」は「暑さ，寒さの感覚として中程度」の意味であり，「ちょうどよい」といった肯定的意味に拡大解釈しないよう注意する．「どちらでもない」のかわりに「寒くも暑くもない」「暑くも寒くもない」という訳も用いられることがある．

(b) カテゴリー用語の等間隔性：「寒い−涼しい」「暑い−暖かい」の間隔が「涼しい−やや涼しい」「暖かい−やや暖かい」の間隔と同等かという点については疑問視されている．

また，寒暑涼暖のカテゴリー用語による7段階尺度については，同一尺度を使用しても，夏季と冬季では各カテゴリーの間隔が異なることが指摘されている．

〔2〕 寒 暑 感

温冷感では寒暑涼暖の用語で構成されていたが，寒暑感は，「暑い」「寒い」の用語のみで構成されている尺度であり（図5.6），「暑さ寒さの程度」に限定して測定することが可能である．快不快の感情を含まず，温冷感を測定するにはこの尺度を用いるとよいとされている[2]．また，この尺度は原則として順序尺度である．間隔尺度として扱うにはカテゴリー間の等間隔性を検証する必要がある．

+3	非常に暑い (very hot)
+2	暑い (hot)
+1	やや暑い (slightly hot)
0	どちらでもない (neutral)
−1	やや寒い (slightly cold)
−2	寒い (cold)
−3	非常に寒い (very cold)

図5.6 寒暑感（7段階尺度）

〔3〕 適 温 感

温冷感尺度の「暖かい」「涼しい」という用語は，英語の「warm」と「cool」の直訳である．しかし，この日本語表現は純粋に暑さ・寒さの度合いを表すのではなく，心地よさのニュアンスを含んでいる．特に夏季の「涼しい」と冬季の「暖かい」はポジティブな感覚として認識されやすく，温冷感の

「どちらでもない」が最適な状態を指すとは限らない．複数の季節にわたる調査結果を比較するときに，温冷感の意味合いの違いに注意する必要がある．

季節による温冷感のニュアンスの変化や好まれる温度（温冷感の中立に相当する温度ではなく，実際にちょうどよいと感じる温度）の調査に用いられるのが適温感（thermal preference）尺度である．図5.7にMcIntyre（マッキンタイヤー）[6]の3段階適温感尺度を示す．

```
+1  今より暖かいほうがよい
 0  このままでよい
-1  今より涼しいほうがよい
```
図5.7　3段階適温感尺度

温冷感申告や環境温度に対して適温感の申告率をプロットする分析方法が広く用いられている．「このままでよい」の申告率が最大となる点が，最も多くの人がちょうどよいと感じる温冷感（または環境）と考えられる．

〔4〕快不快感

図5.8にISOに準じた快不快の尺度を示す．不快の程度を測定する場合に使用する．必要に応じて「4：極めて不快」を加え，5段階評価としてもよい．なお，この尺度における「快適」には「不快でない」といった回答も含まれており，「積極的快適」と同意でないことに注意する．

```
0  快適（comfortable）
1  やや不快（slightly uncomfortable）
2  不快（uncomfortable）
3  非常に不快（very uncomfortable）
(4  極めて不快（extremely uncomfortable））
```
図5.8　単極快適感尺度

熱的快適感について，「消極的快適」と「積極的快適」を区別した測定が必要な場合には，図5.9の尺度を使用する．図式尺度を用いてもよい．

〔5〕受容度

温熱環境が評価対象者にとって受け入れられるかどうかを回答させる尺度である．もともとはyes/noの二者択一の尺度であったが（図5.10），被験者数が少ないときに距離尺度の概念を入れて統計解析するために図5.11のような尺度がデンマークで提案されて使用されている．このスケールによる申告値は二者択一の尺度とほぼ一致することがわかっている．

```
+3  非常に快適
+2  快適
+1  やや快適
 0  どちらでもない
-1  やや不快
-2  不快
-3  非常に不快
```
図5.9　7段階快適感尺度

〔6〕湿度に関する感覚（乾湿感）

図5.12に乾湿感尺度を示す．乾湿感は，全身の湿度感覚のほかにも目や皮膚についての局所的な測定が行われることもある．

〔7〕気流に関する感覚

気流の強さ（感じ方）に関して，気流の強さ，変動性状，快適性などについて国内外でさまざまな申告が用いられ測定されている．気流の強さに関する尺度の例をあげる（図5.13）．ドラフトは「望まれない気流感」と定義され，局所不快の原因となる．

```
受け入れられる（acceptable）
受け入れられない（unacceptable）
```
図5.10　2段階受容度尺度

図5.11　受容度の尺度

5.2 心理量測定

```
+3  非常に乾いている
+2  乾いている
+1  やや乾いている
 0  どちらでもない
-1  やや湿っている
-2  湿っている
-3  非常に湿っている
```
図5.12 乾湿感の尺度の例

```
 0  感じない
+1  やや感じる
+2  感じる
+3  非常に感じる
```
図5.13 気流強さ感の尺度の例

```
-3  非常に不満
-2  不満
-1  やや不満
 0  どちらでもない
+1  やや満足
+2  満足
+3  非常に満足
```
図5.14 満足感申告の例

そのため，気流に関する評価では，気流を感じるか感じないかとともに，その気流が快適か不快かを申告してもらい，ドラフトの評価に使われている．カリフォルニア大学バークレー校では，「気流を感じる」かつ「不快ではない」と申告した人を「心地よい気流を感じている人」として，PPD (Percentage of Dissatisfied) に対比させて PPS (Predicted Percentage of Satisfied) を定義している．

〔8〕 満　足　感

近年，環境に対する満足度と知的生産性に関係があることがわかっている．知的生産性を直接測定することは難しいので，環境に対する満足感を質問することがある．**図5.14**に満足度申告の例を示す．

〔9〕 その他の申告尺度

上記には，温熱感の研究でよく用いられるであろう感覚とその尺度を述べた．最近では研究テーマも多岐にわたっており，このほかにも発汗感覚，放射感・放射に関する快適感，環境満足度などが用いられる場合もある．

5.2.4 教　　　示

上記のような申告を用いる際の教示に関する注意事項として，日本建築学会環境基準 AIJES-H 0004-2014[2] では，以下のように記されている．

「教示は，評価回答者に質問の意味が正確に伝わるよう簡潔で明確な表現にする．また，評価回答者は教示によって心理状態のどのようなところに注意を向け，どのように回答すればよいのかを判断する．それゆえ，偏った回答に誘導しないよう，教示には十分な配慮が必要である．」

このため，回答者や被験者がはっきりと意味を理解できるような言葉を用い，回答者や被験者にとってなじみのない用語は使用しないようにする．「温熱環境」「温冷感」など意味が理解されにくい言葉は言い換えや解説の必要がある場合もあるが，回答を誘導するものではないよう注意する．

また，実験・実測調査中の測定者の言動が回答に影響を及ぼしてしまう可能性もある．回答に対して喜んだり驚いたりせず，すべての回答者に対し同じようにふるまう．実験・実測調査中に回答者同士，または測定者と回答者が，温熱環境に対する評価を話したり，自分の回答を相手に示したりすることのないようにする．

5.3 生理量測定

5.3.1 生理量測定の目的

ある温熱環境の快適性・健康性を評価する際，前述した心理量申告によって「どう感じるか」や「快適かどうか」を申告させる方法に加え，生理量を測定することも多く実施されている．身体的な負荷が大きい環境，または短時間でみると負荷が小さくても長時間続くような環境においては，身体的負荷が不快感の増大や健康性の低下を引き起こす可能性が考えられる．

生理量の測定には，侵襲，非侵襲の2種類がある．人を対象とする医学系研究に関する倫理指針[7]および同ガイダンス[8]では，侵襲とは脚注のように定義されている．侵襲を伴う測定は，工学分野では実施が難しい場合もある．

5.3.2 測定項目・方法

〔1〕 身長・体重・体表面積

身長とは，底面から頭頂点までの鉛直距離である．被験者は立位姿勢をとり，頭部を耳眼面水平に保持して測定する（JIS Z 8500）（**図5.15**）[9]．測定器としては，身長計またはアントロポメータを用いる．

体重は，身体の全質量と定義されている[9]．体重減少量を算出する場合は，10 g以下の精度で1 g単位まで表示可能な体重計を使用して測定することが望ましい．

体表面積は，身長・体重を用いて推定する方法が広く用いられている．

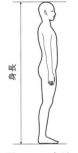

図5.15 身長

DuBois（デュボア）：$A_b = 0.007\,184 \cdot W_b^{0.425} \cdot H^{0.725}$ ……(5・1)

藤本ら：$A_b = 0.008\,833 \cdot W_b^{0.444} \cdot H^{0.663}$ ……(5・2)

藏澄ら：$A_b = 0.010\,031\,5 \cdot W_b^{0.383} \cdot H^{0.693}$ ……(5・3)

A_b：体表面積 [m^2]
W_b：体重 [kg]
H：身長 [cm]

また，非伸縮性のテープまたは石膏テープ・アルギン酸などを用いて体表を写し取る方法や，レーザー光などを用いて得た3次元座標から算出する方法などがある[2]．

〔2〕 る

ヒトは，外界温度が変化しても，体温を約37℃で一定に保つように体温調節機能が働く（1.1.1項参照）．このときの体温とは身体の内部の温度である「コア温」を指している．コア温は，熱を生み出す内臓部分（例えば直腸）や体温調節機能を司る脳に近い位置（例えば，耳）で測定を行う．コア温として測定される温度と，日本建築学会基準[2]で示されている測定方法を**表5.1**にまとめる．なお，日本建築学会基準[2]では，33～43℃の範囲において，0.1℃の精度をもつ温度センサ（抵抗温度計，

侵襲：研究目的で行われる，穿刺，切開，薬物投与，放射線照射，心的外傷に触れる質問等によって，研究対象者の身体又は精神に傷害又は負担が生じることをいう．
侵襲のうち，研究対象者の身体及び精神に生じる傷害及び負担が小さいものを「軽微な侵襲」という．

5.3 生理量測定

表5.1 コア温と測定方法

測定部位	測定方法
直腸温	下半身の運動の影響を大きく受け，熱容量が大きいため，応答性が遅い．成人の場合，センサの感温部分が肛門から10 cm程度のところにとどまるようにして測定する．サーミスタ測温体や熱電対など温度センサと変換・記録計を使用する
鼓膜温	鼓膜温は，視床下部に近く，環流する血液も多く，視床下部を環流する血液温に近い．接触型プローブ（熱電対の接点部分，サーミスタ測温体の感温部）を鼓膜に接触させて測定する．接触型プローブでない場合，鼓膜温の測定に限定できないので耳内温とする
耳内温	非接触型放射式体温計による測定では，プローブ先端を外耳道に挿入し，プローブ先端を鼓膜の方へ向けて測定する．プローブ先端を外耳へ挿入する際には，できるだけ奥の方へ挿入することが望ましい．また，プローブの向きや挿入加減については，同じ被験者での複数回の測定で常に定値が同じになるよう，同じ測定者が同じような加減で行う．外気の影響を受けやすいため，十分な断熱が必要である．
舌下温	感温部を舌の付け根の中央部に密着させるように舌の下において口を閉じる
腋窩温	センサを腋に挟み，腕を胴に十分に密着させる．水銀体温計，電子体温計を使用する

熱電対，サーミスタなど）と記録計（データロガ）を使用することが望ましいとしている．

コアの周囲を取り囲み，コア温を一定に保つために変温性を示す部位の温度が「シェル温」である．シェル温の代表が「皮膚温」である．皮膚温は全身に広がっているため，数点を測定して，部位ごとに重み付け平均し，平均皮膚温を算出する．

平均皮膚温算出のためによく使われている方法を以下に示す．**図5.16**に算出用の測定部位を示す．実験の目的や実験条件によって測定する部位を選ぶ必要がある．既往文献と直接比較するためには同一部位で計測し，同一算出法で計算する．

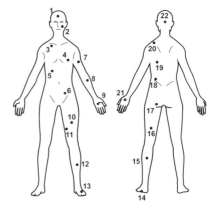

図5.16 平均皮膚温算出のための測定部位

Ramanathan（ラマナサン）の4点法[10]
$$t_s = 0.03(t_4 + t_8) + 0.02(t_{10} + t_{12}) \quad \cdots\cdots(5\cdot4)$$

Hardy-DuBois（ハーディ-デュボワ）の7点法[11]
$$t_s = 0.07\,t_1 + 0.14\,t_8 + 0.05\,t_9 + 0.35\,t_5 + 0.19\,t_{10} + 0.13\,t_{12} + 0.07\,t_{13} \quad \cdots\cdots(5\cdot5)$$

Hardy-DuBoisの12点法
$$t_s = 0.07\,t_1 + 0.14\,t_8 + 0.05\,t_9 + \frac{0.35(t_4 + t_5 + t_{18} + t_{19})}{4} + \frac{0.19(t_{10} + t_{16})}{2}$$
$$+ \frac{0.13(t_{12} + t_{15})}{2} + 0.07\,t_{13} \quad \cdots\cdots(5\cdot6)$$

Mitchell-Wyndham（ミッチェル-ウィンドハム）の式
$$t_s = \frac{(t_1 + t_2 + t_4 + t_5 + t_7 + t_8 + t_{10} + t_{11} + t_{12} + t_{13} + t_{15} + t_{16} + t_{18} + t_{19} + t_{21} + t_{22})}{15}$$
$$\cdots\cdots(5\cdot7)$$

5. 生理・心理評価

表5.2 皮膚温の測定方法

接触法	測定部位に熱電対の接点またはサーミスタ測温体の感温部を接触させ，皮膚からの水分蒸発を遮らないサージカルテープなど透湿性テープで貼付する．測定部位として，頭部，胴体部，末梢部などの身体部位を選ぶが，温熱環境条件や実験条件，および計測の目的により測定部位は異なる．均一な温熱環境では，非利き手側の半身で，平均皮膚温算出のための代表部位を採用することが多い．これに加えて，実験条件や衣服による被覆状態などを勘案して選定する．血流の影響を受けるので，血管の真上にはセンサを配置しない
非接触法	放射温度計を用いてスポット的に表面温度を計測するか，熱画像測定記録装置を用いて多くの点を同時に熱画像として記録する．裸体時での測定もしくは被覆されていない部位の皮膚温測定に有効である

Nadel（ナデル）らの式

$$t_s = 0.21\,t_1 + 0.12\,t_8 + 0.06\,t_9 + 0.21\,t_5 + 0.17\,t_{10} + 0.15\,t_{12} + 0.08\,t_{13} \quad \cdots\cdots(5\cdot 8)$$

複数の平均皮膚温の算出式を比較した研究はいくつかあり[12),13)]，Olesen（オレセン）は95％信頼区間で0.2℃以下の精度で平均皮膚温を推定する場合は10～14点，1℃以下の精度で推定する場合は2～6点での皮膚温の測定が必要であることを述べている．

測定センサに求められる性能は，以下のとおりとされている[2)]．

・25～40℃の範囲で0.1℃の精度を持つ（寒冷環境における皮膚温の測定に際しては，この温度精度が保証する範囲の下限を25℃から0℃まで拡張すべき）．
・センサの熱容量はできる限り小さい．
・センサの90％値への到達時間は30秒以下が推奨される．

皮膚温の測定方法として，**表5.2**に示すとおり，接触法と非接触法がある[2)]．

直腸温（t_{re}）と平均皮膚温度（t_s）を重みづけ加算して「平均体温（t_b）」を求める場合もある．

$$t_b = a \cdot t_{re} + b \cdot t_{sk} \quad \cdots\cdots(5\cdot 9)$$

$$a + b = 1$$

暑熱条件では$a:b=0.8:0.2$，寒冷条件では$a:b=0.67:0.33$が用いられる[14)]．

〔3〕 代 謝 量

代謝量の測定方法として，呼気量と呼気組成から体内で燃焼したエネルギーを定める間接測定法と，被験者が滞在する空間の壁面および換気による熱の流出と流入の差から，滞在者の発熱量を推定する直接測定法，心拍から推定する方法[15)]，3D加速度センサで計測される傾きと加速度から推定する方法がある．ただし，3D加速度センサは代謝量と相関の高い値からの推定であるが，例えば腕につけたセンサでは自転車エルゴメータ使用時の下半身の動きの推定は難しいなど，精度の低下する動きもある．ここでは活動量計測に広く用いられる間接測定法の原理と，既知の代謝量をまとめた表をもとに推定する方法を紹介する．

なお，外部仕事量（W）は仕事効率（η）と代謝量（M）の積で表され，階段を上る場合などにηは最大で0.2～0.25に達する[16)]．ただし室内の作業ではηは小さく一般的にゼロとみなせる[15)]．

（a） 間 接 法：身体の中では炭水化物，脂肪，たんぱく質が燃えるが，通常は炭水化物や脂肪の燃焼と比べ，筋肉，すなわちたんぱく質の燃焼は少なく無視できる．呼気の組成を分析することで体内で燃焼した炭水化物と脂肪の比率を評価できる．その比率から，体内での消費される酸素1L当たりの発生熱量（OE）［Wh/L］を次式により推定できる．

5.3 生理量測定

$$OE = 4\,860\,RQ + 16\,280 \qquad \cdots\cdots(5\cdot10)$$

OE：1 L 当たりの酸素が体内で燃焼する炭水化物と脂肪の熱量 [Wh/L]
RQ：呼吸商 [ND]

RQ は CO_2 の発生速度と O_2 の消費速度の比として次式で表される.

$$RQ = \frac{CO_{2,o} - CO_{2,i}}{O_{2,i} - O_{2,o}} \qquad \cdots\cdots(5\cdot11)$$

$O_{2,i}$：吸気中の酸素濃度 [%] = 20.93
$O_{2,o}$：呼気中の酸素濃度 [%]
$CO_{2,i}$：吸気中の二酸化炭素濃度 [%]
$CO_{2,o}$：呼気中の二酸化炭素濃度 [%]

OE を用いると，単位体表面積当たりの刻々の代謝量 (M) は次式から評価できる[16].

$$M = \frac{OE\left(\dfrac{V_{stpd}O_2}{60}\right)}{A_b} = \frac{5.873(0.23RQ+0.77)(60\,V_{stpd}O_2)}{A_b} \qquad \cdots\cdots(5\cdot12)$$

$V_{stpd}O_2$：標準状態に換算した酸素摂取量 [L/S] $\left(= \dfrac{(O_{2,i} - O_{2,o})}{100} \cdot V_{stpd}\right)$

V_{stpd}：標準状態での換気量 [L/S] $(= V_{atps} \cdot f)$

V_{atps}：分析する呼気の状態における時間当たりの換気量 [L·min^{-1}]

f：標準状態への換算係数 [ND] $\left(= \dfrac{273.15\,(P_B - P_t)}{(273.15 + t_{asp})\,101.3}\right)$

P_B：分析する状態での呼気の気圧 [kPa]

P_t：分析する状態での呼気の水蒸気分圧 [kPa] (t_{asp} が吐いた直後の呼気より低温なら t_{asp} における飽和水蒸気圧で近似可能)

t_{asp}：分析する状態での呼気の温度 [℃]

A_b：体表面積 [m^2]

(b) 推定法：ISO 8996[15] では，作業名から代謝量を推定する方法，活動内容から平均的な代謝量を推定する方法，観察から代謝量を推定する方法，心拍数に基づき被験者の性別・年齢・体重による補正を行い推定する方法が示されている．また，ISO 7730[4] にも主な活動時の活動量が記載されている．表5.3 に様々な活動時の代謝量を示す．

これまでに報告されている代謝量表では，温熱快適性や熱ストレスの評価に用いられる met[17] と，療法学などで運動強度を表すうえで多用される代謝等量 (METS)[18] 単位がある．ともに椅座安静を基準とし相対値として活動量を表す単位であるが，1 met は単位皮膚面積，単位時間当たりの代謝熱としての 58.2 W/m^2 で，1 METS は単位体重，単位時間当た

表5.3 様々な活動時の代謝量

活動	代謝量 [met]
安静時　寝床時	0.7
椅座静位	1.0
事務作業（タイプ・ワープロ）	1.1
事務作業（ファイル整理・椅座）	1.2
事務作業（ファイル整理・立座）	1.4
歩き回る	1.7
歩行　2 km/h	1.9
3 km/h	2.4
4 km/h	2.8
物を運ぶ・持ち上げる	2.1
自動車運転（乗用車）	1.0〜2.0
調理	1.6〜2.0
掃除	2.0〜3.4
ダンス	2.4〜4.4
テニス　シングルス	3.6〜4.0
バスケットボール	5.0〜7.6

りの酸素消費量として定義される 3.5 mL O_2/kg/min で与えられている．なお，酸素 1 L 当たりの代謝熱を 5 Wh[18] として，平均的な 30 歳男性（身長 175 cm，体重 70 kg（皮膚面積 1.8 m^2））[15] の 1 METS を試算すると 48.8 W/m^2，平均的な 30 歳女性（身長 160 cm，体重 60 kg（皮膚面積 1.6 m^2））[15] の 1 METS を試算すると 45.8 W/m^2 となる．METS において示された活動量をそのまま met で読み替えると活動量を過大評価するので注意が必要である．

また，近年，睡眠環境などの研究では，体動の測定が行われ，寝がえり頻度の評価に使用されている．測定には加速度計などを用いる[例えば19), 20)など]．

〔4〕 発　　　汗

人体からは常に水蒸気が呼吸や皮膚・粘膜などを通じて蒸散されている（不感蒸泄）．暑熱環境ではこれに発汗が加わる．これらの蒸発が体温調節に及ぼす影響を評価するための生理量測定が日本建築学会基準で示されている[2]．

(a) 体重減少量：実験前後での体重変化量である体重減少量は，有効蒸発量（呼吸を含む人体から蒸発した水分量）と無効発汗量の和を示している．計測方法は以下のとおりである．

1) 実験の最初と最後で体重計測をする．
2) 着衣状態での発汗量を算出するときは，あらかじめ着衣やタオルなどの重さを計測する．
3) 実験終了後，裸体での体重減少量と衣服・タオルなどへの汗の付着量を別に測定しておく．
4) 着衣重量で補正した実験前後の裸体体重を求める．

測定器は，10 g 以下の精度を持ち，1 g 単位まで表示可能な精密体重計が望ましい．

有効蒸発量や体重減少量は，実験時間で除して時間当たりの値にそろえ，体格の影響を排除するために体表面積で除すことで求められる．

$$W_L = \frac{(W_{b,0} - W_{b,1})}{A_b/t} \quad \cdots\cdots(5\cdot13)$$

W_L ：体重減少量 [g/(m^2·h)]
$W_{b,0}$：実験開始時の裸体体重 [g]
$W_{b,1}$：実験後の裸体体重 [g]
A_b ：体表面積 [m^2]
t ：経過時間 [h]

(b) 無効発汗量：着衣やタオルなどの重さの増加は，体温調節に寄与しない蒸発しなかった汗である．着衣やタオルなどに吸収・吸着された汗量は，実験前後で着衣の重さを測定して，その差から算出する．滴り落ちた汗は，あらかじめパラフィンを入れた無効発汗測定用の捕集皿を用意し，そこに落ちた量を測定する．着衣の重量増と捕集皿の重量増の和として無効発汗量を求める．

(c) 皮膚からの蒸発放熱量：皮膚からの蒸発放熱量（E_s）は，人体から蒸発した水分量（有効蒸発量）に蒸発潜熱を乗じた蒸発放熱量（E）から呼吸による蒸発放熱量を減じて算出する．有効蒸発量（W_{Le}）は体重減少量から無効発汗量を差し引くことで求められる．

$$E = W_{Le} \cdot L_{ts} \quad [W/m^2] \quad \cdots\cdots(5\cdot14)$$

W_{Le}：単位時間当たり，単位体表面積当たりの有効蒸発量 [g/(m^2·h)]
L_{ts} ：t_s [℃] において水 1 g が蒸発した場合の水の蒸発潜熱 [= 0.672 Wh/g]

$$E_s = E - E_{re} \quad [W/m^2] \quad \cdots\cdots(5\cdot15)$$

ここで，呼吸に伴う蒸発放熱量（E_{re}）は代謝量（M）との関係により次のようになる．

$$E_{re} = 0.017\,3\,M(5.87 - P_a) \qquad \cdots\cdots(5\cdot16)$$

P_a：周囲空気の水蒸気分圧　[kPa]

(d)　**ぬれ率 (w)** [21),22)]：人体の発汗状態を示すぬれ率は，以下のように求められる．

$$w = \frac{E_s}{E_{max}} \qquad \cdots\cdots(5\cdot17)$$

ここで，皮膚から環境へ蒸発可能な最大蒸発放熱量 (E_{max}) は次のように求められる．

$$E_{max} = \frac{P_s - P_a}{R_{e,t}} = \frac{R_{e,a}/f_{cl}}{R_{e,t}} \frac{P_s - P_a}{R_{e,a}/f_{cl}} = \frac{R_{e,a}/f_{cl}}{R_{e,cl} + R_{e,a}/f_{cl}} \frac{P_s - P_a}{R_{e,a}/f_{cl}} = L_R\,h_c\,F_{pcl}\,(P_s - P_a)f_{cl}$$
$$\cdots\cdots(5\cdot18)$$

P_s：皮膚温での飽和水蒸気圧　[kPa]
$R_{e,t}$：皮膚と環境間の全潜熱抵抗　[(m^2·kPa)/W] (6.3.3 項参照)
$R_{e,a}$：空気の蒸発熱抵抗　[(m^2·kPa)/W] (6.3.3 項参照)
f_{cl}：着衣外表面の裸体に対する面積増加率　[−] (6.2.3 項参照)
$R_{e,cl}$：着衣の基礎蒸発熱抵抗　[(m^2·kPa)/W] (6.3.3 項参照)
L_R：Lewis (ルイス) の係数　[K/kPa] (= 16.5)
h_c：対流熱伝達率　[W/(m^2·K)]
F_{pcl}：衣服の透湿効率 (裸体の場合 = 1) [−]

衣服の透湿効率 (F_{pcl}) は，空気への伝熱面積は f_{cl} 倍に増加するものの衣服による透湿抵抗 ($R_{e,cl}$) はないとした場合の放熱量 $(P_s - P_a)/(R_{e,a}/f_{cl})$ を，衣服を着たときの放熱へ補正する係数で，次式により評価できる．

$$F_{pcl} = \frac{R_{e,a}/f_{cl}}{R_{e,cl} + R_{e,a}/f_{cl}} = \frac{1/L_R\,h_c\,f_{cl}}{0.155\,I_{cl}/L_R\,i_{cl} + 1/L_R\,h_c\,f_{cl}} = \frac{1}{1 + (0.155\,I_{cl}/i_{cl})\,h_c\,f_{cl}} \qquad \cdots\cdots(5\cdot19)$$

I_{cl}：着衣の基礎熱抵抗　[clo] (6.2.3 項参照)
i_{cl}：着衣の透湿効率係数　[−] (6.3.3 項参照)

なお，一般的な透湿性の衣服 ($i_{cl} = 0.34$)[23)] を対象とすると F_{pcl} は次式となる．

$$F_{pcl} = \frac{1}{1 + 0.456\,I_{cl}\,h_c\,f_{cl}} \qquad \cdots\cdots(5\cdot20)$$

F_{pcl} の概念を提案したのは西ら[24)]で，もともとの F_{pcl} は衣服の熱抵抗と衣服による面積増加のない裸体条件での放熱量を着衣条件の値へ補正する係数であった．衣服による面積増加率 (f_{cl}) を無視し，着衣の熱抵抗と等価な静止空気層内を湿気が拡散により伝わると仮定して導いたものである．本書に示した式と比べて着衣の透湿抵抗を過小に評価することになり，結果として E_{max} が大きくなる可能性がある．F_{pcl} を用いた複数の表現があるので混乱しないようするとよい．本書で示した F_{pcl} は現在の ASHRAE ハンドブック[23)] の記述と合わせた．

(e)　**局 所 発 汗 量**：人体局所における発汗量を測定する方法を**表5.4**にまとめる．

[5] 目・鼻・喉の粘膜の水分量，皮膚水分量

室内の湿度は，温冷感に影響を及ぼす温熱6要素の一つであるが，同時に，人体の粘膜や皮膚の水分量にも影響を及ぼす．このため，湿度環境の評価のための生理量測定として粘膜水分量や皮膚水分量の測定を行う場合もある．測定項目の例を**表5.5**にまとめる．ただし，医学的知見をもつ実験者・測定者が必要になる測定もあるので注意すること．

5．生理・心理評価

表5.4 局所発汗量の測定方法

方 法	概 要
ろ紙法	汗をろ紙に集める方法．重さ測定後の乾燥ろ紙を皮膚表面に置き，その上から不透湿のフィルムなどで軽く押さえ，汗を蒸発させないように吸収させる．実験後に再度ろ紙の重さを測定し，重さの増加分を局所発汗量とする．ろ紙の重さは大きさにもより異なるが，おおむね数百mgなので，測定時間にもよるが10 mg以下の精度の電子天秤などが必要である
換気カプセル法	皮膚表面の一部分をカプセルで覆い，そこにガスを流す．カプセルの前後に置いた湿度センサから湿度変化を測定し，蒸発した汗の量を求める

表5.5 人体における水分量測定

部 位	測定項目	測定方法
目	まばたき許容時間 (Break Up Time)	まばたきから次のまばたきまでの間の時間．目の焦点を一定に保ちながらストップウォッチを用いて自分で測定する場合 (subjective BUT)[25),26)]や，ビデオカメラなどを用いて自動で撮影し，画像処理などによって測定を行う場合がある（Blink rate）
	下瞼内側の粘膜の質 (Mucus ferning)	被験者の下瞼内側の粘膜を採取し，顕微鏡で観察する．結晶パターンをカテゴリー1～4の4段階に分類するなどして，質の評価を行う[27)] 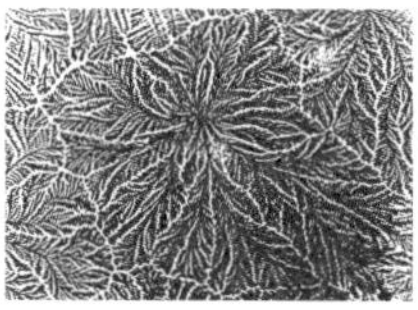 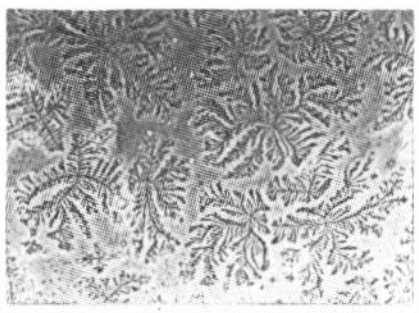 カテゴリー1　カテゴリー2 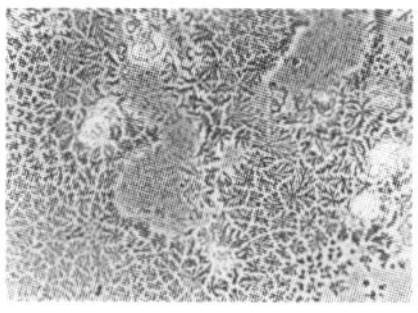 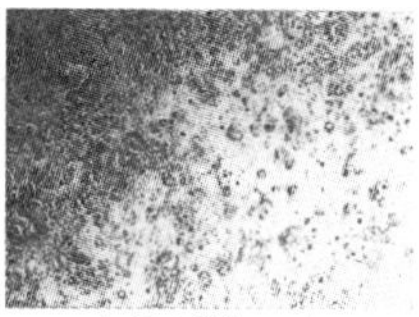 カテゴリー3　カテゴリー4
	ローズ-ベンガルスコア (Rose-Bengal Score)	目に染料を差し，目の涙膜表面のダメージを視覚化する．表面にダメージがある場合は染料がドットのように現れる．これをスコア化するなどする．コンタクトレンズ装用者に対しては行えない[27)]
皮 膚	皮膚水分量	高周波インピーダンス方式[28)]，静電容量を計測することができる皮膚水分量計などを用いる 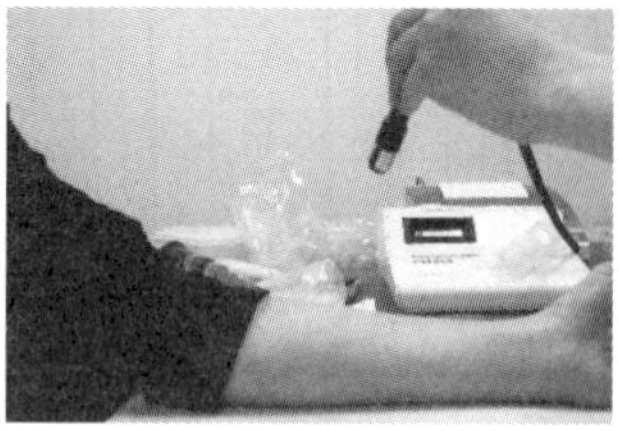
鼻・喉	サッカリンスワブテスト	サッカリンを鼻腔内に綿棒を使用して置き，サッカリンが喉に到達し被験者が甘みを感じるまでの時間を測定することで鼻・喉の粘膜の輸送力を測定する[27)]

[6] 脳の働き

脳はその部分によってさまざまな機能を司っている．それらの部位から導出される電位を脳波として計測することは，人間の行動と脳の働きの関連を推測する手がかりとなる[29]．また，睡眠時の脳波測定などにより，睡眠深度が測定可能である[例えば19]．

また，近年，近赤外線分光による脳内酸素代謝測定も可能になっている．これを用いて温熱環境と疲労感の関係性を測定した研究例もある（**図5.17**）[30]．

図5.17 近赤外線酸素モニタ装置および被験者実験風景[30]

[7] 循環器系

心臓の働きは，肺へ血液を循環させる働き（肺循環）と，全身へ血液を循環させる働き（体循環）がある．心臓の仕事量は，「心拍出量」として表現され，1回の拍出量と1分間の心拍数の積で計算される．心室から送り出される血液量は，安静時の健康成人で1回拍出量60～80 mL，心拍数を70拍／分とすると約5 Lとなる[29]．近年，例えば，超音波診断装置や，レーザー血流計といった非侵襲方式での血流量計測を可能にする技術が開発されており，これらの技術を使用した測定例も報告されている[例えば29]．

(a) 心　　拍：心拍の計測には，①触診計数法，②携帯型あるいは簡易型心拍計による測定，③ポリグラフや心電図による高精度の測定法がある（**表5.6**）[29]．

(b) 血　　圧：血圧には，最高血圧（収縮期血圧）と最低血圧（拡張期血圧）とがある．単位はmmHgである．血圧計を用いて比較的容易に測定を行うことができる．

表5.6 心拍測定法

触診計数法	体表面近くを通っている動脈の拍動を触知して計測する方法．左右いずれかの手首の橈骨側表面を3本の指をそろえて脈拍部位（橈骨動脈）を探知し，一定時間内の脈拍数を数え，1分間当たりの脈拍数に換算する．ストップウォッチか秒単位の時間が読み取れる時計を用いる
携帯型あるいは簡易型心拍計による測定	携帯型あるいは簡易型心拍計を用いて測定する．作業を中断せず継続測定が可能である．被測定者の行動範囲が広い，測定者が同行しなくてよい，測定機器の設置場所が必要ない，100 V電源を使用しないので感電のおそれがないなどのメリットがある
ポリグラフや心電図による高精度の測定	生体に複数の電極を貼り，心電図波形から心拍数を算出する方法

5.4 ストレス度

5.4.1 ストレス度・疲労測定の目的

温熱環境研究では，これまで主に環境に対する快適性（心理量）や各種の生理量測定が行われてきた．近年，労働環境や学校（教育環境）における知的生産性の評価に関する研究が広く実施されるようになるに伴い，作業効率の測定とともに，ストレスや疲労の測定が行われてきている．

5．生理・心理評価

5.4.2 測定項目・方法

加藤ら[29]によると，疲労の客観的な評価項目として**表5.7**のようにまとめられている．

表5.7 疲労の客観的評価のための測定項目

評価項目	測定項目
肉体的負荷	消費カロリー，心拍数，心拍間隔，体重減少などの変化
作業負荷	作業の実働率，単位時間当たりの作業量や作業サイクル，作業強度や作業ミスなど
生理・心理的機能の変動	筋機能の変化（筋出力，筋電図，腱反射など），呼吸循環機能（呼吸数量，血圧，脈拍，エネルギー代謝，体温など），感覚知覚機能の変化（視力，聴覚〈最小可聴閾〉），近点距離，ちらつき値（フリッカー値），眼球運動，脳波，皮膚電気反射，触二点弁別能，二重課題に対する応答，姿勢変化などの副次行動
体内の物質代謝の変動	血液水分量，循環血量，尿中の特殊代謝物，電解質の変動，血中のホルモン，ビタミン変動など

〔1〕 フリッカー

点滅する光源を一定条件で注視させて光の点滅頻度を多くすると，この光は連続光と同じように見える．このちらつきのことをフリッカーといい，連続光に見えるか点滅光に見えるかその境界閾値となる点滅周波数がフリッカー値（CFF値）である．フリッカー値は大脳皮質の活動水準との間で相関があることが認められており，フリッカー値が精神疲労測定指標の一つとして用いられることが多い（ただし，眼精疲労の測定指標となるものではない）．

フリッカー値測定装置を用いて，融合光（60 Hz）から下降法によって点滅光と知覚し始めた周波数をフリッカー値とする．

〔2〕 **自覚症状しらべ**

日本産業労働衛生学会産業疲労研究会が作成した「自覚症状しらべ」（旧版）の群別項目を**表5.8**に示す．Ⅰ群"ねむけとだるさ"（項目1〜10），Ⅱ群"注意集中の困難"（項目11〜20），Ⅲ群"身体違和感"（項目21〜30）の各10項目からなる．結果のまとめ方としては，集団ごとに30項目全体の平均訴え率や3因子群別平均訴え率や各項目の訴え率を算出する．通常，Ⅰ群の平均訴え率が最も高く，Ⅰ＞Ⅲ＞Ⅱとなることが多い．夜勤中や夜勤後，精神作業の多い作業ではⅡ群の平均訴え

表5.8 旧版自覚症状しらべの各群項目[31),32)]

	Ⅰ群		Ⅱ群		Ⅲ群
1	頭がおもい	11	考えがまとまらない	21	頭がいたい
2	全身がだるい	12	話をするのがいやになる	22	肩がこる
3	足がだるい	13	いらいらする	23	腰がいたい
4	あくびがでる	14	気がちる	24	いき苦しい
5	頭がぼんやりする	15	物事に熱心になれない	25	口がかわく
6	ねむい	16	ちょっとしたことが思いだせない	26	声がかすれる
7	目がつかれる	17	することに間違いが多くなる	27	めまいがする
8	動作がぎこちない	18	物事が気にかかる	28	まぶたや筋肉がピクピクする
9	足元がたよりない	19	きちんとしていられない	29	手足がふるえる
10	横になりたい	20	根気がなくなる	30	気分がわるい

5.4 ストレス度

表5.9 新版自覚症状しらべの群別項目[32]

I群	ねむけ感	ねむい，横になりたい，あくびがでる，やる気がとぼしい，全身がだるい
II群	不安定感	不安な感じがする，ゆううつな気分だ，おちつかない気分だ，いらいらする，考えがまとまりにくい
III群	不快感	頭がいたい，頭がおもい，気分がわるい，頭がぼんやりする，めまいがする
IV群	だるさ感	腕がだるい，腰がいたい，手や指がいたい，足がだるい，肩がこる
V群	ぼやけ感	目がしょぼつく，目がつかれる，目がいたい，目がかわく，ものがぼやける

率が高まってくる．

$$\text{訴え率 [\%]} = \frac{\text{その集団の総訴え数（○の数）}}{\text{項目の数×対象集団の延べ人数}} \times 100 \qquad \cdots\cdots(5\cdot21)$$

その後，2002年に新版自覚症状しらべが提案されている（**表5.9**）．新版では，5因子25項目について「まったくあてはまらない」～「非常にあてはまる」までの5段階で答えていく方式である．「まったくあてはまらない」を1点，「わずかにあてはまる」を2点，「すこしあてはまる」を3点，「かなりあてはまる」を4点，「非常にあてはまる」を5点として，集団ごとの各項目および因子別の平均スコアを算出する．各因子および各項目別のスコアの平均値を求め，時間経過による変化をみる．

$$\text{スコア平均} = \frac{\text{その集団のスコアの合計}}{\text{項目の数×対象集団の延べ人数}} \qquad \cdots\cdots(5\cdot22)$$

ここで，項目の数は25項目全体スコア平均の場合は25，各因子のスコア平均の場合は5となる．

〔3〕 NASA–TLX (NASA Task Load Index)

NASA-TLXは，メンタルワークロード（精神的作業負荷）測定のための主観的作業負荷評価尺度として実用化されている手法である．知的・知覚的要求（mental demand：MD），身体的要求（physical demand：PD），タイムプレッシャー（temporal demand：TD），作業成績（own performance：OP），努力（effort：EF），フラストレーション（frustration：FR）の六つの尺度から構成されている[33),34)]．

被験者は，6項目すべてに対してその印象を**図5.18**に示した評価用紙に印をつける．6項目すべての尺度の組合せ15対に対して，被験者は15回の比較判断を行う．一対比較法により，一対のど

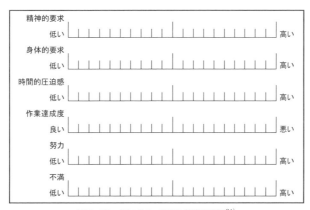

図5.18 NASA-TLX 評価用紙[34]

ちらの項目がメンタルワークロードに寄与が高いか印をつけてもらう．評価用紙の印の寸法から0〜100点に換算する（素点）．これら6つの素点から一つの総合評価を算出するのに，個人ごとに算出された重み付け係数を用いる．この重み付け係数の算出は，6項目総当たりの（15通り）一対比較法により印がつけられた項目の個数を重み付け係数とする．総合評価を算出するのには，6項目の各素点に重み付け係数を掛けたものの総和を計算し，その総和を重み付け係数の総和（15）で割ることにより，ワークロードの総合評価点を得る．

〔4〕 SAP（Subjective Assessment of workplace Productivity：知的生産性測定システム）

温熱環境，光環境，音環境，熱環境，空気環境，空間環境，IT環境などのオフィス環境と知的生産性の関係に着目して，オフィスで働く人々（建築空間の利用者）にその空間の知的生産性を主観的に評価してもらうためのアンケートシステムとして，（一社）日本サステナブル建築協会（JSBC）によって開発された．

執務室（オフィス）の座席周辺の室内環境に対する感覚・満足度，オフィスでの作業のしやすさなどの知的生産性に関する質問項目，会議スペースや休憩スペースの魅力・不満点，ビル全体に対する評価などといった質問項目で構成されている．**図5.19**に質問票の一部を示す．現在，Webを利用して回答できるシステムと紙ベースでの質問票が公開されており，利用可能である（紙ベースでの質問票は，英語版も作成されている）．

〔5〕 パフォーマンス評価

パフォーマンス評価ツール（P-Tool）は，作業量の定量化が困難なオフィスにおいて，執務者の作業効率を間接的に測定することを目的として開発された[36),37)]．ツールはパソコン上で出題・回

問7　オフィスでの**作業のし易さ**についてお伺いします

(1) 作業への集中	[1] しにくい	[2] ややしにくい	[3] どちらでもない	[4] ややしやすい	[5] しやすい
(2) リラックス	[1] しにくい	[2] ややしにくい	[3] どちらでもない	[4] ややしやすい	[5] しやすい
(3) 他の方とのコミュニケーション	[1] しにくい	[2] ややしにくい	[3] どちらでもない	[4] ややしやすい	[5] しやすい
(4) 創造的な活動	[1] しにくい	[2] ややしにくい	[3] どちらでもない	[4] ややしやすい	[5] しやすい

(5) 以上お伺いしたようなオフィスの環境を総合的にみて満足していますか？

[1] 不満　[2] やや不満　[3] どちらともいえない　[4] やや満足　[5] 満足

(6) ご自身のオフィスの室内環境は作業状態や作業し易さにどのような影響を与えていると考えられますか？

[1] 低下させている　[2] やや低下させている　[3] どちらともいえない　[4] やや高めてくれる　[5] 高めてくれる

⇒**知的生産性**の低下ないしは向上した程度をお答えください

[1]	[2]	[3]	[4]	[5]	[6]	[7]	[8]	[9]	[10]	[11]	[12]	[13]	[14]	[15]	[16]	[17]
-50%より低下	-50〜-30	-30〜-20	-20〜-10	-10〜-5	-5〜-3	-3〜-1	-1%未満低下	±0%ほとんど変わらない	+1%未満向上	+1〜+3	+3〜+5	+5〜+10	+10〜+20	+20〜+30	+30〜+50	+50%より向上
	低下程度（%）									向上程度（%）						

⇒今のご自身の環境が改善されれば、どの程度作業性が向上するか、その増分を以下の選択肢から一つお選び下さい

[1] 0%　[2] 〜1%未満　[3] 1〜3%未満　[4] 3〜5%未満　[5] 5〜10%未満　[6] 10〜20%未満
[7] 20〜30%未満　[8] 30〜50%未満　[9] 50〜100%未満　[10] 100%以上

(7) これまでお聞きした環境の諸要因の影響により過去1ヶ月間にロスしたと思われる時間に換算してお答え下さい

[1] なし　[2] 〜1h未満　[3] 1h〜5h未満　[4] 5h〜10h未満　[5] 10h〜20h未満　[6] 20h〜30h未満　[7] 30h以上

(8) 過去1ケ月について、これまでお聞きした環境の様々な要因により休んだ日数があればお答えください。

[1] なし　[2] 1日　[3] 2日　[4] 3日　[5] 4日　[6] 5日　[7] 6〜10日　[8] 11日以上

図5.19　SAP質問票の一部[35)]

答する13種の標準テスト（計算記号当て，分類規則発見，パターン認識，アイデアリスティング，地図解説文など）で構成されており，間接測定の対象となる業務や作業で必要とされる能力に合わせ，任意のテストを組み合わせて用い評価する．また，温冷感，満足感，疲労などの主観申告尺度も提示することができる．

5.5　倫理審査委員会への申請

　温熱感に関する被験者実験や実測調査では，氏名，生年月日，生理量データ，心理量，体質，（顔など個人が識別できる）画像といった個人情報に相当するデータを取り扱うケースも多い．このような場合，文部科学省・厚生労働省「人を対象とする医学系研究に関する倫理指針」[7]に基づき，研究機関で設置された「倫理審査委員会」（研究の実施または継続の適否その他研究に関し必要な事項について，倫理的及び科学的な観点から調査審議するために設置された合議制の機関）への申請・受審が必要とされる場合もある．また，最近では論文投稿や科学研究費補助金（科研費）などの研究費申請で倫理委員会での受審を求められることもある．

　「人を対象とする医学系研究に関する倫理指針」中の「第8　研究計画書の記載事項」では，研究計画書に記載すべき事項として図5.20のような項目があげられている．

①　研究の名称
②　研究の実施体制（研究機関の名称及び研究者等の氏名を含む．）
③　研究の目的及び意義
④　研究の方法及び期間
⑤　研究対象者の選定方針
⑥　研究の科学的合理性の根拠
⑦　第12の規定によるインフォームド・コンセントを受ける手続き等（インフォームド・コンセントを受ける場合には，同規定による説明及び同意に関する事項を含む．）
⑧　個人情報等の取り扱い（匿名化する場合にはその方法，匿名加工情報または非識別加工情報を作成する場合にはその旨を含む．）
⑨　研究対象者に生じる負担並びに予測されるリスク及び利益，これらの総合的評価並びに当該負担及びリスクを最小化する対策
⑩　試料・情報（研究に用いられる情報に係る資料を含む．）の保管及び廃棄の方法
⑪　研究機関の長への報告内容及び方法
⑫　研究の資金源等，研究機関の研究に係る利益相反及び個人の収益等，研究者等の研究に係る利益相反に関する状況
⑬　研究に関する情報公開の方法
⑭　研究対象者及びその関係者からの相談等への対応
⑮　代諾者等からインフォームド・コンセントを受ける場合には，第13の規定による手続き（第12及び第13の規定による代諾者等の選定方針並びに説明及び同意に関する事項を含む．）
⑯　インフォームド・アセントを得る場合には，第13の規定による手続き（説明に関する事項を含む．）
⑰　第12の6の規定による研究を実施しようとする場合は，第13の規定による手続き（説明に関する事項を含む．）
⑱　研究対象者等に経済的負担または謝礼がある場合には，その旨及びその内容
⑲　侵襲（軽微な侵襲を除く．）を伴う研究の場合には，重篤な有害事象が発生した際の対応
⑳　侵襲を伴う研究の場合には，当該研究によって生じた健康被害に対する補償の有無及びその内容
㉑　通常の診療を超える医療行為を伴う研究の場合には，研究対象者への研究実施後における医療の提供に関する対応
㉒　研究の実施に伴い，研究対象者の健康，子孫に受け継がれ得る遺伝的特徴等に関する重要な知見が得られる可能性がある場合には，研究対象者に係る研究結果（偶発的所見を含む．）の取り扱い
㉓　研究に関する業務の一部を委託する場合には，当該業務内容及び委託先の監督方法
㉔　研究対象者から採取された試料・情報について，研究対象者等から同意を受ける時点では特定されない将来の研究のために用いられる可能性またはほかの研究機関に提供する可能性がある場合には，その旨と同意を受ける時点において想定される内容
㉕　第21の規定によるモニタリング及び監査を実施する場合には，その実施体制及び実施手順

図5.20　倫理審査委員会受審のための研究計画書に記載する事項の例

5．生理・心理評価

　倫理審査委員会受審のためには，各研究機関が定める書式に次頁のような内容を含んだ申請書類を作成し提出する．温熱感の実験や実測においては，実験・実測を行う際の安全性・健康性の確保ならびに実験・実測で得られる個人情報の取り扱いについて十分配慮して計画を立てる必要がある．

　倫理審査委員会の審査は，通常の審査のほかに「迅速審査」が設けられているが，以下のような場合には，「迅速審査」（当該倫理審査委員会が指名する委員による審査）による審査となる場合もある．

①ほかの研究機関と共同して実施される研究であって，すでに当該研究の全体について共同研究機関において倫理審査委員会の審査を受け，その実施について適当である旨の意見を得ている場合の審査
②研究計画書の軽微な変更に関する審査
③侵襲を伴わない研究であって介入を行わないものに関する審査
④軽微な侵襲を伴う研究であって介入を行わないものに関する審査

　また，被験者や実測調査の対象者への説明書，研究参加への同意書（代諾書含む）などもこの時点で作成する必要がある．被験者への説明書には，研究目的・背景，個人情報の取り扱い，研究に参加することのリスク（ない場合は，ないことを明記する），研究参加に対する便益（ない場合は，ないことを明記する）または不同意の場合のデメリットがないことなどを記載する．一方，温熱環境に関する実験などでは，実験条件や実験目的を明らかにすることにより被験者の申告や行動に影響を及ぼすことが考えられる．その場合は，説明の際には伏せておき実験終了後に明らかにするという手法がとられる．

　倫理審査委員会受審に関する手続き等については，各機関で定められた規定を参照されたい[例えば38]．

参　考　文　献

1) 空気調和・衛生工学，8月号，10月号（1978），空気調和・衛生工学会
2) 日本建築学会：日本建築学会環境基準 AIJES-H 0004-2014，温熱心理・生理測定法基準・同解説，日本建築学会，2014
3) ANSI/ASHRAE: ASHRAE Standard 55 Thermal Environmental Conditions for Human Occupancy, 2013
4) ISO 7730: Ergonomics of the thermal environment—Analytical determination and interpretation of thermal comfort using calculation of the PMV and PPD indices and local thermal comfort criteria, 2005
5) 小林陽太郎：空調設備基準委員会温冷感小委員会活動報告—温冷感に関する調査方法（昭和51年版），空気調和・衛生工学会，53-8(1979)，pp. 67-74
6) McIntyre: Indoor Climate(1980), Applied Science Publisher
7) 文部科学省，厚生労働省：人を対象とする医学系研究に関する倫理指針，平成26年12月22日（平成29年2月28日一部改正）
8) 文部科学省，厚生労働省：人を対象とする医学系研究に関する倫理指針 ガイダンス，平成27年2月9日（平成29年5月29日一部改訂）
9) JIS Z 8500-2002：人間工学—設計のための基本人体測定項目，2002
10) N. L. Ramanathan : A new weighting system for mean surface temperature of the human body, J. Appl. Physiol., 19-3(1964), pp. 531-533
11) J. D. Hardy, E. F. DuBois : The technic of measuring radiation and convection, Nutrition, 15-5(1938), pp. 461-475

5.5 倫理審査委員会への申請

12) B. W. Olesen : How many sites are necessary to estimate a mean skin temperature?, Hales, J. R. S. (Ed.), Thermal Physiology, Raven Press(1984), New York, pp. 33-38
13) J. K. Choi et al.: Evaluation of mean skin temperature formulas by infrared thermography, Int. J. Biometeorol., 41(1997), pp. 68-75
14) 中山昭男編：温熱生理学（1981），理工学社
15) ISO 8996 : Ergonomics of the thermal environment –Determination of metabolic rate, 2004
16) Y. Nishi : Measurement of thermal balance of man, Studies in Environmental Science, 10(1981), pp. 29-31
17) A. P. Gagge, A. C. Burton, H. C. Bazett: A practical system of units for the description of the heat exchange of man with his environment, Science, 94-2445(1941), pp. 428-430
18) M. Jetté, K. Sidney, B. Blümchen: Metabolic equivalents (METS) in exercise testing, exercise prescription, and evaluation of functional capacity, Clinical Cardiology, 13(1990), pp. 555-565
19) 秋山雄一，松崎里穂，瀧本晃裕，都築和代，田辺新一：睡眠段階を考慮した夏季の適切な寝室内温熱環境に関する研究，空気調和・衛生工学会大会学術講演論文集，pp. 233-236，2016
20) 都築和代：温熱環境と睡眠，日本生気象学会雑誌，50-4(2014)，pp. 125-134
21) A. P. Gagge, J. A. J. Stolwijk, Y. Nishi : The Prediction of Thermal Comfort When Thermal Equilibrium Is Maintained by Sweating, ASHRAE Transaction, 75-2(1969), pp. 108-125
22) ISO 9920: Ergonomics of the thermal environment–estimation of the thermal insulation and water vapour resistance of a clothing ensemble, 2007
23) ASHRAE: Chapter 9 Thermal comfort, ASHRAE Handbook–Fundamentals, 2013
24) Y. Nishi, A. P. Gagge : Moistuer permeation of clothing–A factor governing thermal equilibrium and comfort, ASHRAE Transaction, 76-I(1970), pp. 137-145
25) N. M. Wyon and D. P. Wyon : Measurement of acute response to draught in the eye, Acta Ophthal., **65**-4 (1987), pp. 385-392
26) 堤　仁美，田辺新一，秋元孝之，鈴木孝佳：夏季における低湿度環境とコンタクトレンズ装用が在室者に与える影響に関する研究，日本建築学会計画系論文集，68巻，564号，pp. 17-23，2003
27) 堤　仁美，田辺新一，Lei Fang，David P. Wyon，P. O. Fanger：オフィス空間における在室者の乾燥感に関する研究（その12）：清浄空気環境での超低湿度が快適性・知的生産性に及ぼす影響に関する被験者実験，日本建築学会大会学術講演梗概集，pp. 529-530，2005
28) 田上八郎：皮膚角層水分含有量の測定法，フレグランスジャーナル，臨時増刊，No.5(1984)，pp. 383-386
29) 加藤象二郎，大久保堯夫編著：初学者のための生体機能の測り方　第2版（2010），日本出版サービス
30) Shin-ichi Tanabe, Naoe Nishihara, Masaoki Haneda：Indoor Temperature, Productivity and Fatigue in Office Tasks, ASHRAE HVAC&R Research Journal, 13-4(2007), pp. 622-632
31) 吉竹　博：労働科学叢書33　産業疲労―自覚症状からのアプローチ（1973），労働科学研究所出版
32) 産業疲労研究会：http://square.umin.ac.jp/of/service.html（閲覧日2017年12月29日）
33) 芳賀　繁，水上直樹：日本語版NASA-TLXによるメンタルワークロード測定―各種室内実験課題の困難度にするワークロード得点の感度，人間工学，32-2(1996)，pp. 71-79
34) 三宅晋司，神代　雅：メンタルワークロードの主観的評価法，NASA-TLX'とSWATの紹介および簡便法の提案．人間工学，29-6(1993)，pp. 399-408
35) 日本サステナブル建築協会：http://www.jsbc.or.jp/sap/notes.html（閲覧日2017年12月29日）
36) Masaoki Haneda, Shin-ichi Tanabe, Naoe Nishihara, Masanori Ueki and Akihiro Kawamura: Development of Survey Tools for Indoor Environmental Quality and Productivity, Clima 2007 WellBeing Indoors Proceedings, (CD掲載), 2007

37) 西原直枝, 田辺新一, 柳井崇, 多和田友美, 高橋幹雄, 野崎尚子, 加藤信介, 伊藤一秀：知的生産性に関する研究 その8：職業別認知能力バランスおよびパフォーマンス評価ツールの検討, 日本建築学会学術講演梗概集, D-2, pp. 1133-1134, 2011
38) 早稲田大学研究倫理オフィス　倫理審査に関する手続き　https://www.waseda.jp/inst/ore/procedures/human（閲覧日 2019 年 3 月 3 日）

6. 衣服と快適性

　衣服着用の目的は，体温調節の補助や身体の保護など，健康，安全，快適に過ごすための役割，自分らしさや個性の表現，人間社会における文化的な役割など多岐にわたる．本章では，衣服着用の役割について簡単に解説した上で，温熱環境とかかわりの深い保健衛生上の役割のうち，衣服の体温調節の補助にかかわる内容について述べる．

　人間は，暑さ寒さに適応し快適に過ごすために，衣服を着たり脱いだりすることによって，衣服と皮膚の間に形成される衣服気候（微気候）を調節し，体温調節を行っている．衣服は着脱することにより個別に調節が可能である上，持ち運びが可能であるという特徴がある．衣服の熱特性，水分透過特性について概説するとともに，着衣量の測定方法について述べる．また，現代のオフィスにおける着衣に関する課題や，新素材に関する動向，防護服についても，温熱環境とのかかわりを中心に取り上げる．

6.1 衣服と気候

6.1.1 衣服着用の役割

　衣服着用の役割は，主に次の三つに大きく分けることができる．

　一つ目は，健康，安全，快適に過ごすための，保健衛生上の役割である．主に，防寒，防暑など自然環境に適応するための体温調節の補助と，けがや虫刺され，日焼けなどの外部からのさまざまな刺激から身体を保護する，という役割がある．

　二つ目は，衣服の生活活動への適合に関する役割である．着用の目的や，生活活動の内容やレベルに合わせて衣服を選ぶことで，着用時の活動を円滑にし，快適に着用することができる．体型に合わせるとともに適度なゆとりや伸縮性の確保が重要であり，これらが不足すると活動による身体の動きを妨げたり，身体を圧迫したりすることがある．

　三つ目は，自分らしさや個性を表現するとともに，人間社会におけるコミュニケーションを円滑に行う役割も果たすというような，社会生活上の役割である．これは社会生活を営む上で重要な役割である．例えば，所属集団や職業を表したり，冠婚葬祭などの社会慣習に従って，喜びや悲しみの気持ちを表現したりすることなども含まれる．

　本章では，保健衛生上の役割のうち体温調節の補助にかかわる内容について述べるが，実際の生活においては上にあげたように，衣服着用のさまざまな役割が相互に重なり合いながら，衣生活を形成していることに注意が必要である．

6. 衣服と快適性

表6.1 気候風土に基づく服飾の定型[1]

気候風土	順応対処	服装形式	地域例
寒帯極寒	防寒，四肢包被	体形型	アラスカ 北欧
熱帯酷暑（湿熱）	裸出，発汗促進	腰布型	東南アジア 南太平洋 熱帯ジャングル
砂漠性乾燥（乾熱）	全身包被，日射防遮，発汗抑制	覆面包身 長裾寛衣	アラビア サハラ マグレブ
温帯穏和	軽装，略衣	巻垂型 前開型	地中海地方 東アジア
多雨性湿潤	防雨被服，装具	開放寛裕	東南アジア 熱帯降雨地
夏乾冬湿（西欧型）	乾熱湿冷に対応する防寒的服装	体形型	西欧
夏湿冬乾（極東型）	湿熱乾冷に対応する防暑的服装	前開型	日本 東アジア

注　覆面包身：日射を遮るために全身を包み覆う服装形式．
　　長裾寛衣：乾熱対処のための緩やかなガウン型の衣服．

6.1.2　気候風土と衣服

民族服は，それぞれの気候や風土に大きな影響を受け，それらに適応して形成・着用されてきている．もちろん，気候や風土以外に，宗教や装飾，生活様式，歴史などの文化的な要因によって大きな影響を受けていることが多いが，空調設備が未発達だった頃から伝承されている服装形式を考察することは，温熱環境と衣服の関係を考察する上でも意味が大きい．

表6.1は，民族服における気候風土と服装形式の関係をまとめたものである．服装形式は，その地域でどのように生計を立てているのか，宗教上の制約，社会の階層システム，住居や採暖方法，衣料資源の入手のしやすさなどの，生活様式によっても細部にわたって影響を受けているが，それだけでなく，地域の気候，つまり，温度や湿度，風，降水量，日射量，一日の温度変化，季節の変化の特徴などに衣服によって順応していくために，服装形式が大きな影響を受けていることがわかる．

6.2　衣服の熱的特性

6.2.1　衣服の熱的特性をとらえる

衣服は，多くは繊維から構成される布地によってつくられている．「繊維」は，JIS L 0204-1998によると「糸・織物などの構成単位で，太さに比べて十分な長さをもつ，細くてたわみやすいもの」と定義されており[2]，衣服用に用いられるものとしては，木綿，麻，絹，羊毛などの天然繊維や，ポリエステル，ナイロン，アクリルなどの化学繊維などがある．繊維だけでは非常に細くてそのままでは利用しにくいので，多数の繊維を一方向にそろえて束とした「糸」とし，さらに，糸を相互

に交差させて織った「織物」や，糸によりループをつくって隣接する糸と絡み合わせて編んだ「編物」などの布地によって，衣服はつくられ，着用されていることがほとんどである．

人体-衣服-環境の熱的特性は，繊維の熱特性，繊維の内部あるいは繊維間の間げきに含まれる空気の量，あるいは糸密度，布地の厚さ，衣服になったときの人体-衣服-環境との間の特性，動きなどから影響を受ける．

表6.2に各種物質と繊維の熱伝導率を示す．空気の熱伝導率は0.026 W/(m・K)であり，綿，毛，ポリエステルなどの繊維の熱伝導率に比べ小さく，熱を伝えにくい性質をもつことがわかる．つ

表6.2　各種物質と繊維の熱伝導率[3]より一部抜粋

物質名	測定温度 [℃]	熱伝導率（λ） [W/(m・K)]
銅	20	372.1
紙	20	0.128
ガラス	20	0.756
木材（きり）	30	0.087
水	20	0.602
空気	20	0.026
毛*		0.165
綿*		0.243
ポリエステル*		0.157

＊　繊維軸に垂直方向の熱伝導率（川端（1986）より田村（2013）が計算）

まり，繊維内，布地内，着衣内に，動かない空気（静止空気）が多いほど，保温性が高い．繊維，空気の熱特性に加えて水分の影響も受ける．水分特性については6.3節にて詳述するが，水の熱伝導率は，測定温度20℃のとき0.602 W/(m・K)であり，繊維や空気よりも大きい．環境の湿度が高くなることによる布地内の水分量変化は，吸湿性が高い布地であってもそれほど大きくないため，保温性にはそれほど大きな影響はないが，衣服がぬれてしまうなど，吸水して衣服内に液相の水分がとどまった状態では，体熱が水分を介して外気に逃げてしまう．特に，環境の温度が低いときには，衣服内の水分により体熱が奪われて身体を冷やしてしまう．また，気圧の低い高山では，身体から環境への水分蒸発が促進されやすくなり，体熱が奪われやすくなるなど，場合によっては体熱が奪われて，生命にかかわることもあるため注意が必要である．

6.2.2　繊維および布地の熱特性

図6.1に布地の厚さと熱損失の関係を示す[4]．布を構成している繊維の性質とは関係なく，布の厚さが厚くなるほど，熱損失は小さくなっている．また，**図6.2**に布地面積当たりの含気量と保温性との関係を示す[5]．

このように布地の熱伝導率は，布地の一定面積に含まれる空気の含気率と布地の厚さの積にほぼ反比例する．繊維自体の性質よりも，糸や布構造の影響が大きい．布地内に静止空気層をどのくらい含むかで，熱の伝わりやすさが決まる．含気率は，布の密度や布地内の含気形態によって決まる．布密度が小さい方が空気を多く含むが，繊維に対して空気の方が多すぎると対流が起こり保温性は低下する．布の表裏に貫通しているような直通気孔や目が粗い織物のような含気形態の場合は，気流によって空気層が動きやすく，風のある環境では保温性が低下しやすい．

通気性とは，布の気孔を通じて，圧力差によって起こる空気の移動性のことである．衣服内に蓄積する二酸化炭素，水分，熱などの交換に影響する．衣服の通気特性としては，①布地の通気特性と，②衣服着用時の開口部を通した換気による通気特性とに分けられる．

①の布地の通気特性は，保温性と同様に，繊維自体の性質に依存せず，糸や布構造（糸密度，糸の太さ，糸の撚り数，糸間げき，布地の厚さ，汚れによる目のつまりなど）に影響を受ける．②の衣服着用時の開口部を通した換気による通気特性については，6.2.4項に後述する．

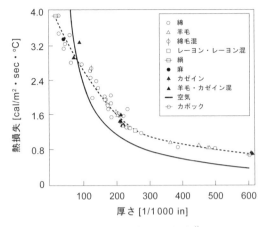

図6.1 布の厚さと熱損失[4]

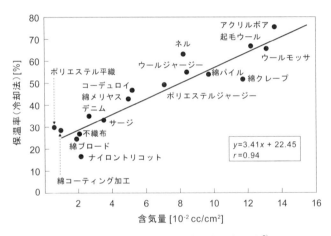

図6.2 布地の面積当たり含気率と保温率[5]

6.2.3 着衣の熱抵抗

衣服の熱抵抗値（着衣量）は，温冷感に影響を与える要素の一つであり，人は衣服を脱いだり着たりして，身体から環境への熱移動量を調節している．衣服の熱抵抗値は，布地の熱抵抗のみで決定するものではなく，人体を衣服が覆う被覆面積の割合（体表面積比），衣服と人体との間の空気層，重ね着の状況，開口部の形状や大きさ，衣服の組合せなどが大きな影響を及ぼす．衣服の形態や着用の仕方によっても，衣服と衣服の間の静止空気層が影響を受け，熱抵抗値に影響を与える．

例えば，重ね着は，衣服と衣服の間に静止空気層を形成するため，着衣の熱抵抗値を増加させる．しかし，重ねることによって空気層が潰れたり，放熱面積が増えたりすることにより，重ね着をしても，着衣の熱抵抗値が増加しなかったり，場合によっては減少することもある．また，特に有風時には最外層に通気性の少ない素材を用い，内側に空気層を多く含むようなかさ高な素材を用いると熱抵抗値が高くなる（通気性との関係については，6.2.4項に後述する）．このように重ねる布地の性質や順序によっても，熱抵抗値は影響を受ける．

6.2 衣服の熱的特性

人体皮膚表面から着衣の外表面までの熱抵抗を、基礎着衣熱抵抗値 (I_{cl}) といい、衣服の熱抵抗値は、クロ [clo] という単位で表し、クロ値と呼ばれている[6]。皮膚表面-衣服-環境の間の熱抵抗値を総合的に評価しているため、同じ衣服、同じ着方であっても、着用者（人体）の姿勢、動作、椅子などの家具との組合せによって熱抵抗値は変化する。環境の気流により、衣服内の空気の分布などが変動し、着衣の熱抵抗も変化する。

クロ値の定義は、「椅座位安静時、室温21℃、相対湿度50%、静穏気流下 (0.1 m/s) の環境において、成人が快適に感じる着衣の断熱性能を1 clo とする」[6]というものである。人体からの顕熱損失量を 44 W/m² とし、

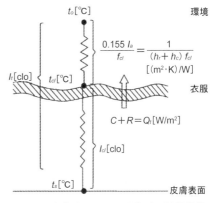

図6.3 皮膚表面-衣服-環境間の顕熱移動

室温21℃、相対湿度50%、気流 0.1 m/s の条件において、平均皮膚温を快適時の値である33℃に保つことができる熱抵抗値を算出し、さらに静穏気流時における着衣の外表面から空気中への熱伝達に対する熱抵抗値分を除いた熱抵抗値を 1 clo とし単位を換算すると、「1 clo = 0.155 (m²·K)/W」である。1 clo は男性の厚手のビジネススーツの衣服組合せに相当する。クロ値は、顕熱移動のみを考慮した衣服の熱抵抗値である。**図6.3** に皮膚表面-衣服-環境間の顕熱移動を示す[10]。

クロ値を考える上で、着衣が身体を一様に覆うとみなす。着衣は皮膚より外側にあるので、着衣外表面積（実際には、着衣外表面積と露出部の皮膚面積の和）は皮膚の体表面積 (A_b) より大きい。体表面積 (A_b) に対する着衣外表面の面積増加率を f_{cl} とする。皮膚温 (t_s) と環境の作用温度 (t_o) の温度差により、皮膚表面と環境との間の全熱抵抗 (I_t) を通じて環境へ顕熱 ($Q_t·A_b$) が移動する。この $Q_t·A_b$ は皮膚から衣服外表面に着衣の基礎熱抵抗 (I_{cl}) を通して流れる熱量と等しく、着衣外表面と外界環境間の空気の熱抵抗 (I_a：裸体時の皮膚表面から環境までの熱抵抗) を通じて衣服外表面から環境へ流れる熱量と等しい。よって $Q_t·A_b$ は式 (6·1) を満たす。なお、式中の 0.155 は clo 単位を (m²·K)/W に変換する係数である。

$$Q_t \cdot A_b = \frac{t_s - t_o}{0.155\, I_t} \cdot A_b = \frac{t_s - t_{cl}}{0.155\, I_{cl}} \cdot A_b = \frac{t_{cl} - t_o}{0.155\, I_a} (A_b \cdot f_{cl}) = \frac{t_{cl} - t_o}{\dfrac{0.155\, I_a}{f_{cl}}} \cdot A_b \quad \cdots\cdots(6\cdot1)$$

Q_t：皮膚から環境への単位皮膚面積当たりの顕熱損失量 [W/m²]
A_b：皮膚の体表面積 [m²]
t_s：皮膚温 [℃]
t_o：作用温度 [℃]
I_t：全熱抵抗 [clo]
t_{cl}：着衣外表面温度 [℃]
I_{cl}：着衣の基礎熱抵抗 [clo]
I_a：空気の熱抵抗 [clo]
f_{cl}：着衣外表面の裸体に対する面積増加率 [−]

式 (6·1) を A_b で除し、単位皮膚面積当たりの熱損失量 (Q_t) の式で表すと次式になり、着衣外表面と環境の間の熱抵抗の実効値は $0.155\, I_a/f_{cl}$ となる。

$$Q_t = \frac{t_s - t_o}{0.155\,I_t} = \frac{t_s - t_{cl}}{0.155\,I_{cl}} = \frac{t_{cl} - t_o}{\dfrac{0.155\,I_a}{f_{cl}}} \qquad \cdots\cdots(6\cdot 2)$$

$$I_t = \frac{t_s - t_o}{0.155\,Q_t} \qquad \cdots\cdots(6\cdot 3)$$

なお，I_a は裸体時には皮膚と環境間の，着衣時には着衣外表面と環境間の熱抵抗であり，式 (6·4) で表される．

$$I_a = \frac{t_{s,n} - t_o}{0.155\,Q_a} = \frac{t_{cl} - t_o}{\dfrac{0.155\,Q_t}{f_{cl}}} \qquad \cdots\cdots(6\cdot 4)$$

$t_{s,n}$：裸体時の皮膚温　[℃]

Q_a：裸体時の皮膚から環境への単位皮膚面積当たりの顕熱損失量　[W/m²]

I_t は I_{cl} と I_a/f_{cl} の直列抵抗であるので，I_{cl} は式 (6·5) を満たす．

$$I_{cl} = I_t - \frac{I_a}{f_{cl}} \qquad \cdots\cdots(6\cdot 5)$$

また，着衣による裸体時と比べての熱抵抗の増加分 $(I_t - I_a)$ を，着衣の有効熱抵抗 (I_{cle}) と呼ぶ．これは衣服の着脱の効果を表す仮想熱抵抗であり，式 (6·6) として示される．

$$I_{cle} = I_t - I_a \qquad \cdots\cdots(6\cdot 6)$$

式 (6·5)，(6·6) から I_t を消去すると，I_{cl} と I_{cle} の関係として式 (6·7) が得られる．この式から，I_{cl} は常に I_{cle} 以上の値をとることがわかる．

$$I_{cl} = I_{cle} + I_a\left(1 - \frac{1}{f_{cl}}\right) \qquad \cdots\cdots(6\cdot 7)$$

なお，f_{cl} は，複数の方向から撮影した着衣時と裸体時の写真の面積比[7),8)]，または，着衣時と裸体時の全身形状をスキャンして得られる面積比から決定する．なお，f_{cl} を I_{cl} から推定する式として次式が提案されている[9)]．

$$f_{cl} = 1 + 0.28\,I_{cl} \qquad \cdots\cdots(6\cdot 8)$$

6.2.4　衣服の通気特性

気流や体動によって衣服内に対流が起こると，衣服内の空気層が動いて熱が奪われるため，断熱性能は低下する．有風時には布の気孔からも換気が行われやすくなり，通気性の大きい布からの熱損失は大きくなる．有風時だけでなく無風時においても，着用者が歩行などの動作，運動をしているときには相対的な気流が起こるため，これらの影響は大きい．

寒冷環境で風が強い環境では，衣服の通気特性は保温性に大きな影響がある．例えば，目の粗いセーターを着用しているとき，気流がないときには空気を多く含んでいるので保温性が高く暖かいが，通気性が高いため，気流が大きくなると風を通してしまい保温効果が小さくなる．そのため，熱が奪われ寒く感じる．風が強い場合には，一番外側に，織り目が緻密で通気性の小さい，ウインドブレーカーを着用すると，気流の影響を受けにくくなり暖かさが保てるなどの工夫ができる．

一方，暑熱環境では，通気特性を生かして，身体の熱を素早く環境に移動させることが涼しい着方につながる．蒸暑地域の伝統的衣服は，サーマルマネキン実験により，低速の気流下においても

着衣熱抵抗値が低下するという特徴があり，許容できる快適な温熱環境の範囲が広がることが報告されている[11]．

衣服の衿や袖，裾などの開口部を通じた換気について述べる．衣服の開口部の位置や大きさなど，衣服の形態によっても通気特性は異なり，熱抵抗値は変化する．例えば，人体まわりでは体熱で暖められた空気が体表に沿って上昇しているため，衣服の上向きに開口部があると，換気の効率がよく，熱抵抗値は減少する．また，上下に開口がある場合は，下方から上方への気流が促進される「煙突効果」により，さらに熱抵抗値は減少する．また，上向きの開口部を閉じると，上昇気流が衣服上部にたまり，もしも布地の通気性が大きければ，布地を通じて開口部付近で熱交換が起きるという「あんどん効果」が起きる．

日常生活で，襟元をパタパタと動かして衣服内の換気を促進し，熱を逃がすようなこともあるだろう．人体が動くことによって，着衣内に強制対流が起き，開口部からの衣服内の換気が促される現象を，「ふいご作用」といい，これにより熱抵抗値は大きく減少する．襟元など上向きの開口部の場合だけでなく，スカートのように下向きの開口部の場合においても，歩行などの動作によってふいご作用が起き，換気が促進されて放熱量が大きくなる．

6.3 衣服の水分透過特性

6.3.1 衣服の水分透過特性をとらえる

人体-衣服-環境の間における熱移動は，伝導，対流，放射による顕熱移動だけでなく，水分の蒸発による潜熱移動も着衣の熱的快適性に影響を与える．そのため，衣服を通した水分透過特性が重要となる．

人体からの水分移動は，5.3節に記したように，主に，発汗と不感蒸泄とに分けられる．暑さに対する体温調節時に発汗が起こり，汗が蒸発することによって効率よく人体からの放熱が行われる．また，人体からは，発汗していないときにも，呼吸や皮膚表面から水分が失われており，これを不感蒸泄と呼ぶ．これらの水分の蒸発量は，皮膚と環境の水蒸気圧差によって決まり，それに伴い放熱が起こる．したがって，環境の相対湿度が高ければ，人体から環境への水分移動は困難になる．

皮膚表面-衣服-環境における水分透過モデルを図6.4に示す．繊維や布地（衣服材料）への水分の「収着」および「脱着」の特性は，人体から環境への水分移動のしやすさ，つまり蒸発による潜熱移動に影響を与える．着用している衣服材料が水分移動を妨げるようなものであると，たとえ人体が発汗を行い，まわりの環境が乾燥していたとしても，その水分が適切に外気に移動せず蒸発しないため，熱放散とし

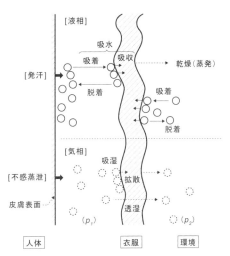

注1) 液相の水分が付着することを「ぬれ」という．
注2) p：衣服材料によって隔てられた気相の水蒸気圧．本図は，$p_1 > p_2$ の場合を示す．

図6.4 皮膚表面-衣服-環境における水分透過モデル

6. 衣服と快適性

ては無効となる．そのため，衣服材料の吸湿性，透湿性，吸水性などの水分透過特性は重要な要因となる．

ここで「収着」とは，水分が衣服材料の表面にある親水性官能基（ヒドロキシ基(-OH)や，アミノ基($-NH_2$)など）にひきつけられ「吸着」し，その後，材料内部にまで浸透し「吸収」することであり，「脱着」とは，水分が材料から空気中に逃げていく現象をいう．

なお，液体の水（人体からの発汗を含む）が衣服材料をぬらし吸着し吸収されることを「吸水」，衣服材料内を移動する現象を「透水」という．衣服材料の吸水性は，繊維，糸，布地の表面のぬれやすさに加えて，繊維間げきによる毛細管現象の起こりやすさが影響を与える．そのため，繊維自体の親水性よりは，繊維表面の状態，糸密度，組織，はっ水加工をはじめとした表面加工などの構造特性によって影響を受ける．

また，水蒸気（人体からの不感蒸泄を含む）における収着および脱着のことを，一般的に「吸湿」および「脱湿」と呼ぶ．衣服材料によって隔てられた複数の気相の水蒸気圧が異なると，水蒸気は水蒸気圧の高いところから低いところへと移動する．その際，衣服材料内および材料間において，吸脱湿，拡散しながら移動していくが，同時にその一部は衣服材料を通過する．これらの衣服材料を通じて水蒸気が移動することをまとめて「透湿」という．水蒸気は，繊維内，繊維間，織糸間を移動するので，透湿性は，繊維自体の吸湿性，含気率，厚さ，開孔面積率が関係する．

繊維や布地の，衣服材料の水分透過特性については6.3.2項に詳述する．また，着衣時の水分透過特性については6.3.3項に述べる．

6.3.2 繊維および布地の水分透過特性

各種繊維の吸湿等温線を図6.5に示す．環境の湿度が大きいほど，各繊維の水分率は増大する．繊維の分子構造に親水性基が多いと水分率が高いなど，繊維の種類によって異なり，吸湿性に影響する．例えば，羊毛や絹などのたんぱく質繊維は親水性基であるヒドロキシ基，アミノ基，カルボキシ基などが含まれているため水分率が高い．レーヨン，綿は，セルロース繊維であり，ヒドロキシ基が多い．一方で，ポリエチレンやポリプロピレン繊維では，親水性基がなく，水分率は非常に低い．このように，一般に吸湿性は，繊維が親水性基を有しているかどうかや，高分子の結晶状態

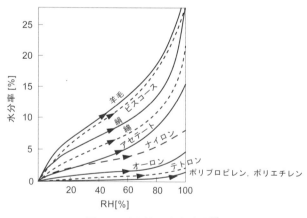

図6.5 吸湿等温線（25℃）[12]

6.3 衣服の水分透過特性

などにより決まり，布地の構造による影響は少ない．

一方で，布地を通しての透湿性については，織糸間，糸・繊維内の気孔や間げきなどを通過する特性なので，繊維の吸湿性だけでなく，布地の厚さ，含気率，開孔面積率などにも影響を受ける．厚さと空げき率が一定の場合には，孔が小さくて数が多い方が，孔が大きくて数が少ない場合より透湿しやすい．ゴルフウェアなど汗をかきやすいスポーツウェアでは，孔をたくさん含み透湿性を高めた布地を用いることが多いのはこのためである．

布地の吸水性とは，液体状の水分（いわゆる水）を吸う性質のことであり，繊維間，糸間などの毛細管現象によるものである．繊維や布地などの衣服材料が吸水し，ぬれた状態になると，水蒸気の状態で吸湿しているだけのときに比べ，熱的性能をはじめとした影響が非常に大きい．吸水性は，繊維，糸，布地の表面状態のぬれやすさに加え，毛細管現象の起こりやすさ（適度な繊維間げきがあるかどうか）によって決まる．布地の吸水速度を図6.6に示す[13]．吸水性は，繊維の吸湿性との相関はない．例えば，羊毛繊維については，吸湿性は親水性基を繊維内部に含むために高いが，表面ははっ水性となっており吸水性が非常に低いなどの特徴がある．このように，吸水性では，繊維の親水性基の有無よりも，繊維表面の状態や，糸密度，布地の組織や表面加工などの構造によって影響を大きく受けている．

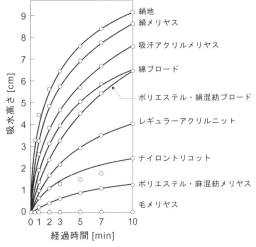

図6.6 布地の吸水速度（バイレック法）[13]

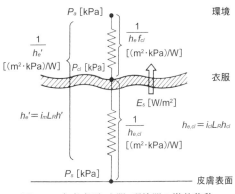

図6.7 皮膚表面-衣服-環境間の潜熱移動

6.3.3 着衣の水分透過特性

蒸発熱抵抗（$R_{e,t}$）は皮膚と環境の間の抵抗，着衣の基礎蒸発熱抵抗（$R_{e,cl}$）は皮膚と着衣外表面の間の抵抗，空気の蒸発熱抵抗（$R_{e,a}$）は着衣外表面と環境の間の抵抗で，それぞれの間には顕熱移動に関する式（6・2）と同様の式（6・9）が成り立つ．図6.7に，皮膚表面-衣服-環境間の潜熱移動を示す[10]．

$$E_s = \frac{P_s - P_a}{R_{e,t}} = \frac{P_s - P_{cl}}{R_{e,cl}} = \frac{P_{cl} - P_a}{\frac{R_{e,a}}{f_{cl}}} \quad \cdots\cdots(6\cdot9)$$

E_s ：皮膚から環境への単位皮膚面積当たりの蒸発熱損失量　[W/m^2]
P_s ：皮膚表面の水蒸気圧　[kPa]
P_a ：環境の水蒸気圧　[kPa]
P_{cl} ：着衣外表面の水蒸気圧　[kPa]

6. 衣服と快適性

$R_{e,cl}$：着衣の基礎蒸発熱抵抗　[(m²·kPa)/W]

$R_{e,a}$：空気の蒸発熱抵抗　[(m²·kPa)/W]

$R_{e,t}$：皮膚表面から環境までの蒸発熱抵抗　[(m²·kPa)/W]

なお，熱抵抗は熱伝達率の逆数である．対流熱伝達率と衣服外表面と環境の間の蒸発熱伝達率の間には相似の関係（Lewis（ルイス）の関係）が成り立つ．

$$h_e = \frac{1}{R_{e,a}} = L_R \cdot h_c = \frac{L_R}{0.155\, I_{a,c}} \quad \cdots\cdots(6\cdot10)$$

h_e：衣服外表面と環境の間の蒸発熱伝達率　[W/(m²·kPa)]

L_R：Lewis の係数　[K/kPa]（≈16.5 K/kPa）

h_c：対流熱伝達率　[W/(m²·K)]

$I_{a,c}$：衣服外表面と環境の間の対流熱移動に関する熱抵抗　[clo]

ここで，I_a は対流と放射の2経路での熱伝達による合成熱抵抗であり，常に $I_a < I_{a,c}$ となる．Lewis の関係を補正して $R_{e,a}$ と I_a の関係を表現する係数を空気層の透湿効率係数（i_a），同様に $R_{e,cl}$ と I_{cl}，$R_{e,t}$ と I_t の関係を補正して表現する係数をそれぞれ，着衣の透湿効率係数（i_{cl}），Woodcock（ウッドコック）の全透湿効率係数（i_m）と呼ぶ．

$$\frac{1}{R_{e,a}} = h_e = \frac{i_a \cdot L_R}{0.155\, I_a} = i_a \cdot L_R \cdot h' = i_a \cdot L_R \cdot (h_c + h_r) = L_R \cdot h_c = \frac{L_R}{0.155\, I_{a,c}} \quad \cdots\cdots(6\cdot11)$$

$$\frac{1}{R_{e,cl}} = h_{e,cl} = i_{cl} \cdot L_R \cdot h_{cl} = \frac{i_{cl} \cdot L_R}{0.155\, I_{cl}} \quad \cdots\cdots(6\cdot12)$$

$$\frac{1}{R_{e,t}} = h_e' = i_m \cdot L_R \cdot h' = \frac{i_m \cdot L_R}{0.155\, I_t} \quad \cdots\cdots(6\cdot13)$$

i_a：空気層の透湿効率係数　[－]

i_{cl}：着衣の透湿効率係数　[－]

i_m：Woodcock の全透湿効率係数　[－]

h'：皮膚表面から環境までの顕熱伝達率　[W/(m²·K)]

h_{cl}：着衣の熱伝達係数　[W/(m²·K)]

h_e：着衣外表面から環境までの潜熱伝達率　[W/(m²·kPa)]

h_e'：皮膚表面から環境までの潜熱伝達率　[W/(m²·kPa)]

$h_{e,cl}$：皮膚表面から着衣外表面までの潜熱伝達率　[W/(m²·kPa)]

h_r：線形化放射熱伝達率　[W/(m²·K)]

$R_{e,t}$ は $R_{e,cl}$ と $R_{e,a}/f_{cl}$ の直列抵抗であるので，式 (6·14) が成り立つ．

$$R_{e,t} = R_{e,cl} + \frac{R_{e,a}}{f_{cl}} = \frac{0.155\, I_{cl}}{L_R \cdot i_{cl}} + \frac{1}{L_R \cdot h_c \cdot f_{cl}} \quad \cdots\cdots(6\cdot14)$$

式 (6·13) にすでに示したが，皮膚表面から環境までの潜熱伝達率（h_e'）は，着衣状態を考慮した Woodcock の全透湿効率係数（i_m）と Lewis の関係より，式 (6·15) のように示すことができる．これは空気中の熱伝達と水蒸気物質伝達には，近似的に相似則が成り立つことを示している．

$$i_m \cdot L_R = \frac{h_e'}{h'} \quad \cdots\cdots(6\cdot15)$$

また，式 (6·13) の h' は，I_{cl} を用いて表現すると式 (6·16) のようになり，これらと皮膚ぬれ率

を用いて，皮膚から環境への単位皮膚面積当たりの蒸発熱損失量（E_s）を求めることができる．

$$h' = \frac{1}{0.155 I_{cl} + \dfrac{1}{(h_c + h_r)f_{cl}}} \qquad \cdots\cdots(6\cdot16)$$

$$E_s = h_e'(P_s - P_a) \qquad \cdots\cdots(6\cdot17)$$

なお，i_m は，一般的な衣服において 0.30～0.40 程度の値となっている．ISO 9920[9]の付属書に，衣服種類ごとの値が掲載されている．通常の室内の衣服であれば i_m は 0.38，i_{cl} は 0.34 で与えられる[9]．i_{cl} は着衣の透湿効率係数であり，着衣自体の特性値であるが，i_m は着衣単独では決まらず気流によって値が変わる．環境が変わる条件では i_m を用いて I_t から $R_{e,t}$ を推定するより，i_{cl} と I_{cl} から式（6·14）により $R_{e,t}$ を求めることが推奨されている[14]．

以上，着衣時の水分透過特性について述べたが，衣服内換気などの着装や身体の動きなども考慮に入れて考える必要がある場合も多い．例えば，環境の相対湿度が高く，水分の水蒸気圧のみでは水分移動が難しい場合には，衣服内換気を促して，対流により人体周辺の水分を多く含んだ空気を素早く外気へ移動させることも有効となる．

6.4 着衣量の評価

着衣量の評価には，サーマルマネキンによる測定，実際の被験者を用いた方法，衣服の組合せや個々の衣服の熱抵抗値に関するデータベースを利用して，より簡易に積算し推定する方法がある[9]．以下，代表的な方法を示す．

6.4.1 サーマルマネキンによる計測

着衣量を精度よく測定するためにはサーマルマネキンを用いる[9]．サーマルマネキンは，人体の形状，寸法，表面放射率などを模擬して作成されている．**図6.8** にサーマルマネキンの一例を示す．

形状などだけでなく，表面温度または供給熱量などを人体の値に近似するように制御しているため，実際の人間の着衣状態を模擬して評価することができる．また，人体形状の発熱体であるサーマルマネキンは，人体まわりの上昇気流の影響などを測定することに適している．着衣の熱抵抗は気流や動きによって変化するため，人体の動きによる強制対流の影響を測定することも行わ

図6.8 サーマルマネキンの例

れており，歩行時の動きを模擬した歩行マネキンなども開発されている．基準となる着衣量測定としては，立位，静穏気流下（$v < 0.15$ m/s），均一環境（$|t_r - t_a| < 1$℃）で熱抵抗を計測する．

顕熱による熱移動を考慮した着衣量測定の場合は，発汗しないサーマルマネキンを用いる．表面温度（t_s）を 32～34℃ に，試験室の作用温度（t_o）は t_s より 12℃ 以上低い温度にする．サーマルマネキン各部位の発熱が 20 W/m^2 以上となるよう，可能なら，40～80 W/m^2 の範囲に収まるように設定する t_o を調整する．いずれの計測もサーマルマネキンが定常状態に至ったのちのデータを用いる．着衣条件での計測から，式（6·18）により I_t を求める．

6. 衣服と快適性

$$I_t = \frac{t_{s,d} - t_{o,d}}{0.155\, Q_d} \qquad \cdots\cdots(6\cdot18)$$

$t_{s,d}$：着衣条件のサーマルマネキンの平均表面温度　［℃］

$t_{o,d}$：着衣条件で計測された作用温度　［℃］

Q_d：着衣条件でのサーマルマネキンの平均発熱量　［W/m²］

別途行う，裸体条件での計測から I_a を次式で決定できる．

$$I_a = \frac{t_{s,n} - t_{o,n}}{0.155\, Q_n} \qquad \cdots\cdots(6\cdot19)$$

$t_{s,n}$：裸体条件のサーマルマネキンの平均表面温度　［℃］

$t_{o,n}$：裸体条件で計測された作用温度　［℃］

Q_n：裸体条件でのサーマルマネキンの平均発熱量　［W/m²］

　f_{cl} を，複数の方向から撮影した着衣時と裸体時の写真の面積比[7],[8]，または，着衣時と裸体時の全身形状をスキャンして得られる面積比から決定する．I_t, I_a, f_{cl} を式（6·5）に代入すると I_{cl} が得られる．f_{cl} を I_{cl} から推定する式として式（6·8）を用いることもできる．なお，f_{cl} が未知の場合，式（6·5）の f_{cl} に式（6·8）を代入，計測で求めた I_t, I_a を代入することで I_{cl} を定める 2 次方程式が得られる．

　着衣の蒸発熱抵抗の測定には，発汗サーマルマネキンを用いる．発汗サーマルマネキンには，あらかじめ水をしっかり含ませた吸水拡散性のごく薄い生地を全身に着せたもの，この生地に水分を供給する機構をもち，全身に着せたこの生地を内部から水や水蒸気を出して継続的にぬらすものなど，研究目的によってさまざまなものが開発されている．蒸発熱損失量の測定には，発汗サーマルマネキンの消費電力量の測定による方法や，蒸発水分量を計測し，時々刻々の重量減少率に蒸発潜熱を乗じて決定する方法が提案されている[9]．

　ここでは，消費電力の測定による方法について述べる．基本的な考え方としては，蒸発熱抵抗 $R_{e,t} = 1/h_e'$ なので，式（6·17）の蒸発熱損失量（E_s）の式に代入すると，

$$E_s = \frac{w(P_{s,s} - P_a)}{R_{e,t}} \qquad \cdots\cdots(6\cdot20)$$

$P_{s,s}$：皮膚温度（t_s）［℃］のときの飽和水蒸気圧　［kPa］

w　：ぬれ率　［－］

$R_{e,t}$：皮膚表面から環境までの蒸発熱抵抗値　［(m²·kPa)/W］

したがって，蒸発熱抵抗 $R_{e,t}$ は式（6·21）で求めることができる．

$$R_{e,t} = \frac{w(P_{s,s} - P_a)}{E_s} \qquad \cdots\cdots(6\cdot21)$$

例えば，水で完全に湿潤しているタイプのサーマルマネキンでは，ぬれ率 $w=1$ となる．

　また，顕熱による熱交換の誤差が生じにくく精度に優れる条件として，t_s を全身均一で与え，かつ，t_o を t_s に一致させた環境，すなわち顕熱移動が生じない条件での測定法[9]によると，$R_{e,t}$ は式（6·22）で求められる．

$$R_{e,t} = \frac{P_{s,s} - P_a}{H} \qquad \cdots\cdots(6\cdot22)$$

H：サーマルマネキンの平均発熱量　［W/m²］

なお，H を発汗サーマルマネキンの発熱量からではなく，時々刻々の重量減少率に蒸発潜熱を

6.4 着衣量の評価

乗じて決定する方法[9]も示されている．

6.4.2 被験者実験による測定

被験者実験による計測[9]は，特に動きを伴う条件での測定に適する．I_{cl}を決定する方法の概要を記す．1.2.2項に示した人体の熱収支は微小である熱伝導を近似的に対流（C）と放射（R）に含めて扱うとすると式（6・23）で記述される．

$$S = M - W - R - C - E_s - E_{re} - C_{re} \qquad \cdots\cdots(6\cdot23)$$

S：人体への蓄熱　[W/m²]
M：代謝量　[W/m²]
W：外部仕事量　[W/m²]
R：放射熱損失量　[W/m²]
C：対流熱損失量　[W/m²]
E_{re}：呼吸に伴う蒸発熱損失量　[W/m²]（式（3・10）参照）
C_{re}：呼吸に伴う対流熱損失量　[W/m²]（式（3・11）参照）

深部温と皮膚温の変化の計測からSを（5.3.2項参照），また，MとWも同様に5.3.2項に記した手法により推定できる．有効発汗量に蒸発潜熱を乗じてE_{re}を差し引くことでE_sを推定できる（5.3.2項参照）．これらの推定値を用いると，人体からの顕熱による熱損失$C+R$は式（6・24）となる．

$$C + R = M - S - W - E - E_{re} - C_{re} \qquad \cdots\cdots(6\cdot24)$$

同時に皮膚温（t_s）と作用温度（t_o）を計測することで，I_tを式（6・25）で決定できる．

$$I_t = \frac{t_s - t_o}{0.155(C+R)} = \frac{t_s - t_o}{0.155(M - S - W - E - E_{re} - C_{re})} \qquad \cdots\cdots(6\cdot25)$$

また，皮膚全体の平均水蒸気圧（P_s）を測定することで$R_{e,t}$を式（6・26）で決定できる．ただし，P_sを精度よく測定することは難しく一般に$R_{e,t}$は発汗サーマルマネキンを用いて計測される．

$$R_{e,t} = \frac{P_s - P_a}{E_s} \qquad \cdots\cdots(6\cdot26)$$

P_s：皮膚の水蒸気圧　[kPa]

6.4.3 既存着衣のデータからの推定

組合せ衣服の熱抵抗を推定する方法として，類似の組合せ着衣のデータで与える場合[9),14)]がある．**表6.3**にMcCullough（マッカーラ）らが示した組合せ衣服の熱特性値[15]を示す．より詳細なデータはISO 9920[9]に記載されている．

また，静穏気流下で求められた組合せ衣服を構成する単品衣服の有効熱抵抗（I_{clu}）から，基礎熱抵抗（I_{cl}）は式（6・27），または若干精度は劣るものの式（6・28）で推定できる．McCulloughら[7]より抜粋したI_{clu}を**表6.4**にまとめる．

$$I_{cl} = 0.161 + 0.835 \Sigma I_{clu} \qquad \cdots\cdots(6\cdot27)$$

$$I_{cl} = \Sigma I_{clu} \qquad \cdots\cdots(6\cdot28)$$

前述のように，通常はサーマルマネキンを用いたI_{cl}，I_t，I_a，$R_{e,t}$，i_m，i_{cl}の計測を，静止立位で行う．静止立位の値から，式（6・29）～（6・31）により風や動きを伴う条件下でのI_t（$I_{t,r}$）を，式（6・32）によりR_{et}（$R_{et,r}$）を推定できる[9]．

6．衣服と快適性

表6.3 組合せ衣服の熱特性値

構　成	I_{cl} [clo]	f_{cl} [-]	i_m [-]	i_{cl} [-]
パンツ，半袖前ボタンシャツ，短パン，運動用膝丈靴下，運動靴	0.36	1.10	0.42	0.34
パンツ，襟付き半袖シャツ，長ズボン，ベルト，膝丈靴下，靴	0.57	1.15	0.43	0.36
パンツ，Tシャツ，襟付き長袖シャツ，シングルジャケット，ベスト，長ズボン，ベルト，膝丈靴下，靴，ネクタイ	1.14	1.32	0.37	0.32
ショーツ，タンクトップ，短パン，サンダル	0.26	1.08	0.40	0.27
長袖シャツ，ストレートスラックス，パンティーストッキング，靴	0.61	1.20	0.45	0.41
ショーツ，ハーフスリップ，長袖ブラウス，ダブルジャケット，膝丈スカート，パンティーストッキング，靴	1.04	1.30	0.40	0.35
パンツ，厚手長袖ラグビーシャツ，ジーンズ，膝丈靴下，靴	0.68	1.22	0.40	0.32
ショーツ，長袖スウェットシャツ，スウェットパンツ，靴下，運動靴	0.74	1.19	0.45	0.41
長袖パジャマ上，パジャマ長ズボン，7分袖バスローブ，スリッパ	0.96	1.32	0.41	0.37
パンツ，Tシャツ，襟付き長袖シャツ，つなぎ，靴下，作業靴	0.89	1.27	0.40	0.34
厚手長袖アンダーウェア上下，運動用靴下，絶縁つなぎ，作業靴	1.37	1.26	0.39	0.35
つなぎの下*，ポリエステルと綿のつなぎ	0.91	1.18	0.40	0.34
つなぎの下*，Tyvekつなぎ	0.96	1.26	0.33	0.26
つなぎの下*，軽量Goretexジャケット，Goretexズボン	1.16	1.28	0.38	0.33
つなぎの下*，PVCとビニール製のフード付き耐酸ジャケットと耐酸つなぎ	1.13	1.28	0.13	0.09

*つなぎの下：パンツ，襟付き半袖シャツ，長ズボン，ベルト，膝丈靴下，靴．

$$I_{t.r} = C_{orr.D} \cdot I_t \quad (0.6 \text{ clo} < I_{cl} < 1.4 \text{ clo}) \quad \cdots\cdots(6\cdot29)$$

$$I_{a.r} = C_{orr.a} \cdot I_a \quad \cdots\cdots(6\cdot30)$$

$$I_{t.r} = \frac{(0.6 - I_{cl})I_{a.r} + I_{cl} \cdot I_{t.06.r}}{0.6} \quad (I_{cl} < 0.6 \text{ clo}) \quad \cdots\cdots(6\cdot31)$$

ただし，

$$C_{orr.D} = e^{[-0.281(v_{ar}-0.15)+0.044(v_{ar}-0.15)^2-0.492w+0.176w^2]}$$

$$C_{orr.a} = e^{[-0.533(v_{ar}-0.15)+0.069(v_{ar}-0.15)^2-0.462w+0.201w^2]}$$

$I_{t.r}$ ：風や動きのある条件での着衣の全熱抵抗　[clo]

$I_{a.r}$ ：風や動きのある条件での空気の熱抵抗　[clo]

$I_{t.06.r}$ ：I_{cl} が 0.6 clo のときの $I_{t.r}$　[clo]

v_{ar} ：人体への相対風速　[m/s]（ただし，3.5 m/s 未満の範囲が対象）

w ：（相当）歩行速度　[m/s]（ただし，1.2 m/s 未満の範囲が対象）

$$R_{e.t.r} = e^{[-0.468(v_{ar}-0.15)+0.080(v_{ar}-0.15)^2-0.874w+0.358w^2]} \cdot R_{e,t} \quad \cdots\cdots(6\cdot32)$$

なお，静止立位の I_a の値として 0.7 clo が，$R_{e,a}$ を計算する上での強制対流下での h_c の式として $3.5 + 5.2 v_{ar}$ が示されている．ただし式（6·31）は線形補完による近似式であるため，静穏気流下において式（6·31）による $I_{t.r}$ と，静穏気流下の I_a/f_{cl} と I_{cl} の和としての I_t には若干のずれが生じる課題もある．

6.4 着衣量の評価

表6.4 単品衣服の有効熱抵抗

単品衣服	I_{clu}[clo]	単品衣服	I_{clu}[clo]	単品衣服	I_{clu}[clo]
下着		長袖フランネルシャツ	0.34	厚手長袖セーター	0.36
パンツ	0.04	半袖運動着	0.17	ドレスとスカート（膝丈）	
ショーツ	0.03	長袖スウェットシャツ	0.34	薄手スカート	0.14
ブラジャー	0.01	ズボンとカバーオール		厚手スカート	0.23
Tシャツ	0.08	短パン	0.06	薄手長袖シャツドレス	0.32
フルスリップ	0.16	膝上丈パンツ	0.08	厚手長袖シャツドレス	0.47
ハーフスリップ	0.14	薄手長ズボン	0.15	薄手半袖シャツドレス	0.29
長袖下着上	0.20	厚手長ズボン	0.24	薄手袖なしシャツドレス	0.23
ズボン下	0.15	スウェットパンツ	0.28	厚手袖なしスコープネックジャンパー	0.27
靴下		オーバーオール	0.30		
足首丈運動用靴下	0.02	カバーオール	0.49	寝衣	
ふくらはぎ丈靴下	0.03	スーツジャケットとベスト		薄手半袖ショートガウン	0.21
すね丈厚手靴下	0.06	薄手シングルジャケット	0.36	厚手長袖ロングガウン	0.46
パンティーストッキング	0.02	厚手シングルジャケット	0.44	半袖パジャマ	0.42
サンダル	0.02	薄手ダブルジャケット	0.42	長袖パジャマ	0.48
スリッパ	0.03	厚手ダブルジャケット	0.48	厚手長袖パジャマ	0.57
運動靴	0.02	薄手袖なしベスト	0.10	パジャマ長ズボン	0.17
シャツとブラウス		厚手袖なしベスト	0.17	院内着	0.31
袖なしスコープネックブラウス	0.13	セーター		厚手長袖ロングラップローブ	0.69
半袖ドレスシャツ	0.19	薄手袖なし毛糸ベスト	0.13		
		厚手袖なし毛糸ベスト	0.22	厚手長袖ショートラップローブ	0.48
長袖ドレスシャツ	0.25	薄手半袖セーター	0.25		

注 「薄手」は夏用の生地，「厚手」は冬用の生地．

6.4.4 衣服重量による推定

衣服重量より推定する方法も提案されているが，図6.9に示すように服種にばらつきが大きく精度は良くない．露出している皮膚の比率（$A_{cov,0}$），生地が一重のみの部分の比率（$A_{cov,1}$）を重量（m）に加えることで組合せ衣服のI_{cl}の推定精度を改善した式として式(6·33)が提案[7]されている．

$$I_{cl} = 0.919 + 0.255\,m - 0.00874\,A_{cov,0} - 0.00510\,A_{cov,1} \quad \cdots\cdots(6\cdot33)$$

m ：衣服の重量 [kg]
$A_{cov,0}$：露出している皮膚の比率 [%]
$A_{cov,1}$：生地が一重のみの部分の比率 [%]

また，単品衣服の有効熱抵抗（I_{clu}）については，被覆面積および布地の厚さの要素を考慮した予測式（式6·34）がMcCulloughにより提案されている（図6.9，6.10）[7],[16]．

$$I_{clu} = 0.0043\cdot\mathrm{BSAC} + 0.0014\times\mathrm{FAB\_Thick}\times\mathrm{BSAC} \quad \cdots\cdots(6\cdot34)$$

BSAC ：被覆面積 [%]
FAB_Thick：布地の厚さ [mm]（ASTM 01777 7.5 cm 圧縮板圧力 66.1 N/m² 使用）

なお，近年の繊維素材の開発により，軽量でも静止空気を多く含むことができる暖かい素材の登場などもあり（6.7節参照），衣服重量などによる評価が難しくなっているため，注意が必要である．

6. 衣服と快適性

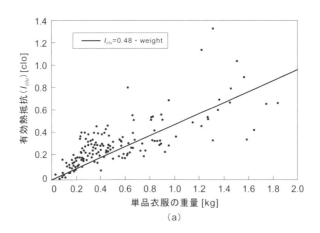
(a)

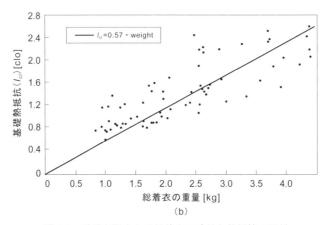
(b)

図6.9 単品衣服または総着衣の重量と熱抵抗の関係

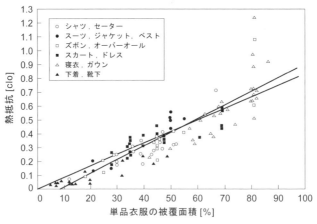

図6.10 単品衣服の被覆面積と熱抵抗の関係

6.4.5 着衣の部位熱抵抗の推定

3.7節に示した多分割の人体熱モデルを用いることで，パーソナル空調などの不均一温熱環境下での温熱生理状態を予測できる．多分割の人体熱モデルを用いる上で，人体各部位に着衣の熱抵抗の設定が必要になる．ただし人体熱モデルと連成するCFDを用いて人体各部位の対流熱伝達量，放射熱伝達量を求める上で，衣服ごとに異なる着衣人体形状を設定していくことは難しく，一般に裸体形状のまま，人体各部位の対流熱伝達量，放射熱伝達量を計算する．ここでは，裸体人体に対する着衣の保温効果として定義される着衣の部位有効熱抵抗（$R_{cle.i}$）を部位ごとに推定する方法を記述する．

静穏気流（$v \leq 0.15$ m/s）の人工気候室において立位サーマルマネキンを用いて決定された着衣の部位熱抵抗の一例として，夏季の男性ものスーツ（組合せ1：トランクス，靴下，半袖シャツ，スーツズボン，組合せ2：組合せ1にネクタイ，スーツジャケット）着用時の部位熱抵抗を**表6.5**に示す．

同様の静穏気流下での計測から，夏季の日常の着衣，作業着，寝衣，女性のオフィスウェアの部位有効熱抵抗（71単品衣服，126組合せ衣服）を得た[17]．実測した着衣に頭や顔，手を覆うものはなかった．全身としての着衣の有効熱抵抗（I_{cle}）は，単品衣服で0.02〜0.31 clo（0.003〜0.048 (m²·K)/W），組合せ衣服で0.13〜0.66 clo（0.020〜0.098 (m²·K)/W）の範囲にあった．一部でも衣服が部位を覆っている場合はその部位が被覆されているとみなした場合，組合せ衣服によって被覆された部位の組合せは11通りであった．この11の組合せそれぞれにおける典型的な$R_{cle.i}$を部位ごとに推定する式(6·35)の係数a_iを**表6.6**に示す．

$$R_{cle.i} = a_i \cdot I_{cle} \quad \cdots\cdots (6 \cdot 35)$$

$R_{cle.i}$：組合せ衣服の部位の着衣有効熱抵抗 [(m²·K)/W]

表6.5 夏季の男性物スーツの部位および全身有効熱抵抗

組合せ	部位の $R_{cle.i}$ [(m²·K)/W]									全身の I_{cle} [clo]
	胸	背	腹	尻	上腕	前腕	大腿	下腿	足	
1	0.171	0.173	0.261	0.220	0.103	0	0.132	0.084	0.033	0.52
2	0.364	0.323	0.455	0.340	0.273	0.113	0.164	0.088	0.040	0.80

表6.6 組合せ衣服の被覆部分のパターンごとに設定した式(6·35)の係数a_i

パターン	胸	背	腹	尻	上腕	前腕	大腿	下腿	足
1	0.54	0.53	0.69	0.35	0.26	0.14	0.19	0.08	0.03
2	0.55	0.49	0.89	0.40	0.20	—	0.21	0.13	0.06
3	0.57	0.49	1.15	0.60	0.27	—	0.25	—	—
4	0.49	0.46	0.67	0.35	0.30	0.14	0.16	0.13	—
5	0.41	0.41	1.26	0.53	0.27	—	0.24	—	0.10
6	0.52	0.53	0.68	0.48	0.35	0.19	0.26	—	—
7	0.54	0.44	0.87	0.38	0.25	—	0.19	0.19	—
8	0.53	0.40	1.19	0.54	—	—	0.26	0.11	0.11
9	0.48	0.41	1.37	0.58	—	—	0.33	—	0.15
10	0.59	0.40	1.29	0.52	—	—	0.22	0.26	—
11	0.52	0.23	0.66	0.50	—	—	0.43	—	—

$α_i$ ：着装形態ごとの $R_{cle,i}$ の推定係数　[(m²·K)/W/clo]
I_{cle} ：組合せ衣服の全身の有効熱抵抗　[clo]

着衣の基礎熱抵抗 (I_{cl}) と同様に $R_{cle,i}$ も風が強くなると低下する．気流の強い条件では補正の上，使用することが望まれる[18]．

6.5　椅子の影響

椅子に座っているときには，その椅子の種類や形状，接触面積，座る姿勢や着衣状態などが，I_{cl} や I_a に影響を与える．座ることで背中や大腿，臀部の生地が圧迫され，I_{cl} は6〜18％低下する．I_a は立位と比べ椅座位では身体の周囲の流れが臀部などで遮られ，10〜25％増加する[9]．

McCullough（マッカーラ）ら[19]は，7種の典型的な椅子を用い，熱抵抗値への影響について，サーマルマネキンを用いて測定した．熱抵抗値のほとんどないフレームのみの椅子を用いた場合，椅子に座ることにより，立位に比べて，人体まわりの衣服空気層が圧縮され，熱抵抗値が小さくなることがわかった．一方で，布張りやクッション付きなどの椅子に座る場合，椅子自体の熱抵抗が加わることも示されている．典型的な椅子に座った場合の熱抵抗値の増加は，0.1〜0.3 clo の範囲であり，立位時の衣服のクロ値に加算して考える必要があると述べられている．椅子と人体との接触面積が増えるほど，立位時に比べ，椅座位時の熱抵抗が大きくなると報告されている．

また，ISO 9920 では，椅子の影響として，ネットチェアでは 0.03 clo 圧迫により減少する一方，通常のオフィスチェアでは 0.04〜0.17 clo 増加，ソファーでは 0.21 clo 増加するとしている[9]．

6.6　クールビズオフィスにおける衣服

環境負荷軽減の取組みとして，オフィスでは，夏季の冷房設定温度緩和および軽装化を主とした，いわゆるクールビズ[20]が2005年より政府主導で実施されている．クールビズの推進により，オフィス内の冷房設定温度として「28℃」という値が浸透し，軽装化が推奨され，ノーネクタイ，ノージャケットが典型例として提示された．

クールビズに積極的に取り組み，夏季冷房設定温度を28℃とし，軽装を推奨しているオフィスを対象として，2006年8月に，盛夏の室内環境と着衣の状況について測定した研究について，以下に紹介する[21]．

この対象オフィスでは，「冷房設定温度28℃」として取り組んでいたが，執務者周辺では28℃を超えて，より高温となる場所や時間帯があった．同オフィスにおける温熱環境測定結果[22]でも，オフィスの内部発熱量の偏りや空調方式の影響によって，空気温度や放射温度が30℃を超える場所や時間帯が生じていた．着衣量調査により，平均着衣量は男性で0.54 clo，女性で0.52 clo であり，1974〜75年の成瀬[23]の調査に比べ，特に男性において軽装化が進んでいた．Nakano と Tanabe[24] は半屋外を，田村と丸田[25],[26]は屋外を対象として着衣の調査を行っており，着用される着衣量と日平均外気温との間に相関があることを報告したが，これらの研究でのクロ値の下限は約0.5 clo であった．夏季の軽装化が推奨されているクールビズオフィスでは，在室者が，屋外などの下限値に近い着衣量で過ごしていたことがわかる．

衣服の組合せとしては，男性の上衣は，半袖襟付きシャツが77％と最も多かった．一方，ジャケッ

6.6 クールビズオフィスにおける衣服

トおよびネクタイの着用者率は2%と少なかった（**図6.11**）．下衣については，薄手の膝下ズボン・パンツの着用者率が93%と圧倒的に多かった．女性の上衣は男性に比べて上衣の種類が豊富であり，半袖シャツが52%，半袖襟付きシャツが32%，その他，半袖ニットやワンピースなどの申告があった．女性では着脱可能なカーディガン，ストールなどの着用もあった．下衣については，薄手の膝丈スカートが56%，薄手の膝下ズボン・パンツが32%であった（**図6.12**）．

多くの執務者が，改善したい環境要素として温熱環境をあげ，扇風機などを使用して，暑さ対策

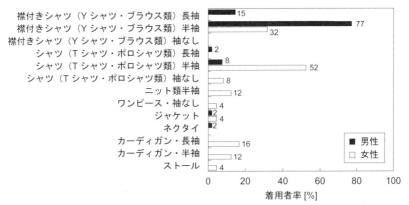

図6.11 クールビズオフィスにおける上衣および小物類の着用者率[21]

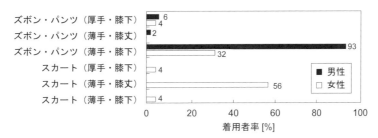

図6.12 クールビズオフィスにおける下衣の着用者率[21]

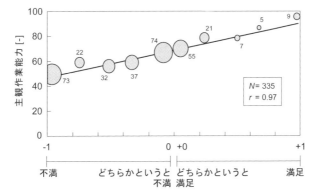

図6.13 退勤時の温熱環境に関する満足度と主観作業能力の関係（クールビズオフィス）[22]

を行っていた．また，本実測オフィスの執務環境の質が作業性に与える影響として，「低下させている」側に申告した割合は72％，「集中しにくい」側に申告した割合は62％だった．このオフィスにおける測定により，温熱環境に関する満足度が高いと主観作業能力が高く（**図6.13**）[22]，疲労度が低いという関係が認められた．

省エネルギーを図るとともに，室内で働く執務者の疲労や満足度を損ねずに，作業効率を保つことが重要であり，軽装化に加えて，気流などの工夫を行う必要があることが示唆された．

6.7　熱的快適性を高めるための新素材技術

熱的快適性を高めるためには，繊維自体の機能性，糸や布組織の構造，人体が着用したときの着装状態などを考慮する必要がある．繊維製品をつくる際にも，熱的快適性を高めるための繊維の加工技術や，糸・布組織の構造を工夫することで，付加価値を高めようとする動きがある．

6.7.1　涼しい衣服のための新素材

夏の暑さやクールビズオフィスに適応するために，さまざまな涼しい衣服のための素材開発が行われている．ここでは，そのうち，接触冷感を有する機能性繊維，吸水速乾性の高い素材，通気性を調整する素材，遮熱効果のある素材の事例について述べる．

まず，触ったときにひんやりする接触冷感を有する機能性繊維について述べる．接触冷感の優れた従来の素材としては，天然素材では麻が，化学繊維ではレーヨンやキュプラが代表的なものである．素材に接触した瞬間に人体から熱を奪う速度が高いと，接触冷感を感じる．接触冷感に優れた素材の特性として，熱伝導率や熱拡散率が高いこと，繊維内に水分を多く含むこと，また素材が比較的硬いため，布地にしたときに独特のシャリ感があり，発汗時に肌にくっつきにくいことなどがあげられ，これらの特性を実現するような機能性繊維が開発されている．

接触冷感を有する機能性繊維の一例として，芯さや複合繊維があげられる[27]．芯に親水基をもたず水分を吸収しないポリエステル，さや部に水分となじみのよい親水基を多く含むエチレンビニルアルコール（ポリエチレン樹脂とポリビニルアルコール樹脂との複合樹脂）を用いている（**図6.14**[27]）．

次に，汗をよく吸収しかつ速く乾かすという，吸水速乾性の機能について述べる．日本の夏は蒸し暑いため，この吸水速乾性の機能へのニーズが高い．

図6.14の繊維の場合も，接触冷感に加え，さや部のエチレンビニルアルコールが水分になじみ，拡散して素早く乾燥させるという，吸水速乾機能を有するという特徴がある．汗を吸収して蒸発するときの潜熱移動が大きく，涼しさを感じる．

また，吸湿性が低い合成繊維を改質して，異型断面の繊維構造の毛細管現象により，吸湿性や吸水性を高めた素材[28]などがある．異型断面繊維は，一般的には，中空，Y字型，L字型などさまざまな形の断面をもつ小さい孔のノズルから押し出した高分子材料を引き延ばすことによってつくる．異型断面とすることで，繊維の表面積が大きくなり，毛細管現象の効果が大きくなるという仕組みである．

パルプを原料とした半合成繊維であるジアセテートの素材[29]は，吸水性や吸湿性が高いが，繊維表面がランダムな溝となっており，吸水した水分の拡散性が高いため，吸放湿性能に優れる（**図6.15**）．なお，このランダムな断面形状により光の乱反射が起き，シルクに近い光沢感を有すると

6.7 熱的快適性を高めるための新素材技術

図6.14 二重構造の芯さやタイプの例
（クラレトレーディング提供）[27]

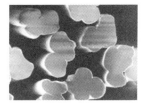

図6.15 ランダムな断面形状の繊維の例
（三菱ケミカル提供）[29]

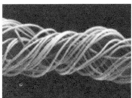

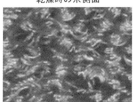 

図6.17 特殊セラミックを繊維内に練り込み
遮熱する繊維の例
（ユニチカトレーディング提供）[32]

図6.16 通気性を調整する機能をもつ繊維の例
（三菱ケミカル提供）[31]

いう特徴もある．

　繊維の性質だけでなく布地の構造を工夫した素材もある．例えば，太さの異なる糸を複数の層に組み合わせて多層構造とし，生地密度の違いによる毛細管現象により，人体の肌表面から汗を吸収し，環境側へと一方向に水分を速やかに移動して拡散し乾燥させるという性質の素材も使用されている[30]．

　吸水や吸湿時に，糸の捲縮（クリンプ）の状態を変えて通気性を高める工夫をした素材も開発されている[31]．これはアセテート系の繊維を使ったニット素材であり，汗や湿気を吸収すると糸が伸長することで布地の編目が開き，乾燥すると元の状態に戻ることで通気性が調整されるという機能がある（図6.16）．

　また，高濃度の特殊セラミックを繊維内に練り込み，太陽光を乱反射および吸収する繊維では，紫外線カットの効果とともに，特殊セラミックにより赤外線も遮ることにより，遮熱効果を有する（図6.17）．

6.7.2 暖かい衣服のための新素材

　冬の寒さやウォームビズオフィスに対応するための暖かい素材についても，開発が進んでいる．代表的なものは，繊維内部に中空をつくり繊維内部に空気をためることができる，軽量で保温性を高めた素材である．図6.18に一例を示す．

図6.18 中空繊維の例
（帝人フロンティア提供）[33]

図6.19 高捲縮繊維を用いて生地の保温性を高めた例（東洋紡STC提供）[34]

生地自体に微細な空気層を多くつくるため，捲縮度を高めたマルチポリエステルを用い，衣服内に動かない空気層をつくることで保温性を高めるものもある（**図6.19**）．

人体からの水分が繊維表面のヒドロキシ基などに吸着されるときに収着熱が発生することを利用した吸湿発熱素材は，肌着などにも多く使用されている．また，温度変化に反応する相変換物質をマイクロカプセルに封入し，織編物に加工した素材などもある[35]．

そのほか，太陽光を吸収し熱エネルギーに変換する物質（炭化ジルコニウムなど）や，加熱されると遠赤外線を放射するセラミックスなどを繊維の原料に練り込んだ素材により，衣服の表面温度を高くし熱の移動を少なくしたり，人体から発生する熱を反射させて衣服の外に逃さず，保温性を高めようとした素材も開発されている[35]．

6.7.3 スマートテキスタイル

近年では，身につけることで，さまざまな身体の情報をセンシングできるウエアラブルな繊維素材の開発が進んでいる．例えば，導電性高分子をナノファイバーの細かい空げきに含ませる特殊コーティングを行った素材（**図6.20**）や，伸縮性のある導電材料を用いたフィルム状の機能性素材（**図6.21**）など，さまざまな素材が開発されており，心拍数や心電波形などの生体信号を検出，収集することができる．これらのスマートテキスタイルは，スポーツトレーニングや，作業者の安全管理，高齢者の見守りなど，多様なニーズに生かすことができるのではないかと期待されている．

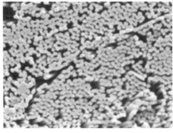
図6.20 スマートテキスタイルの例
（提供：東レおよびNTTの共同開発）[36]

図6.21 スマートテキスタイルを用いた衣服の例（東洋紡提供）[37]

6.8 防護服

防護服とは，外部からの危険有害因子から，作業者の身体を安全に守るための衣服である．代表的なものとしては，宇宙服，軍用服，消防服，放射線防護服，化学工場の防護服，農薬散布時の防除衣などがあげられる．危険有害因子には，暑熱あるいは寒冷，炎，放射線物質，農薬などをはじめとした有毒な化学物質，病原菌，アスベストなどの有害粉じん，虫など多岐にわたり，労働者の健康被害を防ぐために用いられる．作業環境に存在する危険有害因子をよく調査し，防護服の種類や性能を選択し，保守管理までを適切に行っていく必要がある．

フードや長靴，エプロンなど，身体の一部分を防護するものから，有害なガス，粉じんなどを防ぐために皮膚が外気に露出しないように全身を覆う，密閉型と呼ばれる形態のものまである．特に密閉型の防護服の場合，外部からの危険を避けるため，通気性が低く，断熱性が高い場合が多い．安全面を最優先させて，外からの危険有害因子の影響を人体に及ぼさないように設計されているため，人体からの熱や水分は防護服内から逃げず，環境温度や労働強度によっては，防護服着用時の熱中症などの健康被害も課題となっている．また，衣服の着脱による体温調節が困難であるため，外気が極端に暑い労働環境ではもちろんのこと，環境がそれほど高温でなくとも，大きな熱負荷が作業者にかかってしまう可能性がある．対策としては，水分補給や休憩の取り方を適切に行うほかに，防護服内に冷却機能をもたせるなどの工夫が行われている．

冷却方式としては，衣服内に冷却水を循環させる水冷式，空気を循環させる空冷式，ファンによって風を当てる風冷式，ペルチェ素子により冷却を行う方式，そしてアイスバッグを衣服内に挿入する氷冷式などがある．冷却機能の評価にあたっては，まずは労働者の身体を守ることが優先され，次に，作業や任務を遂行できるかどうかが大切になる．

また，極度の暑熱負荷とはいえないが，夏季の屋外環境や，大空間で全館空調が難しい生産工場など，気温30～33℃程度の環境下で労働を行う場合がある．そのような中程度の高温環境下での暑さ対策の一つとしても冷却機能を有した衣服が用いられる．極度の暑熱環境下においては，熱負荷をどのくらい除去できるか，という点に主眼が置かれ，評価や開発が行われるが，中程度の高温作業環境で有効な冷却衣服に関しては，熱負荷を取り除くことに加え，さらに着用時の快適性の確保も求められる．

一例として，図6.22に通信機械室における保守作業のために開発した冷却衣服を示す[38]．通常は無人で主に機械のみが作動している室内では，その冷房設定温度を高くし空調運転効率を向上させることで，省エネルギーを図ることができる．しかし，機械保守のために作業者が入室する際には室内が中程度の高温環境となる場合があるため，労働環境としては好ましくない．通信機械室内では，安全性の確保と粉じんを防ぐために長袖の作業服を着用する必要があるため，室内が高温となっても着衣量を減少させることによる調節が難しい．そこで，人間に最も

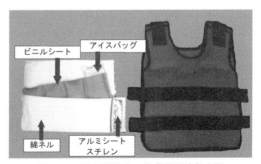

図6.22　通信機械室の作業服用冷却衣服

6. 衣服と快適性

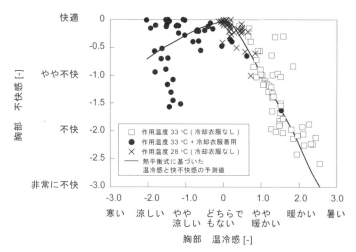

図6.23 胸部の局所温冷感と局所快不快感[38]より作成

近い外部環境である衣服に冷却機能をもたせることにより個別に高温作業環境対策を行うために，冷却衣服を開発した．この冷却衣服は氷冷式であり，冷却能力の維持のために放射よけや断熱材を使用するとともに，水を嫌う機械室で用いるため，人体からの汗や結露水を吸収できるように工夫されている．

被験者を用いた実験により，冷却衣服は生理的な熱負荷を低減するとともに，温冷感を熱的中立に近づけ快適性を保つ効果があることが確認された．**図6.23**[38]に冷却部位である胸の温冷感と不快感を示す．冷却部位の局所温冷感が－1（やや涼しい）より低くなると，局所快不快感は熱平衡式に基づいた予測値よりも不快側に分布した．一部分のみ冷やされすぎると，局所の不快感が生じることが明らかとなっている．熱負荷を取り除くだけでなく，過度な冷却を行わないようにするなど，快適性の観点からの衣服設計も重要である．

参 考 文 献

1) 小川安朗：世界民族服飾集成 (1991), p. 26, 文化出版局, 絶版
2) JIS L 0204-3：繊維用語（原料部門）―第3部：天然繊維及び化学繊維を除く原料部門, 1998
3) 田村照子：衣服と気候 (2013), p. 98, 成山堂
4) 中島利誠：新稿 被服材料学 (2010), p. 126, 光生館
5) 田村照子：基礎被服衛生学 (1985), p. 91, 文化出版局
6) A. P. Gagge, A. C. Burton and H. C. Bazett : A practical system of units for the description of the heat exchange of man with his environment, Science, 94(1941), pp. 428-430
7) E. A. McCullough, B. W. Jones, J. Huck : A comprehensive data base for estimating clothing insulation, ASHRAE Transactions, 91(1985), pp. 29-47
8) B. W. Olesen, E. Sliwinska, T. L. Madsen, P. O. Fanger : Effect of body posture and activity on the thermal insulation of clothing: Measurements by a movable thermal manikin, ASHRAE Transactions, 88 (1982), pp. 791-799
9) ISO 9920 : Ergonomics of the thermal environment - Estimation of thermal insulation and water vapor

参 考 文 献

resistance of a clothing ensemble, 2007
10) 第14版空気調和・衛生工学便覧, 第1編 (2010), p. 330, 空気調和・衛生工学会
11) 田辺新一・光澤滋美：暑熱環境における伝統的な衣服着用時の気流の体感影響, 空気調和・衛生工学会学術講演論文集, pp. 897-900, 1999
12) 中島利誠：新稿 被服材料学 (2010), p. 138, 光生館
13) 田村照子：衣服と水分蒸散, 田村照子, 酒井豊子編著「着ごこちの追究」, 放送大学教育振興会, p. 103, 1999
14) ASHRAE : Chapter 9 Thermal comfort, ASHRAE Handbook-Fundamentals, 2013
15) E. A. McCullough, B. W. Jones, T. Tamura : A database for determining the evaporative resistance of clothing ASHRAE Transactions, 95(1989), pp. 316-327
16) 新版 快適な温熱環境のメカニズム―豊かな生活空間をめざして (2006), p. 198, 空気調和・衛生工学会
17) 佐古井智紀, 都築和代：夏期衣服の部位有効熱抵抗推定法の提案, 第31回 人間-生活環境系シンポジウム報告集, pp. 123-126, 2007
18) K. Tsuzuki, T. Sakoi : Influence of air velocity on local effective thermal insulation provided by clothing, proceeding of Indoor Air 2008, (2008), Paper ID: 686
19) E. A. McCullough, B. W. Olesen, S. Hong : Thermal insulation provided by chairs, ASHRAE Transactions: Symposia, No. 94-6-4, pp. 795-802, 1994
20) 土居健太郎：COOL BIZ, 空気調和・衛生工学, 80-7(2006), pp. 5-7
21) 西原直枝, 羽田正沖, 田辺新一：夏季冷房28℃設定オフィスにおける執務者の着衣量および主観申告調査, 日本家政学会誌, 61-3(2010), pp. 169-175
22) 羽田正沖ら：夏季室温緩和設定オフィスにおける温熱環境実測および執務者アンケート調査による知的生産性に関する評価, 日本建築学会環境系論文集, 74巻, 637号, pp. 389-396, 2009
23) 成瀬哲生：室内の温熱環境, 空気調和・衛生工学, 54-1(1980), pp. 43-50
24) J. Nakano, S. Tanabe : Thremal comfort and adaptation in semioutdoor environments, ASHRAE Transactions, 110-2(2004), pp. 543-553
25) 田村照子, 丸田直美：現代社会における衣服着用率の季節変化, 日本生気象学会雑誌, 40(s)(2004-4), pp. 351-360
26) N. Maruta, T. Tamura : Clo value and environmental temperature, ICHES05, pp. 454-458, 2005
27) 日本化学繊維協会, 接触冷感 クラレトレーディング「ソフィスタ」http://www.jcfa.gr.jp/about_kasen/katsuyaku/09.html（閲覧日2018年9月12日）
28) 日本化学繊維協会, 接触冷感 ユニチカトレーディング「打ち水」http://www.jcfa.gr.jp/about_kasen/katsuyaku/09.html（閲覧日2018年9月12日）
29) 日本化学繊維協会, 接触冷感 三菱ケミカル・テキスタイル「リンダ」http://www.jcfa.gr.jp/about_kasen/katsuyaku/09.html（閲覧日2018年9月12日）
30) 日本化学繊維協会, 吸水速乾・調湿 東レ「TOREXフィールドセンサー」http://www.jcfa.gr.jp/about_kasen/katsuyaku/08.html（閲覧日2018年9月12日）
31) 日本化学繊維協会, 吸水速乾・調湿 三菱ケミカル「ベントクール」http://www.jcfa.gr.jp/about_kasen/katsuyaku/08.html（閲覧日2018年9月12日）
32) 日本化学繊維協会, 遮熱・UVカット ユニチカトレーディング「サラクール」http://www.jcfa.gr.jp/about_kasen/katsuyaku/10.html（閲覧日2018年9月12日）
33) 日本化学繊維協会, 保温 帝人フロンティア「エアロカプセル」https://www.jcfa.gr.jp/about_kasen/

katsuyaku/11.html（閲覧日 2018 年 9 月 12 日）
34）日本化学繊維協会，保温「デッドエアホーム」https://www.jcfa.gr.jp/about_kasen/katsuyaku/11.html（閲覧日 2018 年 9 月 12 日）
35）日本化学繊維協会，クールビズとウォームビズ対応素材「KASEN TOPICS」No.22, http://www.jcfa.gr.jp/fiber/topics/no22/topics22.html（閲覧日 2017 年 10 月 23 日）
36）日本化学繊維協会，スマートテキスタイル 東レ・NTT「hitoe」https://www.jcfa.gr.jp/about_kasen/katsuyaku/28.html（閲覧日 2018 年 9 月 12 日）
37）日本化学繊維協会，スマートテキスタイル 東洋紡「COCOMI」https://www.jcfa.gr.jp/about_kasen/katsuyaku/28.html（閲覧日 2018 年 9 月 12 日）
38）N. Nishihara, S. Tanabe, H. Hayama, M. Komatsu : Thermal Comfort Conditions by Wearing a Cooling Vest, Journal of Home Economics of Japan, 52-12(2001), pp. 1199-1207

7. 温熱環境と健康・知的生産性

7.1 外気温（月平均気温）と死亡率

住宅において，急病や事故による負傷の発生時期，場所，発生頻度を知ることは，住宅の安全で快適な環境を検討する上で重要である．籾山は季節カレンダーを作成し，冬季に疾病の発生が多いことを指摘している[1]．ここでは，厚生労働省の人口動態統計死亡票[2]およびアメダス気象データ[3]を用い，季節による傷病発生や死亡率の関係について紹介する．

7.1.1 死亡数の季節依存性
〔1〕調査方法と分析概要

厚生労働省は我が国の人口動態事象を把握し，人口および厚生労働行政施策の基礎資料を得ることを目的に人口動態調査票を所管している．人口動態調査票は，出生票，死亡票，死産票，婚姻票，離婚票の5種があり，ここで使用するのは死亡票である．死亡票に記録された死亡原因はICD-10に従い分類される（**表7.1**）．特に，季節による死亡率の変動が大きい心疾患，脳血管疾患，呼吸器疾患，不慮の溺死・溺水（以後，4疾患と称す）を中心に取り扱った．

図7.1[4]に2010年の死因割合を示す．三大疾患である悪性新生物（がん），心疾患，脳血管疾患に続き，呼吸器疾患である肺炎まで含めると，死因の約80％を占める．

〔2〕年齢別月別死亡数

我が国における三大死因である悪性新生物，心疾患，脳血管疾患および不慮の溺死・溺水について年齢別月別死亡数を**図7.2**[4]に示す．その結果，悪性新生物は月による変化が少なく，ほかの死因と比較し65歳未満の比率が高い．また，心疾患と脳血管疾患は月による差があり，冬期に増加する．一方，不慮の溺死・溺水は65歳以上の比率がさらに高く

表7.1 死因簡単分類

死因簡単分類コード	死因		
1000	感染症及び寄生虫症		
2000	悪性新生物		
3000	血液及び造血器の疾患並びに免疫機構の障害		
4000	内分泌，栄養及び代謝疾患		
5000	精神及び行動の障害		
6000	神経系の疾患		
7000	眼及び付属器の疾患		
8000	耳及び乳様突起の疾患		
9000	循環器系の疾患		
	9100	高血圧性疾患	
	9200	心疾患（高血圧性を除く）	
	9300	脳血管疾患	
	9400	その他の循環器系疾患	
10000	呼吸器系の疾患		
11000	消化器系の疾患		
12000	皮膚及び皮下組織の疾患		
13000	筋骨格系及び結合組織の疾患		
14000	尿路性器系の疾患		
15000	妊娠，分娩及び産じょく		
16000	周産期に発生した病態		
17000	先天奇形，変形及び染色体異常		
18000	症状，徴候及び異常臨床所見・異常検査所見で他に分類されないもの		
20000	傷病及び死亡の外因		
	20100	不慮の事故	
		20101	交通事故
		20103	不慮の溺死及び溺水
	20200	自殺	
	20300	他殺	

7. 温熱環境と健康・知的生産性

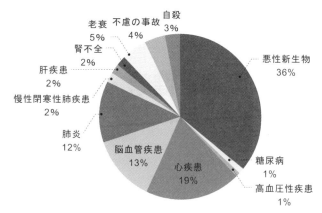

図7.1 死因割合（2010年）

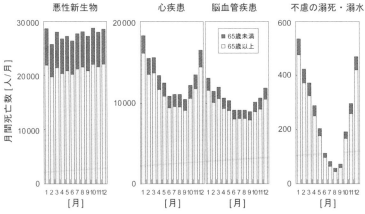

図7.2 年齢別月別死亡数（2003～2006年平均）

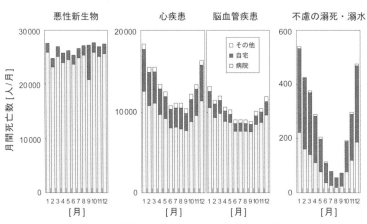

図7.3 場所別月別死亡数（2003～2006年平均）

7.1 外気温（月平均気温）と死亡率

なり，しかも冬季の死亡数は夏季の約10倍にもなる．

〔3〕 場所別月別死亡数

年齢別月別死亡数と同様に，病院・自宅・その他の場所別月別死亡数を図 **7.3**[4] に示す．その結果，悪性新生物は病院での比率が高いのに対し，脳血管疾患，心疾患，不慮の溺死・溺水の順で自宅での死亡の比率が高い．特に，心疾患と不慮の溺死・溺水は冬季に自宅での死亡数は夏季に比べ多い．一般に不慮の溺死・溺水は夏季の水の事故を想像するが，実際は冬季に自宅で入浴中に多く発生し，その数は交通事故死よりも多く，しかも65歳以上の高齢者が占めている．

7.1.2 月平均外気温と月死亡率

〔1〕 全国における月平均外気温と月死亡率

冬季に65歳以上の高齢者の死亡リスクが高くなることから，地域差に着目して月平均外気温と月死亡率の関係を評価した．市町村ごとの日死亡者数で加重平均をとった日平均外気温を使用し，日々の死亡者数で重み付けをした都道府県別の月平均外気温を算出し分析した．具体的には月平均外気温を式 (7・1)，(7・2) で死亡者重み付け月平均外気温とし，月死亡率を式 (7・3) により1か月分の日死亡率を積算した．なお，アメダスの外気温は死亡者の市町村コードから得られた最寄りの観測点における死亡日時のデータを用いた．

$$K_{nk} = \frac{\sum_{n=1}^{ks}(K_{ns} \cdot I_{ns})}{I_{nk}} \quad \cdots\cdots(7\cdot1)$$

$$K_{tk} = \frac{\sum_{n=1}^{m}(K_{nk} \cdot I_{nk})}{I_{tk}} \quad \cdots\cdots(7\cdot2)$$

$$R_{tk} = \frac{I_{tk}}{J_k} \cdot 10^5 \quad \cdots\cdots(7\cdot3)$$

I_{nk} ：n日におけるk都道府県の死亡者数 ［人］
I_{ns} ：s市のn日の死亡者数 ［人］
K_{nk} ：死亡者重み付けk都道府県日平均外気温 ［℃］
K_{ns} ：n日のs市の日平均外気温 ［℃］
ks ：k都道府県内の市町村数 ［－］
n ：各日 ［－］
s ：各市町村 ［－］
I_{tk} ：k都道府県のある月の死亡者数 ［人］
K_{tk} ：死亡者重み付けk都道府県月平均外気温 ［℃］
m ：月の日数 ［－］
J_k ：k都道府県のある月の65歳以上人口 ［－］
R_{tk} ：k都道府県のある月の65歳以上の月死亡率 ［人/（月・10万人）］

以上の方法で得られた全国都道府県の月平均外気温と65歳以上での月死亡率の関係性を4疾患ごとに死亡場所別で示した（図 **7.4**[5]，**7.5**[5]）．この結果，外気温が変化することで死亡リスクを評価することができる．温度の変化に対する死亡率の増加傾向は回帰係数で表され，その絶対値が大きいほど外気温の影響度が高いことになる．

分析の結果，自宅，病院とも月平均外気温が低下すると月死亡率は上昇した．自宅の場合は4疾

7．温熱環境と健康・知的生産性

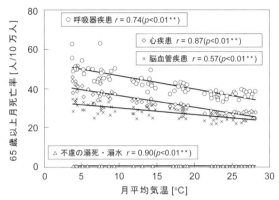

図7.4 月平均外気温と月死亡率（死亡場所：病院）

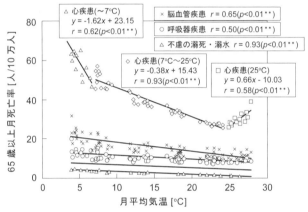

図7.5 月平均外気温と月死亡率（死亡場所：自宅）

患とも8℃以下の際，心疾患では25℃以上でも増加傾向がみられた．さらに，心疾患は8.0℃以下で8〜25℃に比べ約2.5倍，脳血管疾患は5.0℃以下でそれまでの約8倍，呼吸器疾患は7.0℃以下でそれまでの約6倍，不慮の溺死・溺水は7.3℃以下でそれまでの約4倍まで上昇した．これは，住宅の断熱性能が不十分で冬季の室温が上がらず，高齢者の身体へ悪影響を及ぼしたためと考えられる．

〔2〕 **地域別月平均気温と月死亡率**

月平均気温と65歳以上の月死亡率の回帰係数を都道府県ごと求め，回帰係数の順に示した（**表7.2**[5]）．外気温が低くなるほど死亡率が高くなることから，回帰係数は負の値を示し，外気温度の影響が大きな地域ほど負の値が大きくなる．心疾患，脳血管疾患，呼吸器疾患，不慮の溺死・溺水の各死因について，全都道府県で月平均気温と月死亡率が負の相関関係にあることがわかる．栃木県においては心疾患と脳血管疾患で1位となっているほか，呼吸器疾患においても順位が高めの傾向にあるが，不慮の溺死・溺水に関しては順位が低い傾向にある．茨城県，鹿児島県，島根県，大分県などで同様の傾向を示しており，和歌山県，静岡県などではどの死因の順位も高い傾向にある．逆に北海道では心疾患，脳血管疾患，呼吸器疾患では47位となっており回帰係数の値も46位と低い．寒冷な地域にありながらも月平均気温による影響が小さいことから，住宅の断熱性能の高さに起因していると推察できる．

7.1 外気温（月平均気温）と死亡率

表7.2 月平均外気温と月死亡率から求めた回帰係数の地域別順位（65歳以上）

順位	心疾患			脳血管疾患			呼吸器疾患			不慮の溺死・溺水		
	都道府県	判定	回帰係数	都道府県	判定	回帰係数	都道府県	判定	回帰係数	都道府県	判定	回帰係数
1	栃木県	**	-1.47	栃木県	**	-0.77	鹿児島県	**	-1.26	福岡県	**	-0.22
2	三重県	**	-1.41	静岡県	**	-0.76	熊本県	**	-1.11	神奈川県	**	-0.20
3	愛媛県	**	-1.40	鹿児島県	**	-0.75	宮崎県	**	-1.09	富山県	**	-0.13
4	和歌山県	**	-1.38	茨城県	**	-0.74	高知県	**	-1.09	福井県	**	-0.13
5	茨城県	**	-1.37	岡山県	**	-0.71	香川県	**	-1.04	山梨県	**	-0.13
6	静岡県	**	-1.32	大分県	**	-0.69	茨城県	**	-1.01	兵庫県	**	-0.13
7	鹿児島県	**	-1.29	島根県	**	-0.69	佐賀県	**	-1.01	新潟県	**	-0.12
8	千葉県	**	-1.29	鳥取県	**	-0.68	三重県	**	-1.01	和歌山県	**	-0.11
9	香川県	**	-1.28	徳島県	**	-0.67	島根県	**	-0.98	群馬県	**	-0.10
10	奈良県	**	-1.27	長野県	**	-0.64	和歌山県	**	-0.98	静岡県	**	-0.10
11	島根県	**	-1.26	高知県	**	-0.64	静岡県	**	-0.97	三重県	**	-0.10
12	大分県	**	-1.26	福島県	**	-0.62	沖縄県	**	-0.96	鳥取県	**	-0.10
13	宮崎県	**	-1.26	和歌山県	**	-0.62	栃木県	**	-0.96	愛知県	**	-0.10
14	福島県	**	-1.26	山口県	**	-0.61	大分県	**	-0.95	滋賀県	**	-0.09
15	岐阜県	**	-1.24	愛媛県	**	-0.61	長崎県	**	-0.95	大阪府	**	-0.09
16	佐賀県	**	-1.22	秋田県	**	-0.61	福岡県	**	-0.95	佐賀県	**	-0.09
17	鳥取県	**	-1.20	岐阜県	**	-0.60	岡山県	**	-0.94	高知県	**	-0.09
18	高知県	**	-1.19	長崎県	**	-0.59	徳島県	**	-0.93	岡山県	**	-0.08
19	長崎県	**	-1.19	群馬県	**	-0.58	愛媛県	**	-0.91	秋田県	**	-0.08
20	熊本県	**	-1.18	香川県	**	-0.58	山口県	**	-0.89	徳島県	**	-0.08
21	山口県	**	-1.18	宮城県	**	-0.57	兵庫県	**	-0.88	長崎県	**	-0.08
22	広島県	**	-1.16	山形県	**	-0.57	福井県	**	-0.86	宮崎県	**	-0.07
23	京都府	**	-1.15	三重県	**	-0.57	山梨県	**	-0.85	石川県	**	-0.07
24	埼玉県	**	-1.15	愛知県	**	-0.57	岐阜県	**	-0.84	山形県	**	-0.07
25	兵庫県	**	-1.12	新潟県	**	-0.56	群馬県	**	-0.84	鹿児島県	**	-0.07
26	愛知県	**	-1.11	岩手県	**	-0.55	千葉県	**	-0.83	長野県	**	-0.07
27	群馬県	**	-1.11	広島県	**	-0.54	奈良県	**	-0.83	宮城県	**	-0.07
28	滋賀県	**	-1.11	熊本県	**	-0.53	鳥取県	**	-0.83	茨城県	**	-0.07
29	福井県	**	-1.10	佐賀県	**	-0.53	広島県	**	-0.82	広島県	**	-0.06
30	山梨県	**	-1.09	宮崎県	**	-0.53	愛知県	**	-0.81	奈良県	**	-0.06
31	宮城県	**	-1.07	千葉県	**	-0.52	大阪府	**	-0.78	熊本県	**	-0.06
32	徳島県	**	-1.07	東京都	**	-0.51	京都府	**	-0.78	東京都	**	-0.06
33	岡山県	**	-1.07	兵庫県	**	-0.51	滋賀県	**	-0.76	岐阜県	**	-0.06
34	岩手県	**	-1.04	埼玉県	**	-0.50	埼玉県	**	-0.74	愛媛県	**	-0.06
35	新潟県	**	-0.97	神奈川県	**	-0.49	福島県	**	-0.73	香川県	**	-0.05
36	長野県	**	-0.95	滋賀県	**	-0.48	富山県	**	-0.72	大分県	**	-0.05
37	石川県	**	-0.95	石川県	**	-0.47	東京都	**	-0.71	岩手県	**	-0.05
38	東京都	**	-0.95	沖縄県	**	-0.45	神奈川県	**	-0.71	栃木県	**	-0.05
39	大阪府	**	-0.92	福岡県	**	-0.45	宮城県	**	-0.70	福島県	**	-0.04
40	神奈川県	**	-0.91	京都府	**	-0.44	山形県	**	-0.69	千葉県	**	-0.04
41	福岡県	**	-0.86	福井県	**	-0.44	秋田県	**	-0.66	埼玉県	**	-0.04
42	山形県	**	-0.84	山梨県	**	-0.42	長野県	**	-0.64	島根県	**	-0.03
43	沖縄県	**	-0.78	富山県	**	-0.41	岩手県	**	-0.63	山口県	**	-0.02
44	秋田県	**	-0.77	青森県	**	-0.40	新潟県	**	-0.63	北海道	**	-0.02
45	富山県	**	-0.72	大阪府	**	-0.40	石川県	**	-0.59	青森県	*	-0.02
46	青森県	**	-0.71	奈良県	**	-0.39	青森県	**	-0.59	京都府	**	-0.01
47	北海道	**	-0.42	北海道	**	-0.23	北海道	**	-0.34	沖縄県	*	-0.01

＊＊：1％有意　＊：5％有意

〔3〕 冬季に死亡者数が多くなる理由

日本の年間死亡者数は高齢化に伴い徐々に増加し，2003年に100万人を超え，2015年には129万人に達している．なかでも，心疾患，脳血管疾患，呼吸器疾患，不慮の溺死・溺水は冬季に死亡数が多くなっており，寒さに対する適応能力が低いとされる高齢者の増加が顕著である．都道府県別に外気温と死亡率の関係を評価すると，寒冷な地域よりも関東，中部，関西，九州など温暖な地域において外気温の影響度が高く，最も寒冷な北海道では影響度が低くなっている．温暖な地域の住宅は夏をむねとして建設されることが多く，冬季における住宅内の温熱環境の改善が急務といえる．

7.2 地域の気候と住宅温熱環境

我が国の伝統的な住宅は，現代の水準に比べれば断熱性能や気密性能などは大きく見劣りする一方で，自然とともにある豊かさや居心地のよさ，地域性のある景観など優れた面ももっていた．省エネルギーの推進や健康性の向上は，今後ますます求められるところであるが，それと同時に，地域性や季節感のある住まいのデザイン，地場産業の育成や伝統的建築技術の継承にも目配せをした室内環境のデザインを考えていきたい．地域で得られる素材や伝統的な技術を応用しながら，地域の気候に適応した住宅をデザインすることができれば，よりサスティナブルでユニークな住環境をつくり出せるだろう．ここでは，我が国の住環境形成の経緯と地域気候の中で形づくられた住宅の特徴を俯瞰し，伝統を踏まえたこれからの建築づくりに求められる情報提供としたい．

7.2.1 伝統的な環境調整の工夫

日本の伝統住宅における環境調整の工夫について整理する．夏季の対策についてみると，まず，茅（かや）葺き屋根による「日射に対する断熱」，軒（図7.6），ひさし，簾（すだれ），よしず，障子などによる「日射熱のコントロール」があげられる．また，大型の開口部，開放可能な間仕切り，格子戸，欄間，通り庭などによる「通風促進」，吹抜け天井，煙出し，床下換気など上下温度差を

図7.6 深い軒と縁側空間
旧西山家住宅（近江八幡市）

図7.7 雪囲い
富山の民家（川崎民家園）

利用した「排熱促進」がある．さらには，土壁，板壁，畳などによる「湿気調節」，土間，土壁などの「蓄熱と蒸発冷却」の効果などがあげられる．

次に，冬季における室内環境調整手法についてみる．東北地方など寒冷地においても防寒的な考案は比較的少ない．断熱的な対策としては，茅，藁（わら），薪（まき）などによる「雪囲い」（図7.7）や「茅壁」がある．風が強い地域では，防風林や「風除け」が設けられた．土間（土面）に藁，もみ殻，筵（むしろ）を厚く敷いて座る「土座」は，断熱性を利用したものであるが，屋外の寒冷に比べれば，地面の方がまだ暖かく感じたという面もあろう．東北などでは，井戸や畜舎を住宅の中に取り入れ，母屋と別棟を全部「屋根ぐるみ」にしたものもみられた．日照のよい土地を選択するなど「立地選択」も工夫の一つといえる．風上が丘陵である土地を選ぶ，斜面を掘削する，土塁を構築するなどにより防風効果を得ていた例もある．

このように有効な環境調整手法としては，夏の過ごしやすさに重きを置いたものが多い．

我が国の建築の外皮の多くは「土壁」であったが，土壁は飛鳥時代に，仏教とともに伝来したなどともいわれる．鎌倉，室町時代になって建設されるようになった「土蔵」は，厚い土壁は防火対策であるとともに，室温が一定に保たれることから醸造文化発展の下地ともなった．これを居住に用いた地域もある．

7.2.2 「夏をむねとすべし」とその背景

日本の伝統住宅における環境調節を考える際，思い浮かぶ有名なフレーズに「家の作りやうは，夏をむねとすべし」という『徒然草』（第55段）の一節がある．その一節はさらに「冬は，いかなる所にも住まる．暑き比わろき住居は，堪へ難き事なり」と続く．建築分野では，日本の住宅がかねてより開放的であったことを紹介したり，日本の気候を考えると夏の対策と工夫が重要であると指摘したりする文脈でよく引用される．

それでは，『徒然草』の著者・吉田兼好が生きた鎌倉時代末頃には，建築はどのようなものであったのだろうか．例えば，日本に現存する最古の民家の一つといわれる箱木千年家（兵庫）は，比較的高い身分の住まいであったが，極めて軒は低く，開口部はかなり少ない．床面積の半分程度は土間で，内部で採暖をするため高い天井で薄暗い．この時代の洛中洛外図をみてみると，身分の高くないものたちの家は，入口に筵のようなものが吊るされ，極めて閉鎖的である．一方で，権威ある建物については，木造の軸組みが外観に現れ，建物のまわりを深い軒と可動の建具が囲み，日照や通風を得やすい構成となっている．『徒然草』第55段を読み進めると，「細かなる物を見るに，遣戸は，蔀の間よりも明し．天井の高きは，冬寒く，燈暗し」と述べている．「遣戸（やりど）」は引き戸のことで，「蔀（しとみ）」は，上部に蝶番をつけ，水平に釣り上げて開放する平安時代から用いられていた戸である．釣り上げて影を生む蔀戸よりも，引き戸の方がより明るいという意味合いともとれる．また，当時は溝加工する鉋（かんな）が開発されておらず，引き戸を滑らせる溝の加工は極めて手間のかかる仕事であった．吉田兼好は，当時の庶民には窺い知ることのできなかった新技術＝引き戸の快適性をうたったのかもしれない．建築が開放的であることの心地よさは現代に通じるものだが，徒然草の一節をもってかつての日本の住宅が総じて開放的であったことの説明にはならないであろう．引き戸を用いた開放の技術が庶民にまで普及するのは，かなり後世になってからである．江戸時代末期でも，農民が紙を使うことを規制した記録が残っており，障子は十分普及していなかったと考えられる．明治時代になっても庶民の住宅は依然として暗く閉鎖的であった

との記述もある．それゆえ，大正期以降，各地で展開された「生活改善運動」において，住宅を明るく開放的にすることは一つの目標とされた．ガラスの普及が進み，炊事場まわりなどの壁を抜いて窓をあけ，あわせてかまどを改良するなどの取組みが行われた．「主婦が貯蓄に励み改善を行った」などの記録もある．暗く，不衛生な住環境（炊事場，納戸（なんど）など）からの脱却は庶民にとって大きな課題であり，開放への欲求は大きかった．ガラスの普及に伴って，通風やダイレクトゲインを得られたことは，住宅温熱環境の歴史において大きな変化であった．

7.2.3 伝統民家の開口部

日本の伝統住宅が，やみくもに開放性を求めてきたのかについても確認が必要であろう．これまでに行われてきた民家の間取り調査資料を対象に，これらの住宅における開口部の大きさと配置方位などを採取し，地域的な開放傾向を把握するとともに気候条件との対応について考察・分析した知見を紹介したい[6]．これまでに報告された民家の間取り調査資料から，床面積が70～200 m²で矩形平面のものを抽出して分析を行った（北海道，沖縄を除く．中国，四国の一部では十分な情報が記載された資料が得られなかった）．これらは明治から昭和時代に採取されたものである．対象とした平面図は985件である．中窓，掃き出し窓については同じ平面寸法として扱った．分析を行う上での単位エリアは都府県を基準とし，データ数が多く都府県内の傾向が明確に異なる場合には分割した．開口部の設けられ方を表現するために指標として「開口比」を用いた．これは8方位からのみかけ長さ対する開口部みかけ長さの比である．クラスター分析の結果をもとに作成した区分図を**図7.8**に示す．開口部の設けられ方を考察し6類型に区分した．各類型の特徴は以下のとおりである．

〔1〕東　北　型

南面を開放しながら他面を閉ざす特徴を有する．南面への偏重は日中には南からの十分な日射を確保し，他面からの熱放出を最小にするための配慮と考えられる．

〔2〕北陸・北近畿型

各方位の開口比が同程度となる傾向を有する．このエリアには中部山岳地帯など険しい山地が多くあり，風の流れ，日照，建設可能地の有無などの制約を受けていたと考えられる．この地方の対象住宅は正面を南以外の方位に向ける例が多く，また各面に開口が分散して設けられる例も多数みられた．山間部から日本海側の地方では山地地形の影響を受け，地域により多様な風向風速の特性を有していることから，室内への日射取得，卓越風向など所在地により異なる条件を考慮し，開口部を形成してきたものと考えられる．開口部配置について現代に活かすとすれば，山地と日射の関係，谷筋の卓越風を考慮する点などであろう．

〔3〕関　東　型

東から南，西にかけて開口比が高い傾向を有する．夏季の南からの卓越風を有効に取り込むための配慮と考えられる．関東地方北西部（群馬，栃木，埼玉，東京西部）では南東部（東京区部，千葉，神奈川）に比べ，西，北西側を閉ざす傾向が認められた．冬季の北西からの季節風（からっ風）への対応と推察される．

〔4〕東海・南近畿型

東西の開口比が低く，南側，北側の開口比が顕著に高い傾向を有する．夏季の南からの卓越風を有効に取り込み，北への室内の風の道（通風輪道）を確保しながら，西日を遮へいしたものと考えられる．太平洋側温暖地のパターンのひとつといえる．

7.2 地域の気候と住宅温熱環境

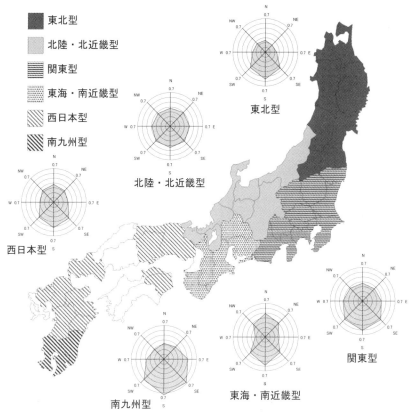

図7.8 伝統的住宅の開口部分析による地域区分

〔5〕西日本型

南側を中心に開口部が設けられ，傾向は中庸である．日本海側，山地の北側，山間部の資料も多く含んでいるが，北陸地方，近畿北部地方でみられた各方位に開口部を設けるという傾向は認められなかった．中庸の傾斜を有する山地と平野で構成されていることから，中部山岳地帯に比べ日照や通風などの制約が少なかったものと考えられる．

〔6〕南九州型

宮崎南部，鹿児島であり，開口比は西日本のほかのエリアに比べ特に高い．また，北，北西側を閉じ，東から南西側を開放する傾向が認められた．冬季の季節風を遮り，夏季の季節風を有効に取り入れ，温暖な気候であることからより大きい開口部を設けることが，過ごしやすい住まいをつくる上で必要だったものと考えられる．

このように，伝統的な住宅における開放の程度や向きの決定には，地域の気候や地形などが関係していることがわかる．

7.2.4 風土性を活かした快適環境計画

かつての建築全般を，ごく限定された伝統や歴史を代表としてひとくくりにされることも多いが，長い歴史の中では引き戸の開発やガラスの導入など，環境性能が向上する大きな転換点を経ており，

7．温熱環境と健康・知的生産性

図7.9　土壁の外側に断熱材を取り付けた事例

図7.10　伝統的構法住宅の事例
（池の見える家）

近年の断熱性や気密性の向上もその一過程といえる．さまざまな環境性能が満たされつつある現在の社会において，住まいや施設建築にその地域の風土性や地域性を織り込んでいくことは，これからの快適環境のデザインに付加価値を与える一要素として重要性を増すものと思われる．例えば図7.9は，土壁の外側に断熱材を取り付けた事例であり，図7.10は，通風，深いひさし，障子，高窓などの伝統的な環境調整手法とともに，土壁や手刻みによる地域産材の桧，杉，松を構造に用いるなど気候風土に対応した伝統的構法住宅の事例である．

断熱性能・気密性能の向上や高性能機器の活用とともに，木材や土など地域で得られる自然素材の活用，さらには植栽や外構デザインによる微気候形成の工夫などにより，我が国らしい，またその地域らしい四季の豊かさを感じられる快適な住環境を実現することができる．

7.3　住宅の断熱水準と健康

7.3.1　寒さの健康影響

建築環境工学の分野では，これまで快適性の向上を目的として，快適性の定義，数量的表現など，さまざまな調査・研究が進められてきた．しかしながら，身体的な健康性についてはあまり多くはなされていない．本節では，特に住宅屋内の低温が健康を害することについて述べる．

シェルター性が低く，屋内気候調整能力の劣る我が国の住宅をもとにした生活では，寒さや暑さは精神的な克服対象に位置付けられることもある．また，温暖地においては，夏季の蒸暑状況を人体にとってより過酷なものとみなす傾向が強く，これは『徒然草』に書かれた「夏をむねとすべし」の記述が頻繁に引用されることからも明らかである．このことは次節で述べる我が国の断熱水準の低さにも関連している．

図7.11[7)]に示すように，厚生労働省人口動態統計によれば，健康性が季節に関係していることは明らかであり，全国で地域に関係せず，現実に寒冷期において死亡者の数が増加している．また，各地の救急車両の搬送記録によっても，救急を要する家庭内での事故や疾病が冬季に増加することも示されている[7)]．

WHO LARES Project[8)]の報告書では，精細な分析により，居住者の健康に悪影響を与える住宅の諸条件の一つに「低温」と明記している．

7.3 住宅の断熱水準と健康

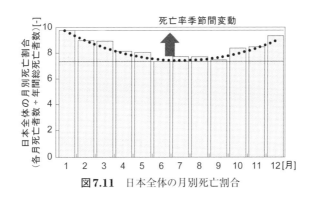

図7.11 日本全体の月別死亡割合

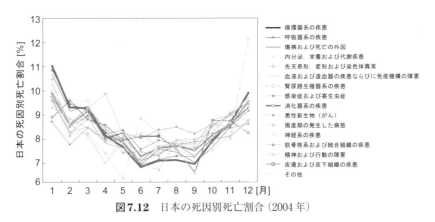

図7.12 日本の死因別死亡割合（2004年）

低温による健康障害といえば，冬季の洗面所・浴室で起こる「ヒートショック」がしばしば取り上げられるが，心臓発作，脳梗塞などの血流の不備による循環器系障害を意味する．実は**図7.12**[9]に示すように，死因別にみる場合，冬季の影響を受けているのは循環器系だけではなく，ほぼすべての死因に共通する傾向である．ヒートショックで1万数千人が死亡している，と低温のリスクを訴えることが多いが，ほかの死因でも同様に低温の影響を受けている可能性についても考えるべきであり，その総数を12万人としている調査報告もある[10]．

夏季の熱中症も問題であるが，熱中症による死亡者は年々増加しているのではなく，夏季の高温程度に依存する傾向があり，また，過去7年ほどでは平均的にはおよそ1 000人程度である．低温の影響で健康を害している事例の方が圧倒的に多いことについて認識を改めるべきであろう．

7.3.2 住宅の断熱水準

住宅屋内の低温排除をなすためには，採暖や暖房で温度を上げることが簡易な手法である．しかしながら，地球環境保護，資源消費の抑制のために省エネルギーも進める必要があり，この二つを満たすためには，断熱性を高めることが最も期待される措置となる．

前述したように，木造土壁（あるいは板壁）の日本の一般的な住まいでは，屋内気候の調整能力が低く，欧米のような屋内空間全体の温度維持が困難であり，ゆえに直接人体を温める採暖方式が主であった．これが現在の我が国の住宅建物の断熱性の低さのもとになっていると考える．

住宅建物の断熱性を示す指標として，かつては Q 値であったが，2013年の省エネルギー法基準

改正以降，U_A 値が使用されている．壁体各部の U 値と面積を乗じた値の総計をもとにする点では同じであるが，Q 値は総計に換気熱損失を足した合計を床面積で割るのに対し，U_A 値は総計を単純に壁面積で除して得る．面積平均の U 値である．単純な平面形では両者の間には式 (7·4) に示す線形関係がみられる．

$$U_A = 0.37\,Q - 0.13 \quad \cdots\cdots(7\cdot4)$$

公的な断熱水準は国土交通省・経済産業省により，「住宅省エネルギー基準」に示されてきた．1980 年にオイルショックを受けて初めて制定され，1992 年，1999 年に大きく改訂された．ここまでは単純に断熱の強化であった．2009 年の事業主基準から，一次エネルギーの総量としてガイドラインが示され，これの基本となる断熱仕様は 1999 年基準レベルである．現在も基本は変わらないが，ZEH 誘導基準としてさらに断熱性の高い仕様が想定されている．**表7.3** に断熱水準の変遷を示す．

欧米（中国・韓国でも）では，Q 値では 1.0 以下を目標とするところが多く，明らかに我が国の水準は高くない．

HEAT 20 は民間で構成する高断熱性のための技術・水準を考える団体であるが，ここから 2015 年，G1・G2 という独自の断熱水準が発表され，従前から高断熱・高気密を進める工務店を中心に積極的に採用されている．G1 で Q 値は 1.9，G2 で 1.6 程度である．

とはいえ，**図7.13** に示すように，2015 年の国土交通省発表の既存住宅の断熱内訳推定結果はおよそ 4 件に 3 件は断熱厚み 2～3 cm 以下という，極めて低い状況であることを示している．

表7.3 我が国の住宅断熱水準の変遷

	対　象	温暖地の Q 値
1980 年	断熱	6.0
1992 年	断熱，気密（寒冷地のみ），遮熱（温暖地のみ），防露	4.3
1999 年	断熱，気密，遮熱，防露	2.7
2015 年	一次エネルギー消費量	2.7
2017 年	ZEH 誘導基準	1.7

7.3.3　断熱性と健康

低温が健康障害になり，かつ，断熱性の低い住まいの居住者が多いということは，温度を上げることで健康性向上が期待される．

筆者らは 2009 年度に住宅の居住者の健康に与える影響を定量化することを目的として実施したアンケート調査の概要と結果，住まいの高断熱化が健康性にも大きな影響を与えることを示した[11]．以降に，調査の概要と結果について示す．

調査は Web を通じたアンケートを基本とし，2009 年 11 月～2010 年 1 月にかけて協力を求めた．加えて，高断熱・高気密を特徴とする二つの住宅ビルダーグループの協力を得て，高断熱住宅に転居した居住者を主として，約 1 万件の回答を集めた．健康状態回答の欠落，転居年の範囲外などを除外し，データ分析は約 2 万 4 000 人を母数とした．

健康状態は自己申告による．咳やのどの痛みなどの諸症状について，家族全員について「変

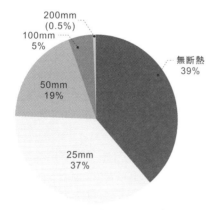

図7.13　既存住宅の断熱内訳

7.3 住宅の断熱水準と健康

わらず出ている」「出るようになった」「出なくなった」「変わらず出ない」の四つの選択肢から一つを選ばせることで，転居前の状態と転居後の状態を把握した．

寝室の窓の仕様を聞くことで，この情報からその家の断熱性能を推定している．窓仕様からの断熱グレードの推定について，**表7.4**に温暖地における推定法を示す．省エネルギー基準のⅡ地域以北の寒冷地では，おおむねグレードが一つスライドしている．

表7.5に回答者の年代構成を示す．30代とその子供の割合が高くなっている．約2万4000人のうち，1万4000人ほどがインターネットを通じた回答であるが，媒体の影響と考えられ，今後の課題の一つであろう（残りは紙媒体の配布・回収による）．

健康問題を取り扱う際には，高齢者を主な対象とする傾向にあるが，健康問題はすべての年代に関与する事象であり，その点で今回のアンケート調査は，すべての年代にわたっている点が特徴ともいえる．

ただし，健康状態の変化を調査の主対象とする場合，身体組織自体の変化が激しい幼年期は，成長に伴う自律能力による治癒と，環境改変の影響が相当，混在していることが予想された．

表7.6に転居後住宅の断熱グレードを示す．ちなみに，自己申告による性能表示温熱対策等級上の断熱等級とは乖離が目立ち，このことは2008年に実施された調査と同様の傾向である．住宅ビルダーの中には，防湿措置や通気層の設置が必要な壁体の断熱化より，簡便でアピールしやすい複層ガラスの採用を優先する傾向がある．これらは一般的な断熱性能の規定からは，等級4には相当しないが，温暖地の屋内環境としては，おおむね等級4に準じると考えている．

表7.4 窓仕様と断熱グレード（温暖地）

サッシ種類	ガラス枚数	断熱グレード
アルミ	1	3
アルミ	2	4
樹脂	2	5
樹脂	3	6
木	2以上	6

表7.5 回答者の属性：年代

年代	人数	割合[%]
10歳未満	4 884	21
10代	2 938	12
20代	1 089	5
30代	5 671	24
40代	4 590	19
50代	1 664	7
60代	1 550	7
70代	794	3
80歳以上	381	2
合計	23 561	100

表7.6 転居後の住宅の断熱グレード

断熱グレード	人数	割合[%]
5	7 728	33
4	11 369	49
3	4 148	18
合計	23 245	100

転居前に症状が出ていた人の中で，転居後に症状が出なくなった人の割合（改善率と呼ぶ）を転居前の有感率と合わせて**表7.7**にまとめる．いずれの症状においても，断熱グレードが高いほど，改善率が高くなる傾向にある．

表7.8にχ二乗検定（自由度1）による転居後住宅の改善率に対する断熱グレード有意性評価を示す．「断熱グレードの違いと，症状の改善に関連がない」ことを帰無仮説としている．有感率の低い関節炎・肺炎・脳血管疾患・糖尿病・心疾患・高血圧は，有意性評価でも断熱グレードとの相関は有意ではないという結果になった．その他の症状については，有意水準1%でも有意となっている．

以下では，有意といえない症状については除外して述べる．

断熱グレードと改善率の関係を**図7.14**に示す．前住居が戸建て住宅の場合である．本図には，健康状態に関する改善率を合わせて示している．

7. 温熱環境と健康・知的生産性

表7.7 諸症状の有感率（前）と改善率　　　　　　　　　　　　　　　　　［％］

症　状	断熱グレード	戸建て 有感率	戸建て 改善率	集合端 有感率	集合端 改善率	集合中 有感率	集合中 改善率
健康状態	5	17	84	16	85	17	80
	4	16	68	14	65	18	77
	3	19	64	16	59	17	68
せき	5	14	63	15	66	15	55
	4	12	48	14	46	15	42
	3	14	43	16	40	13	41
のどの痛み	5	11	66	11	66	13	52
	4	9	57	11	50	12	44
	3	10	50	14	51	11	45
肌のかゆみ	5	16	44	20	38	18	36
	4	15	32	17	30	17	29
	3	15	22	20	28	17	18
目のかゆみ	5	17	41	24	40	24	34
	4	17	24	21	24	22	22
	3	19	20	23	23	21	16
手足の冷え	5	27	65	25	47	22	47
	4	23	29	24	20	21	20
	3	23	10	26	13	20	19
気管支喘息	5	8	76	8	65	9	64
	4	6	62	7	56	8	46
	3	6	56	8	48	9	55
アトピー性皮膚炎	5	8	62	10	35	10	49
	4	8	47	9	34	8	36
	3	8	35	11	26	10	33
関節炎	5	4	52	1	59	2	48
	4	3	42	2	52	2	34
	3	3	25	4	40	2	42
アレルギー性鼻炎	5	23	32	31	19	28	21
	4	24	15	30	10	31	13
	3	25	11	30	10	29	7
アレルギー性結膜炎	5	11	40	14	23	14	27
	4	11	21	12	18	13	17
	3	13	14	14	17	12	12
肺炎	5	4	66	4	55	5	66
	4	2	61	2	51	3	58
	3	3	46	4	54	3	68
脳血管疾患	5	1	66	1	78	1	92
	4	1	83	0	80	1	89
	3	1	59	2	77	1	100
心疾患	5	2	58	1	56	1	63
	4	2	53	1	61	1	53
	3	2	29	2	58	1	50
糖尿病	5	3	33	1	25	1	43
	4	2	34	1	31	1	40
	3	2	14	2	54	1	50
高血圧	5	8	25	3	14	4	23
	4	7	22	4	21	3	22
	3	6	24	5	32	6	26

7.4 温度変化と血圧

表7.8 改善率に対する断熱グレードの有意性評価

症　状	帰無仮説出現率 [%]
せき	0.000
のどの痛み	0.000
肌のかゆみ	0.000
目のかゆみ	0.000
手足の冷え	0.000
気管支喘息	0.000
アトピー性皮膚炎	0.000
関節炎	17.398
アレルギー性鼻炎	0.000
アレルギー性結膜炎	0.000
肺炎	10.291
脳血管疾患	1.216
心疾患	89.175
糖尿病	77.815
高血圧	98.548

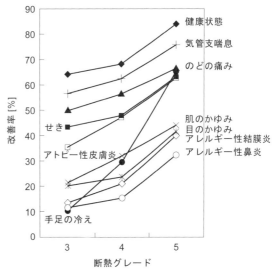

図7.14 断熱グレードと改善率（転居前住居：戸建て）

　手足の冷えが最も断熱グレードに対する感度が高くなっているが，それ以外もすべて，断熱グレードが高くなるほど，改善率が高くなっていることが明らかである．

　気管支喘息では，断熱グレード3でも56％が改善されており，新築住宅による空気質改善効果などが支配的であると推察される．ここからの改善率の上昇分が，断熱の影響と考えられる．

　アトピー性皮膚炎については，高断熱化に伴う屋内環境の変化により，着衣量に変化があり，これが発症を抑制する効果をもたらしたものと推察する．すなわち，根本的な治癒ではないが，発症しにくい環境になると考えられる．

　断熱性が変わると，換気・気密の程度，建材の種類，日常の暮らし方などにも影響することが考えられ，本結果は断熱の効果だけを表すものではないが，総合的な表現として高断熱住宅の効果と表現することができよう．

　ここで有意となった症状については，母数としては十分な対象数であると考えられ，このような調査をさらに規模を拡大して行うことの意味はそれほど大きくないと思われるが，風邪の罹患回数や，通院・休校・休職のようなコストにかかわる情報をより精密に収集することで，既往文献[12]にあるような，断熱による健康影響度のコスト・ベネフィットを算定することが可能になると考えられる．

7.4 温度変化と血圧

7.4.1 温度変化と血圧の関係

　高血圧の有病者は全国的に増加傾向にあり，厚生労働省による調査[13]によると2014年度時点の総患者数は1 000万人を上回る状況となっている．国内における長期追跡調査（NIPPON DATA）[14]によると，高血圧有病率は高齢層ほど高くなり，60代となると男女共に60％を超えていることがわかる．以上のことから，高血圧症状が国民病と評されることがみてとれる．

7. 温熱環境と健康・知的生産性

そもそも血圧とは，血液が血管壁に与える血管内圧のことであり，一般には動脈の血圧を指す．拍動によって拍出される血液量（心拍出量）と，血管の状態の指標となる末梢血管抵抗の積が血圧となる．一般に，収縮期血圧が140 mmHg以上かつ拡張期血圧が90 mmHg以上であると高血圧とみなされる．なお，これは医院など診察室において測定した際の基準であり，自宅で測定を行う「家庭血圧」の場合は，収縮期血圧が135 mmHg以上かつ拡張期血圧が85 mmHg以上の場合に同様の診断となる．先のNIPPON DATAの試算によると，40歳時点で高血圧であった場合の平均余命短縮は，男性で2.2年，女性については2.9年とされる（図7.15[14]）．

以上のような背景から，我が国は高血圧の改善を目指している．その一つの運動として，厚生労働省が主導している『21世紀における国民健康づくり運動（通称：健康日本21）』がある．2000年時点には「10年後に平均収縮期血圧の平均値を4.2 mmHg 低下させること」を目標に掲げ，特に生活習慣の改善を重視した取組みを推奨した．ここでは，高血圧の危険因子を「食生活」「身体活動」「飲酒」「食塩摂取量」などととらえて多くの対策を実施した結果，10年後に一定の成果（男性1.0 mmHg低下，女性2.9 mmHg低下）をあげたものの，目標達成には至らず，現在も対策が模索されている．

目標達成に至らなかった一因として，個々人に生活習慣を改めることを委ねるヘルスプロモーションに限界があったことがあげられる．このような課題から，個人の行動変容に依存しない，健康的な環境提供という「ゼロ次予防」に注目が集まっている．その対策の一つとして，冬季の寒さによる血圧上昇を問題視した，温暖な室内環境を提供するという考え方がある．その概要について，ここから順を追って示していく．

血圧には季節変動が存在し，気温の下がる冬季に上昇する傾向がある．このメカニズムとして，寒冷刺激に伴う強い交感神経の作用がある．交感神経には皮膚血管を収縮させる働きがあり，この収縮によって血流量を抑制し，結果的に人体からの放熱を減らすことで体温低下から免れている．この過程において末梢血管抵抗が増加し，血圧の上昇を引き起こす．特に高齢者は，動脈硬化に伴って末梢血管抵抗が増加していることから，寒冷刺激による血圧上昇が若年者よりも大きくなることが知られている．高齢者は老化によって温熱環境に鈍感となりやすいために一層注意が必要である．また，寒さによる二次的影響として，居住者を血圧上昇につながる生活習慣へ導くことが考えられる．寒冷地域ほど塩分摂取量が多くなることや，冬季に活動量が減少することなどがそれに該当する．

なお，夏季の暑熱環境下では，先の冬季と逆に，体温を維持するために皮膚血管を拡張させて皮膚表面から放熱する作用が働き，皮膚血流量と心拍数が増加する．一方で，暑さに伴い筋血流量が落ちることによって末梢血管抵抗がわずかに減少する．これらの働きによって，暑熱環境下では血圧低下が生じる．

冬季の血圧上昇は，循環器疾患による死亡リスクとも密接に関係する．国内の研究結果[15),16)]によ

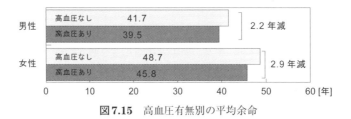

図7.15 高血圧有無別の平均余命

ると，収縮期血圧が高くなるほど，心疾患や脳血管疾患の発症リスクが上昇することが明らかになっている（図7.16[17]）．この循環器疾患は冬季に死亡者数が増加する傾向がある．図7.17は国内の医療統計に基づく住宅内での死亡者の推移[18]を示したものである．悪性新生物（がん）を理由に自宅で亡くなる者は年間を通じて一定水準であるが，循環器疾患は夏季に対して冬季は2倍以上に上昇していることがわかる．

一方で，外気温が下がる冬季においてすべからく一定に血圧が上昇するとは限らない．それには断熱性能や暖房使用状況に左右される室内温熱環境が大きくかかわっている．国内におけるフィールド調査[15),16)]によると，起床時の家庭血圧に対して影響を及ぼすのは，外気温ではなく居間の室温であることが示されている．ここでは，日ごとに変動する居間の寒さや居間寝室間の温度差が血圧上昇リスクを有し，高齢者ほどその影響が大きくなることが明らかとなっている．一連の分析による試算[19)]では，断熱性能向上や適切な暖房使用によって起床時の居間室温を2.5℃暖かくできたと仮定した場合，40～89歳の起床時収縮期血圧を1.8 mmHg低下することができると推定されており，室内温熱環境改善の潜在性は，健康日本21において改善対象とされてきた，食生活（2.3 mmHg低下）や身体活動（1.5 mmHg低下）の改善効果に匹敵するものととらえることができる．

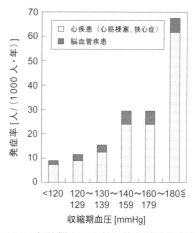

図7.16　収縮期血圧上昇に伴う循環器疾患発症率の増加

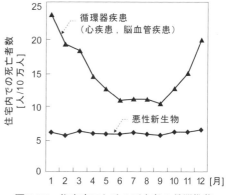

図7.17　住宅内における死亡者の月間推移

以上のことから，温暖な室内環境を提供することは，国民病と評される高血圧を予防・抑制することに寄与すると期待できる．

では，具体的にどのような室温形成を目指せばよいのか．世界的にもいち早くこの問題に策を講じている英国では，表7.9[20)]のように，寒冷暴露による健康障害への指針として室内推奨温度[20)]を設定している．国内では，具体的な健康影響を想定した指針はないものの，表7.10[21)]のように高齢者に配慮した住宅熱環境評価基準値[21)]が定められており，高齢者の冬季基準値は1～4℃程度高く設定されている．しかしながら，以上のような水準が定められているものの，国内の戸建て住宅において，冬季（平均外気温6℃程度の期間）の各室室温[19)]は，居間16℃，脱衣所12℃，寝室13℃程度となっており，推奨基準に至っているとは言い難い．また，血圧上昇に対して床面近傍温度がより強い影響を有するといった関係性も示されつつあるが，十分な啓発も果たされていないことから，市民への周知のための新しい指針の提示や，高断熱化の徹底などといったソフト・ハード両面からの取組みによって改善を図っていくことが望まれる．

表7.9 室温の基準値と健康への影響

室温	健康影響
18℃	最低推奨温度
18℃未満	血圧上昇循環器疾患の恐れ
16℃未満	呼吸器疾患に対する抵抗力低下
5℃	低体温症を起こす危険大
4～8℃	集団レベルで観測される死亡増加する平均外気温の閾値

表7.10 高齢者に配慮した住宅熱環境評価基準値[21]

対象	季節	居間 団らん	寝室 睡眠	台所 家事	廊下 移動	風呂 脱衣所	便所	備考 (着衣量)
一般人	冬季	21±3℃	18±3℃	18±3℃	18±3℃	24±3℃	22±3℃	0.7～1.4 clo
	中間期	24±3℃	22±3℃	22±3℃	22±3℃	26±2℃	24±3℃	0.5～0.7 clo
	夏季	27±2℃	26±2℃	26±2℃	26±2℃	28±2℃	27±2℃	0.2～0.5 clo
高齢者	冬季	23±2℃	20±2℃	20±2℃	20±2℃	25±2℃	24±2℃	0.7～1.4 clo
	中間期	24±2℃	22±2℃	22±2℃	22±2℃	26±2℃	24±2℃	0.5～0.7 clo
	夏季	25±2℃	25±2℃	26±2℃	26±2℃	28±2℃	27±2℃	0.2～0.5 clo

7.4.2 起床前後の血圧と室温

血圧は季節変動だけではなく，日間・週間などのさまざまな周期で変動するが，近年は特に日内変動に注目が集まっている．これは慢性的な高血圧状態だけでなく，急性的な日内変動も独立して循環器疾患のリスクとなり得ると明らかになってきたためである．代表的な日内血圧変動として「モーニングサージ」がある．これは，起床前後に生じる一過性の血圧上昇のことを指し，循環器疾患の大きな引き金になるとされる．現に，国内において循環器疾患発症に伴う救急搬送は起床時間帯に集中している．このモーニングサージに影響を及ぼす一因として気温がある．24時間携帯型自動血圧計を用いて測定したモーニングサージと寝室室温の関係を調べた研究[22]によると，室内環境が寒冷であった日の起床時にはモーニングサージがより大きくなることが明らかとなっている．

7.4.3 浴室・脱衣所・トイレにおける血圧変動

住生活において，先のモーニングサージと同様に急激な血圧変動を及ぼす場面として，入浴やトイレでの排便があげられる．いずれも共通して体勢の変更を必要とするために血圧上昇を招くが，今回はもう一つの共通点である室間移動に伴うヒートショックに着目する．

浴室・脱衣所・トイレは非居室であるために一般に寒冷となりやすく，7.4.1項で示した調査[18]でも，居間と脱衣所には平均4℃の室間温度差が生じていた．このような温度変化に身体がさらされることによって血圧上昇・低下が引き起こされ，健康障害の引き金となる．特に，冬季の入浴時には，脱衣や湯船への入浴を通じて短時間で寒冷環境と高温・高湿環境への曝露を繰り返すため，図7.18[23]のような血圧の急激な乱高下を招く．血圧が急上昇した際には脳血管疾患や心疾患のリスクが増大し，また血圧が急低下した際には失神を招き，最悪の場合には湯船で溺死してしまう恐れもある．住宅が寒冷である住民ほど身体を温めようとして熱い湯温を好み，結果的に乱高下の幅が大きくな

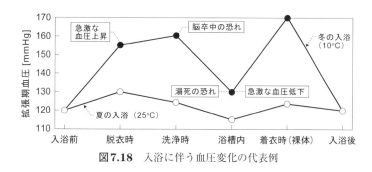

図7.18 入浴に伴う血圧変化の代表例

る傾向があることから一層の注意喚起が必要である．トイレにおいても，寒冷環境への曝露や排便までの我慢，排泄時の息みなどを通じて血圧が大きく上昇するために入浴同様のリスクを有する．以上を防ぐためには，局所暖房などによってあらかじめ室内を暖めておくことが有効である．狭小なトイレ空間であれば，暖房便座を付けたままにしておくだけでも一定の予暖効果が期待できる．

7.5 暑熱環境と熱中症

7.5.1 熱中症による救急搬送者の増加

毎年夏が来るたびに，日本の夏は確実に暑くなっていると実感するのは著者だけではないだろう．事実気象庁によると，2018年夏（6～8月）の日本の平均気温の1981～2010年平均基準における偏差は+0.90℃，20世紀平均基準における偏差は+1.35℃であった[24]．このように日本の夏の平均気温は上昇傾向が続いており，長期的には100年当たり約1.11℃の割合で上昇しているという．

暑い日が続くと毎日のように熱中症救急搬送のニュースがマスコミを賑わす．そこで消防庁の資料[25]を再集計し，近年の熱中症救急搬送者数の動向を概観してみよう．

2007年から消防庁は7～9月まで3か月間の全国の熱中症救急搬送数を公表した（2010年からは6月，2015年からは5月の搬送数も追加）．いずれの月でもその年の夏の気温の高低に依存して搬送数が増減するが，6～8月の熱中症救急搬送者数の増加傾向が目立つ．特に2018年7月と8月は全国でそれぞれ5万4 220人，3万410人に上り，7月と8月の搬送者数としては集計を始めた2007年（各3 645人，1万6 209人）以降最多となった（図**7.19**）．

救急搬送患者の重症度別内訳は，集計当初の2008年から軽症が最も多く増加傾向にある一方で，中等症，重症が減少する（死亡は不変）傾向にある（図**7.20**）．これは，最近活発化している熱中症予防キャンペーンで熱中症の危険認識が一般に普及した結果，暑い時期に体調に異変を感じたら無理せずすぐに救急車を呼ぶ傾向が強まっているためと考えられる．

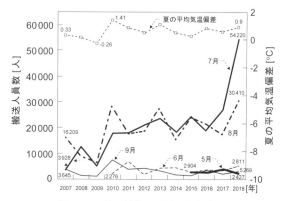

図7.19 月別救急搬送数の経年変動
（図中の数値は，集計初年と2018年の集計値）

7. 温熱環境と健康・知的生産性

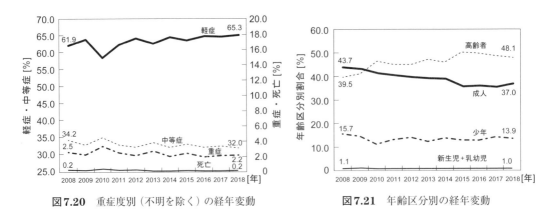

図7.20 重症度別（不明を除く）の経年変動　　　図7.21 年齢区分別の経年変動

年齢区分別では，統計をとりはじめた最初の2年間は成人が最も多かったが，2010年以後は高齢者の占める割合が最も多くかつ増加する傾向があるのに対して，成人の割合が減少する傾向にある（図7.21）．

以上のように，全国の熱中症救急搬送数は6～8月，特に7月と8月に増加する傾向にあり，また軽症患者と高齢者の割合が増加していることがわかる．

7.5.2 熱中症発生のメカニズムと症状

熱中症は，一般には高温多湿な環境で，体温調節，体液調節，循環調節などの体内の主要な調整機能が破綻するなどして発症する障害と総称されている．しかし，熱中症を引き起こす危険要因は，高温で多湿な環境に限らない．身体活動，衣服，本人の個人的特性など，その他のさまざまな要因も深く関与している．危険要因には，少なくとも (1) 環境要因 (①気温が高い，②湿度が高い，③放射熱が強い，④風がない，熱風がある)，(2) 身体活動要因 (⑤身体活動強度が大きい，⑥長時間活動を持続し，休憩時間が少ない)，(3) 衣服要因 (⑦通気性・透湿性の低い服装の着用，⑧労働安全衛生保護具 (保護帽，保護手袋，安全靴，呼吸用保護具などの着用))，(4) 個人的要因 (⑨水分塩分摂取が不十分，⑩暑さに慣れていない，⑪体調不良 (下痢，発熱)，⑫日常生活上の不摂生 (大量飲酒，朝食抜き，睡眠不足)，⑬低い体力と肥満，高血圧，心臓疾患，糖尿病などの有症労働者と治療薬の服用，⑭高年齢) などが考えられる[26]．

したがって，高温多湿な環境でなくてもその他の要因の組合せや活動内容によっては，熱中症が発生する危険性はどこにでも存在する．そして，これらの諸要因が関与する組合せと程度によって，熱中症の重症度が決まるといえる．

熱中症の重症度は，表7.11のようにⅠ度（軽症），Ⅱ度（中等症），Ⅲ度（重症）に分類される[27]．

Ⅰ度（軽症）は，熱失神（めまいや立ちくらみ），熱痙攣（筋肉痛や筋肉の硬直，こむら返り）が含まれ，生あくびや大量の発汗などの症状も現れるが，意識障害を認めない．熱失神は，暑熱環境下で皮膚血流の著しい増加と多量の発汗により，内臓への血流量・心臓への還流量・心拍出量が減少し血圧が低下するので，相対的に脳への血流が一時的に減少することにより生ずる．熱けいれんは，大量の発汗に対して水分のみを補給した結果，血液中の塩分濃度が低下して筋の被刺激性が亢進することにより，身体活動でよく使用される四肢筋や腹部の筋肉が，疼痛を伴い発作的にけいれ

7.5 暑熱環境と熱中症

表7.11 熱中症の重症度と症状

	症　状	重症度
Ⅰ度 （応急処置と見守り）	めまい，立ちくらみ，生あくび，大量の発汗，筋肉痛，筋肉の硬直（こむら返り），意識障害を認めない（JCS＝0）	
Ⅱ度 （医療機関へ）	頭痛，嘔吐，倦怠感，虚脱感，集中力や判断力の低下（JCS≦1）	
Ⅲ度 （入院加療）	下記の三つのうちいずれかを含む (C)中枢神経症状（意識障害JCS≧2，小脳症状，痙攣発作）(H/K)肝・腎機能障害（入院経過観察，入院加療が必要な程度の肝または腎障害）	
	(D)血液凝固異常（急性期DIC診断基準（日本救急医学会）にてDICと診断）⇒Ⅲ度の中でも重症型	

んを起こす．Ⅱ度（中等症）は，熱疲労に相当し，頭痛・気分の不快・吐き気・嘔吐・倦怠感・虚脱感，集中力や判断力の低下が認められるが，見当識障害はない．大量の発汗に見合うだけの水分・塩分が補給されずに過度の脱水状態となり，血液が濃縮したり循環血液量が減少して重要臓器への血流が不足した病態である．熱疲労を放置しておくと脱水の進行により皮膚血管拡張反応と発汗反応が抑制され，その結果体温が過度に上昇し，手遅れになると現代の最先端医療でも救命不可能なⅢ度（重症）の熱射病を発症する．熱射病になると中枢神経機能が障害され，手足の運動障害（真直ぐに走れない・歩けないなど），意識障害（呼びかけや刺激への反応異常），痙攣（体がガクガクとし引きつけがある），体温調節機能不全（高体温）を来たす．また，高体温と脱水による血流不足で肝臓・腎臓機能障害，さらに重度になると多臓器不全や血液凝固異常DIC（播種性血管内凝固症候群：disseminated intravascular coagulation）などの合併症を併発し，緊急の治療を要する致命率の高い重度の病態に発展する．

7.5.3 熱中症予防指針

日本国内では近年，熱中症が社会全体の問題になっていることから，地域，家庭，職場，スポーツ，学校現場などを対象にした熱中症予防のための指針やガイドブックが発行されている．環境省，厚生労働省，生気象学会，日本体育協会などが代表的なものである．熱中症予防指針の基礎となるのが暑熱環境ストレスの評価であり，生活や活動する場所の暑熱環境にどの程度熱中症の危険が存在するかを判断するための客観的指標が必要となる．現在国内の予防指針ではいずれも3.3.1項で解説したWBGT指数（湿球黒球温度指数）が使用されており，近年では一般にわかりやすいように暑さ指数といわれている．ただし，WBGT指数の測定法や評価基準は予防指針の間で微妙に異なっている．ここでは，各指針の特徴とポイントを職場，スポーツ活動，日常生活別に概説する．

〔1〕職場における熱中症予防指針

厚生労働省は2009年に，身体作業強度に応じたWBGT基準値を示したが（**表7.12**），評価には作業服の補正値（**表7.13**）を加えることとした[28]．WBGT基準値を超えた場合には，作業環境管理（WBGT値の低減と休憩場所の整備），作業管理（作業時間の短縮，熱への順化，水分塩分の定期的摂取，透湿性と通気性のよい作業着・帽子・ヘルメットの着用），健康管理（糖尿病，高血圧症，心疾患，腎不全などの有症労働者への配慮，睡眠不足，体調不良，前日の多量飲酒の注意喚起と朝食摂取の推奨など日常の健康管理，作業者の健康状態の確認，作業者の体調異変に対しては素人判

7．温熱環境と健康・知的生産性

表7.12　身体作業強度等に応じたWBGT基準値

区分	身体作業強度（代謝率レベル）の例	WBGT基準値			
		熱に順化している人 [℃]		熱に順化していない人 [℃]	
0 安静	・安静	33		32	
1 低代謝率	・楽な座位 ・軽い手作業（書く，タイピング，描く，縫う，簿記） ・手および腕の作業（小さいベンチツール，点検，組立てや軽い材料の区分け） ・腕と足の作業（普通の状態での乗り物の運転，足のスイッチやペダルの操作） ・立位 ・ドリル（小さい部分）　　・フライス盤（小さい部分） ・コイル巻き　　・小さい電気子巻き ・小さい力の道具の機械 ・ちょっとした歩き（速さ3.5 km/h）	30		29	
2 中程度代謝率	・継続した頭と腕の作業（くぎ打ち，盛土） ・腕と脚の作業（トラックのオフロード操縦，トラクターおよび建設車両） ・腕と胴体の作業（空気ハンマーの作業，トラクター組立て，しっくい塗り，中くらいの重さの材料を断続的に持つ作業，草むしり，草掘り，果物や野菜を摘む） ・軽量な荷車や手押し車を押したり引いたりする ・3.5～5.5 km/hの速さで歩く ・鍛造	28		26	
3 高代謝率	・強度の腕と胴体の作業 ・重い材料を運ぶ　　・シャベルを使う ・大ハンマー作業　　・のこぎりをひく ・草刈り　　・掘る ・硬い木にかんなをかけたりのみで彫る ・5.5～7.5 km/hの速さで歩く ・重い荷物の荷車や手押し車を押したり引いたりする ・鋳物を削る ・コンクリートブロックを積む	気流を感じないとき 25	気流を感じるとき 26	気流を感じないとき 22	気流を感じるとき 23
4 極高代謝率	・最大速度の速さでとても激しい活動 ・おのを振るう ・激しくシャベルを使ったり掘ったりする ・階段を登る，走る，7 km/hより速く歩く	23	25	18	20

※この表は，日本工業規格Z 8504（人間工学—WBGT（湿球黒球温度）指数に基づく作業者の熱ストレスの評価—暑熱環境）附属書A「WBGT熱ストレス指数の基準値表」をもとに，同表に示す代謝率レベルを具体的な例に置き換えて作成したものである．
※熱に順化していない人とは，「作業する前の週に毎日熱に暴露されていなかった人」のことをいう．

断せずに躊躇せずに救急隊を要請），労働衛生教育（熱中症の症状，予防法，救急処置）を徹底する総合的な対策を示達した．2017年からはWBGT値の測定にJIS規格（JIS B 7922-2017）に適合したWBGT測定器の使用を促している[28]．

〔2〕スポーツ活動時の熱中症予防指針

スポーツ活動中の熱中症は，日本体育協会のセミナーなどを通して熱中症予防の呼びかけを全国

7.5 暑熱環境と熱中症

表7.13 衣類の組合せにより WBGT 値に加えるべき補正値

下記の衣類を着用して作業を行う場合は，算出された WBGT 値に，各補正値を加える．

衣服の種類	作業服（長袖シャツとズボン）	布（織物）製つなぎ服	二層の布（織物）製服	SMSポリプロピレン製つなぎ服	ポリオレフィン布製つなぎ服	限定用途の蒸気不浸透性つなぎ服
WBGT 値に加えるべき補正値 [℃]	0	0	3	0.5	1	11

＊補正値は，一般にレベルAと呼ばれる完全な不浸透性防護服に使用しない．
＊重ね着の場合は，個々の補正値を加えて全体の補正値とすることはできない．

表7.14 熱中症予防の運動指針

WBGT ℃	湿球温度 ℃	乾球温度 ℃		
31	27	35	運動は原則中止	WBGT 31℃以上では，特別の場合以外は運動を中止する．特に子どもの場合には中止すべき．
28	24	31	厳重警戒（激しい運動は中止）	WBGT 28℃以上では，熱中症の危険性が高いので，激しい運動や持久走など体温が上昇しやすい運動は避ける．運動する場合には，頻繁に休息をとり水分・塩分の補給を行う．体力の低い人，暑さになれていない人は運動中止．
25	21	28	警戒（積極的に休息）	WBGT 25℃以上では，熱中症の危険が増すので，積極的に休息をとり適宜，水分・塩分を補給する．激しい運動では，30分おきくらいに休息をとる．
21	18	24	注意（積極的に水分補給）	WBGT 21℃以上では，熱中症による死亡事故が発生する可能性がある．熱中症の兆候に注意するとともに，運動の合間に積極的に水分・塩分を補給する．
			ほぼ安全（適宜水分補給）	WBGT 21℃未満では，通常は熱中症の危険は小さいが，適宜水分・塩分の補給は必要である．市民マラソンなどではこの条件でも熱中症が発生するので注意．

＊環境条件の評価には WBGT が望ましい．
＊乾球温度を用いる場合には，湿度に注意する．湿度が高ければ，1ランク厳しい環境条件の運動指針を適用する．

的に行い近年減少傾向にあったが，最近また増加の懸念があることから，2013年に従来のガイドブックを改訂し，熱中症予防5ヶ条（1. 暑いとき無理な運動は事故のもと，2. 急な暑さに要注意，3. 失われる水と塩分を取り戻そう，4. 薄着スタイルでさわやかに，5. 体調不良は事故のもと）を示し，スポーツ指導者に更なる注意喚起を行っている[29]．WBGT 指数を指標としてスポーツ活動中の熱中症予防のための一般的な運動指針（**表7.14**）を示すとともに，市民マラソンのための運動指針も付記している．

〔3〕 **日常生活における熱中症予防指針**

熱中症が日常生活で多発しているにもかかわらず適切な指針がなかったことから，日本生気象学

7．温熱環境と健康・知的生産性

表7.15 日常生活における熱中症予防指針

湿度基準 WBGT	注意すべき生活活動の目安	注意事項
危険 31℃以上	すべての生活活動で起こる危険性	高齢者においては安静状態でも発生する危険性が大きい．外出はなるべく避け，涼しい室内に移動する．
厳重警戒 28〜31℃		外出時は炎天下を避け，室内では室温の上昇に注意する．
警戒 25〜28℃	中等度以上の生活活動で起こる危険性	運動や激しい作業をする際は定期的に十分に休息を取り入れる．
注意 25℃未満	強い生活活動で起こる危険性	一般に危険性は少ないが激しい運動や重労働時には発生する危険性がある．

表7.16 WBGTと気温，湿度の関係

相対湿度［％］

気温[℃] \ RH	20	25	30	35	40	45	50	55	60	65	70	75	80	85	90	95	100
40	29	30	31	32	33	34	35	35	36	37	38	39	40	41	42	43	44
39	28	29	30	31	32	33	34	35	35	36	37	38	39	40	41	42	43
38	28	28	29	30	31	32	33	34	35	35	36	37	38	39	40	41	42
37	27	28	29	29	30	31	32	33	34	35	35	36	37	38	39	40	41
36	26	27	28	29	29	30	31	32	33	34	35	35	36	37	38	39	39
35	25	26	27	28	29	29	30	31	32	33	34	35	35	36	37	38	38
34	25	25	26	27	28	29	29	30	31	32	33	34	35	35	36	37	37
33	24	25	25	26	27	28	28	29	30	31	32	32	33	34	35	35	36
32	23	24	25	25	26	27	28	28	29	30	31	31	32	33	34	34	35
31	22	23	24	24	25	26	27	27	28	29	30	30	31	32	33	33	34
30	21	22	23	24	24	25	26	27	27	28	29	29	30	31	32	32	33
29	21	21	22	23	24	25	25	26	27	27	28	29	29	30	31	31	32
28	20	21	21	22	23	24	24	25	26	27	27	28	29	29	30	30	31
27	19	20	20	21	22	23	24	24	25	26	27	27	28	29	29	29	30
26	18	19	20	20	21	22	22	23	24	24	25	26	26	27	28	28	29
25	18	18	19	20	20	21	22	22	23	24	25	25	26	27	27	27	28
24	17	18	18	19	19	20	21	21	22	22	23	24	24	25	26	26	27
23	16	17	17	18	18	19	19	20	21	22	22	23	23	24	25	25	26
22	15	16	17	17	18	18	19	19	20	21	21	22	22	23	24	24	25
21	15	15	16	16	17	17	18	19	19	20	20	21	21	22	23	23	24

WBGT値
- 危険 31℃以上
- 厳重警戒 28〜31℃
- 警戒 25〜28℃
- 注意 25℃未満

会が新たな指針を提案している[30]．

　WBGT基準値を4段階（危険：31℃以上，厳重警戒：28〜31℃，警戒：25〜28℃，注意：25℃未満）に分け，各段階での注意すべき生活活動の目安と注意事項をまとめている（**表7.15**）[30]．また，一般の人々は，WBGT計の入手が困難であったり指標になじみがないことを想定して，気温と湿度からWBGT値を推定する換算表も提示している（**表7.16**）[30]．ただし，この換算表で注意すべき点は，黒球温度を測定していないので放射熱の影響を評価できないため，炎天下や照り返しの大きな屋外暑熱環境での使用は暑熱ストレスを過小評価するという大きな問題があることである[26]．さらに身体活動レベルや着衣の影響も考慮していないので，適用範囲は日射や発熱体のない屋内の生活活動に限定して使用するのが無難である．言い換えれば，日常生活指針とはいえ，晴天の屋外

活動での使用には十分な注意が必要といえる.

環境省では,以上の各分野の予防指針を引用しつつ,熱中症の予防対処法についてのマニュアルを発行し熱中症予防の普及に努めている[31].また,気象情報からの暑さ指数の予報値・実測値を活用することも提案している.本マニュアルは,地域の保健活動に指導的にかかわっている保健師や多くの一般市民を対象に我が国の一般環境の状況と熱中症についての新しい科学的知見や関連情報を提供している.

7.6 快適な睡眠環境

生活環境の中で光と温度は睡眠に影響を及ぼす2大因子である.光はヒトのサーカディアンリズムの調節やメラトニン分泌に影響を与え,間接的に睡眠をコントロールする.温度は睡眠中のヒトの体温調節や快適性に直接影響を与えて,その結果,体の動き(体動)を増やしたり,途中で目覚めさせたり,睡眠を悪化させる.睡眠が悪化すると,日中に眠気が生じ覚醒を保てず,生産性を低下させたり,重篤な事故につながる場合がある.また,睡眠が分断されるとホルモン分泌などが阻害されて,肥満になりやすくなるなど健康面にも影響が出る.そのため,睡眠時の温熱環境は重要な因子であると考えられる.

睡眠を測定する方法には,脳波計を用いて脳波,眼振図,筋電図を測定して睡眠段階を判定する方法がある.睡眠脳波から判定される睡眠段階には,レム睡眠とノンレム睡眠があり,ノンレム睡眠はさらに1〜4段階に分けられ,1・2段階を浅睡眠,3・4段階を徐波睡眠と呼ぶ.また,アクチグラフなどの活動量計を身につけ,体動を測定して覚醒時間を推定し,一晩のうち寝ていた時間の割合を睡眠効率として算出する方法がある.臨床場面では眠る前に日中の行動を,翌日の朝に昨夜の睡眠状態を記入する睡眠日誌という記録方法もある.

睡眠中の体温調節は,覚醒時よりも抑制されており,また,睡眠段階によって反応の大きさが異なる.例えば,睡眠中に温度刺激を与えた場合,徐波睡眠中とレム睡眠中に加熱刺激を与えると,そのまま継続するのが徐波睡眠で70%,レム睡眠で33%,冷却刺激を与えるとそのまま継続するのが徐波睡眠で40%,レム睡眠で22%となった[32].つまり,徐波睡眠の方がレム睡眠よりも加熱・冷却刺激に強く妨害されにくい.また,加熱よりも冷却の方が睡眠妨害を起こしやすい.発汗量に関しては,レム睡眠よりも睡眠段階1・2,さらに徐波睡眠の方が発汗量は多くなる[33].寒冷環境では,レム睡眠時には皮膚温が微妙に上昇し[34],震えは睡眠段階1・2では観察されるが,徐波睡眠やレム睡眠では観察されない[35].

裸で寝た場合,最低の代謝量を示す環境温度の範囲,すなわち中立温熱帯が存在し,29℃を中心(中立温)として,25〜31℃の幅をもつ(**図7.22**)[36].裸体の場合,気温29℃が最も徐波睡眠とレム睡眠が長く,覚醒が少なくなる.気温29℃から離れるに従って,徐波睡眠,レム睡眠が減り,

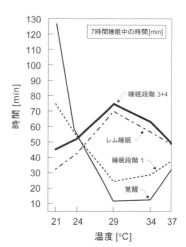

図7.22 気温と睡眠中の睡眠段階の長さとの関係

気温34℃では徐波睡眠やレム睡眠が減って睡眠段階1が増えるが，覚醒が増加するには至らない．気温37℃では，さらに徐波睡眠やレム睡眠が減少し，睡眠段階1が増えるとともに覚醒が顕著に増加する．レム睡眠が減る理由としては，レム睡眠時には体温調節がうまく作動せず，そのため，刺激によってレム睡眠が分断され，減少して覚醒を増やしていると考えられる．ノンレム睡眠でも同様に，徐波睡眠が減り，浅睡眠が増えている．一方，気温29℃から低下するときは，徐波睡眠やレム睡眠が減少し，睡眠段階1と覚醒が増え，21℃では覚醒の増加が著しい．裸体の場合，気温の低下により体温の恒常性を維持できないので，覚醒することにより体温調節を発動させ体温低下を抑制し，生命維持を計ろうとしていると解釈できる．私たちは風土・気候に適した住宅で，季節の気象や日照の変化の中で生活している．特に日本の夏は高温高湿，冬は低温低湿といった特徴があり，住宅の断熱性が低いために，室内の温熱環境は屋外気候をそのまま反映している．よって，冷房・暖房の使用や寝具による寝床内の調節が必要となる．

7.6.1 夏季の温熱環境と睡眠

近年，都市のヒートアイランド現象などの影響により，日中の気温が高温化するだけでなく，夜間の気温低下が抑制されている．その結果，夜間の室内環境が高温になると，睡眠に障害のない健康な人であっても，睡眠が妨害されるおそれがあり，中途覚醒を増やすなど睡眠の質の低下が懸念され，寝室を適正にコントロールする必要性が高まっている．具体的には，扇風機による対流放熱の増加やエアコンによる適正な温度や湿度のコントロールが望ましい．

人工気候室で半袖・短パンの綿パジャマで就寝する場合，気温32℃・相対湿度80%〈高温高湿〉と気温26℃・相対湿度50%〈冷房〉に設定して，青年男性に8時間睡眠させ，睡眠中の体温調節を比較した[37]．〈高温高湿〉では，パジャマで被覆された胸部の衣服内温度は36℃・90%と高く留まり，発汗量は冷房時の2倍となり，直腸温は低下しなかった．その結果，睡眠段階4と2が有意に短くなり，睡眠段階1と覚醒が有意に増加した．睡眠効率は〈冷房〉で93%，〈高温高湿〉は78%となった．また，起床時には〈高温高湿〉で睡眠維持，統合的睡眠感，安心感が有意に低い結果となり，起床時の尿中メラトニン排出量が有意に低値となったことから，〈高温高湿〉による睡眠時には内分泌系へも影響が及んでいる可能性が示された．

睡眠の前半部分のみに冷房〈前半冷房〉（気温26℃・相対湿度50%）を入れた場合と，上述の〈高温高湿〉で比較すると，〈前半冷房〉で睡眠の前半で十分な睡眠が保持できると，後半は温湿度が上昇し，引き続いて皮膚温や直腸温が上昇しても，睡眠効率は90%となり，それほど睡眠は悪化しなかった[38]．次に，後半のみに冷房を入れた場合〈後半冷房〉と比較すると[39]，前半の高温高湿では皮膚温・直腸温は高く安定していたが，後半に周囲気温が低下すると皮膚温・直腸温も素早く低下を始め，起床時には全時間の〈冷房〉よりも低い値を示した[40]（図7.23）．

また，就寝中の体重減少による発汗量には，〈前半冷房〉と〈後半冷房〉では有意な違いを認めなかった．つまり，冷房が入った後半の始め部分で衣服内温度も著しい低下を示し，前半の〈高温高湿〉においての発汗が皮膚表面や着衣に滞留している状態で，周囲温度が低下することにより，衣服内を急激に冷やし，その結果が皮膚温・直腸温の低下につながったと考えられる．〈高温高湿〉やほかの暑熱条件に限らず，睡眠の前半には徐波睡眠が多く出るため，放熱が活発になり発汗量が増える．その汗が皮膚表面に滞留して睡眠を阻害し，衣服に付着することにより，夜間から明け方に向かって低下する室温が寝冷えを引き起こす可能性が示唆される．睡眠深度については，〈後半冷房〉では，前半の高

7.6 快適な睡眠環境

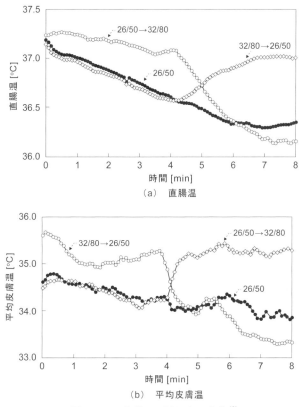

図 7.23 3 条件での睡眠中の変化[40]

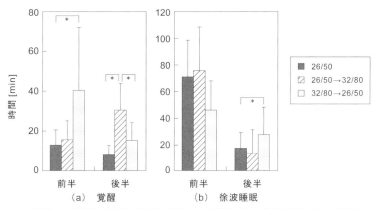

図 7.24 3 条件での睡眠を前半と後半に区分して覚醒 (a) と徐波睡眠 (b) の合計を比較[40]

温高湿において徐波睡眠が抑制され,代わりに覚醒が増加したが,後半の冷房時に徐波睡眠が有意に多く出現した(**図7.24**).これは前半の〈高温高湿〉により徐波睡眠の出現が抑制された結果,睡眠圧が高まり,冷房の入った後半で徐波睡眠が増加するリバウンド現象と考えられた[40].こういった睡眠リズムが変化することで,起床後の生体リズムの乱れや睡眠慣性による眠気などが懸念される.

〈高温高湿〉で扇風機を使って足元から顔方向へと送風した場合(平均風速1.7 m/s:送風条件)

— 159 —

には,扇風機を使わなかった〈高温高湿〉の場合に比べて足皮膚温と直腸温が0.3℃程度低下した[41]. 室温と等温の送風は,対流放熱を促進して体温調節を補助したと考えられた.また,寝床内温湿度は低く保たれ,発汗量は〈高温高湿〉よりも有意に少なくなり,結果として中途覚醒を減少させた.つまり,皮膚温に近い高温や高湿な環境においては,扇風機により対流放熱を増やすことで,生体への熱負荷を軽減し,睡眠効率を改善させることができる.

同じ送風でも,寝室に取り付けたエアコンから吹き出る冷風は,室温を低下させ保持するために室温よりも10℃以上も低い空気を室内に供給しており,その吹出し頻度は連続的ではない.場合によっては,ベッドで寝ている人のまわりで〈冷房〉と同じ温度で速い風速が確認されることもある[42].睡眠の最初は睡眠圧が強いので,冷風を受けて徐波睡眠が継続するが,浅睡眠やレム睡眠では風が当たり皮膚温の低下が顕著になり,被験者が姿勢を変える現象が確認され,睡眠深度の変化が観察された.一晩の覚醒,心拍上昇,体動の回数について,冷風の風速が0.2 m/s以下の不感気流の場合とエアコン気流の場合を比較すると,覚醒,心拍上昇,体動回数が有意に多くなり,速度の速い冷風が覚醒刺激となる可能性が示唆された[42].

〈高温高湿〉で冷却枕を使用して頭部を冷やしながら就寝した場合と,普通の枕を使用した〈高温高湿〉,〈冷房〉の3条件を比較すると,冷却枕を使用しても直腸温や皮膚温には影響がみられなかったが,起床時の鼓膜温を有意に低下させた.また,冷却枕を使うことにより,睡眠中の発汗量は有意に少なくなり,中途覚醒が減って睡眠効率が改善した[43].

7.6.2 冬季の温熱環境と睡眠

冬季は睡眠の前に寝室に暖房を入れて暖めておいたり,寝床内を電気毛布で暖めたりはするが,睡眠中には暖房を切って眠る場合が多い.あるいは,寝具の枚数を増やして,断熱性を担保している.その理由としては,エネルギー消費を節約する意味があると考えられるが,そういった寝具を多用することにより,寒冷環境での睡眠や睡眠中の体温調節はどう影響を受けるかを実験室で調べた.人工気候室で気温を3℃,10℃,17℃に設定して健康な青年被験者に睡眠を取らせたところ,脳波による睡眠段階に3条件で違いは認められず,3条件ともに睡眠効率は94%以上と有意な差を認めなかった[44].躯幹部の寝床内気候には有意な差が認められなかったが,布団から出ている前額の皮膚温は気温に比例して低下し,布団内の足皮膚温も室温が低いほど上昇に時間を要し,直腸温や大腿皮膚温の低下に有意差が認められた(図7.25)[45].また,心電図の周波数解析により,睡眠深度によってLF/HFの割合は異なり,睡眠段階2や徐波睡眠においては低温になるほどLF/HFは小さくなり,副交感神経活動が有意であることを示していた[46].布団から出ていた顔面皮膚が冷やされ,また,冷気の吸入により肺で冷やされた血流が循環したことが深部体温の低下に寄与した可能性を示している.

高齢者を対象として冬季に皮膚温,寝床内温度,アクチグラフによる睡眠の実態調査を行った結果では,寝室の温度が10℃以下の群(L:平均6℃)と10℃以上の群(H:平均11℃)では,L群の平均覚醒時間は7.6分,H群は3.1分となり,その結果,L群の睡眠効率は89%,H群は96%でL群の睡眠効率が有意に低かった[47].また,胸部や足部の寝床内温度が低く,上昇が遅れる傾向もみられた.10℃未満の寝室では,寝床内温度の上昇が遅れ,睡眠に影響を及ぼしている可能性がある[46].

冬季の避難所を模擬した体育館で災害救助用毛布4枚〈毛布〉と1組の布団〈布団〉について健康な青年男子を対象に被験者実験を実施した[48].サーマルマネキンで測定した寝具の断熱性は〈毛布〉

7.6 快適な睡眠環境

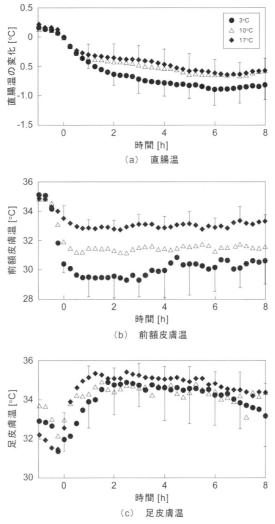

図7.25 寒冷環境（3℃，10℃，17℃）において寝具使用時の直腸温（a），前額皮膚温（b），足皮膚温（c）への影響[45]

で1.3 clo，〈布団〉で3.1 cloであった．外気温が約3.4℃，体育館内気温は約4.4℃と同等まで低下した中での就寝であったが，平均皮膚温は〈毛布〉が約32℃，〈布団〉が約33℃と〈布団〉の方が高く保たれ，寝具の断熱性による影響と推察された．平均睡眠効率は〈毛布〉で86%，〈布団〉で91%となったが，有意差は認められなかった．しかし，避難を想定して第一夜のみで比較したところ，〈毛布〉で85%，〈布団〉で94%となり，〈毛布〉で有意に低い睡眠効率になった．また，後日，自宅で同様な測定を実施すると，外気温が平均3.9℃のとき，寝室温度は平均13.8℃となり，睡眠効率は98%であった．つまり，健康な青年被験者であれば，低温環境であっても寝具の断熱性が十分であれば睡眠深度や睡眠効率に悪影響はなかった．高齢者などの身体弱者は低温の影響を受けやすいので，睡眠効率が低下する可能性がある．また，避難所などには断熱性の高い寝具の備蓄や工夫が望まれる．

7.7 湿度と健康影響

室内の湿度が人間や人間の生活に及ぼす影響は多岐にわたっている．これらの影響は，人の温冷感に関する温熱影響と，それ以外の非温熱影響に分けられる．

7.7.1 湿度の温熱影響

湿度は人に「暑い」「寒い」といった感覚（温冷感）を生じさせる温熱6要素の一つである．加湿すると少し暖かく感じたり，除湿すると涼しく感じることができるということは日常生活の中でも体験することである．田辺ら[49]は，空気温度，相対湿度が被験者の熱的快適性に及ぼす影響を検討するための実験を行った．空気温度25℃，28℃，30℃の3条件を設定し，それぞれの空気温度条件に対して30％RH，50％RH，70％RHの3条件を設定した．被験者として，健康な大学生年齢の男女各36人（計72人）が参加し，オフィスワークを模擬した作業を行い，3時間曝露された．この結果，空気温度が高い環境では湿度の影響が大きいが，空調空間のような熱的中立な環境においては湿度の温熱影響は小さいことが報告されている．また，田辺ら[50]が実施したSET*一定条件（湿度の低下を空気温度の上昇で補正している）における被験者実験でも，熱的中立に近い等SET*条件では，環境の湿度が被験者の温冷感に及ぼす影響は小さいことが示されている．

7.7.2 高湿度環境での非温熱影響—ダンプネス・カビ・ダニ

ダンプネス（Dampness）とは，WHOのガイドライン[51]の定義では「カビや水漏れ，カビ臭さ，建物の劣化，微生物汚染など，測定または目視できる過度の湿気を原因とする問題が確認できるような状態」とされている．これまで，欧米[例えば52]などや日本国内での研究[例えば53]などで，住宅のダンプネス（室内の湿度が高い状態）と子供のアレルギーに関連があるとの研究報告がされている．これらの研究により，空気中の湿度（湿気）そのものの影響というより，室内の湿度が高いことにより，カビやダニが繁殖したりMVOC（Microbial Volatile Organic Compounds）が発生したりして，アレルギーを引き起こしていることが指摘されている．WHOでは「カビとダンプネスに関するガイドライン」を作成し，ダンプネス対策などについて示している．

カビは湿気のある物質の上で急速に成長し特有の不快なにおいを生み出す真菌類で，時にはカビが成長したために建材が破壊されることもある．外気の胞子濃度は冬季に最低であるが，空気1 m^3 当たり胞子数百個/m^3 を下回ることはほとんどない．一方，夏季には最高となり，胞子数は15 000 個/m^3 である[54]．室内に浮遊している胞子濃度は外気の1/5程度である．しかし，高湿度の住居と低湿度の住居では胞子濃度，カビの種類に顕著な差があるという報告もある[54),55]．また，ダニにとっての最適環境は25℃，80％RHであるが，ダニが成長し，繁殖しないであろう限界は，明らかにはなっていない．一般的に，ダニは気温15℃以下，35℃/75％RH以上では繁殖しないと示されている[56]．

7.7.3 低湿度環境における非温熱影響

〔1〕 粘 膜 乾 燥

人間の呼吸通路は粘膜で覆われており，呼気を加湿したり細菌，微生物や小異物を捕まえたりする．ほこりで汚れた粘液は直ちに繊毛によって口の中へ向かって移動していく．この移動速度は約

7.7 湿度と健康影響

5 mm/min である．粘膜の水分が少なくなると粘性が強まり，移動速度は緩やかになり，極端な場合は完全に乾いてしまう．この乾燥は低湿度環境下では鼻や喉で知覚され，不快につながる．室内の相対湿度が25% RH まで下がると鼻の乾燥を知覚すると報告されている[56]．Winslow（ウィンスロー）ら[57]は乾燥空気の粘膜に対する乾燥作用について研究を行った．気温10℃，15.5℃，21℃，26.5℃で相対湿度16〜90%の範囲の条件下で被験者実験を行い，口腔粘膜の表面の水分量を咽頭粘膜に吸取り紙を5秒間接触させて測定した．その結果，吸取り紙で取った水分の量は，絶対湿度と関係があり，絶対湿度が8.42 g/kg(DA)（露点温度11.5℃）以上の大気では口腔粘膜は比較的湿っていて，8.42 g/kg(DA)以下では口腔粘膜は顕著に乾燥することを示した．Andersen（アンデルセン）ら[58]は，23℃/9% RH の清浄空気環境に男性被験者8人を78時間曝露した．この結果，鼻の粘膜や呼吸抵抗，皮膚抵抗，不快感には湿度影響がみられなかった．国内でも，栃原らが実験により相対湿度が鼻腔粘膜の輸送速度に及ぼす影響を示している[59]．

〔2〕 目 の 乾 燥

低湿度環境では，目の乾燥を訴える居住者もいる．24人のソフトコンタクトレンズ（以下，SCL）装着者に片眼だけSCLを装着させた状態で10% RH と30% RH（いずれも空気温度23.9℃）環境に各10時間曝露したLaviana（ラビアナ）らの実験[60]において，知覚できる程度の不快感は相対湿度30% RH 以下の環境で曝露後4時間を超えてから著しく増加したことが示されている．デンマークで行われた超低湿度環境における実験[61),62]では，空気温度22℃で相対湿度を5% RH，15% RH，25% RH，35% RH と変化させた環境に被験者を5時間曝露した．被験者の下瞼内側の粘膜を採取し，顕微鏡で観察し，結晶パターンを図7.26に示すようにカテゴリー1（涙膜層の状態が最もよい）からカテゴリー4（最も悪い）の4段階に分類したMucus ferning testを実施した．図7.27に，実験終了時にカテゴリー1より悪い状態であった人数の割合を示す．15%RH以下の環境では，目の涙膜層の質が低下することが示された．また，この実験では，被験者がオフィスワークを模擬した作業を行っている間のまばたき（Blink rate（表5.5参照））を録画した．図7.28に5% RH 条件，35% RH 条件での実験終了時の被験者のまばたきするまでの平均時間の分布を示す．5% RH という超低湿度環境ではまばたき間隔の短い被験者が有意に多くなった（$p < 0.05$）．また，高田ら[63]は，冬季における低湿度の室内を想定し，眼球からの水分蒸発の解析モデルを提案し，涙の油層による湿気抵抗と水層の蒸気圧降下を考慮したモデルにより，眼球からの蒸発量測定実験の結果が説明可能であることを示している．

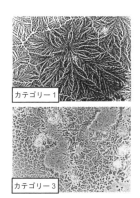
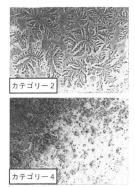
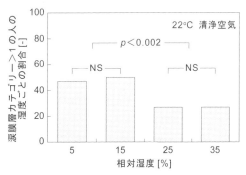

図7.26 Mucus ferning（涙膜層）のカテゴリー　　図7.27 涙膜層カテゴリー＞1の人の湿度ごとの割合

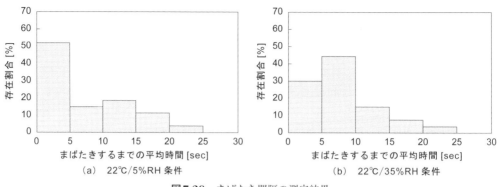

図7.28　まばたき間隔の測定結果

〔3〕皮膚乾燥

低湿度が与える影響として，皮膚の最外層を形成する壊死した平らな皮膚細胞が結合力を失い，皮膚表面がざらざらになることがある．この状態は，乾燥空気に2, 3時間曝露すると起こる．乾燥が激しいときには皮膚はあかぎれやひび割れを起こす（図7.29）．外気の露点温度が－7℃（20℃/15% RHに相当）以下のときドライスキンの問題が生じるとしている実測調査もある[64]．McIntyre（マッキンタイヤー）ら[65]の実験によると，居住者の皮膚水分量知覚は，温度および相対湿度と関連があるとされており，皮膚にとって最適な温湿度は23℃/70% RHとされている．開原ら[66]は，日常生活の中で変化する皮膚含水率の状態や性質の実態調査を行い，日常の室内環境条件下において，発汗・手洗い・入浴などによる皮膚のぬれの影響を除けば，室内絶対湿度が気温や相対湿度よりも皮膚含水率をよく説明するパラメータであることを明らかにしている．また，室内の空気温湿度変化に対する皮膚の含水状態の変化を定量的に把握するためのモデルを作成している[67]．

〔4〕知覚空気質

Berglund（バーグルンド）ら[68]，Berglund[69),70]による研究において，室内相対湿度が低くなるに伴い，空気は新鮮だと知覚されるようになるということが示されている．また，Fang（ファン）らにより，空気のエンタルピが低下すれば居住者はその空気を新鮮に感じるようになるという研究結果も報告されている．図7.30[71),72]にエンタルピと知覚空気質の結果を示す．

〔5〕ウイルス感染

ウイルスには低湿度で活性化されるもの，高湿度で活性化されるものが存在する．図7.31[73]にHarper（ハーパー）が行ったインフルエンザの生存率の時間変化と相対湿度の関係を示す．相対湿度が50%以上ではウイルス生存率が急激に低下し，約10時間後には99.9%が死滅しているのに対し，35% RHと20% RHでは10時間経過しても半数が生存しており24時間経過しても10〜20%は生存している．これまで，このHarperの研究が広く参照されていたが，インフルエンザは主として飛沫感染であることからさまざまな議論がある．また，ウイルスの生存率と絶対湿度の影響[74),75]や，空調の影響についての研究[76]なども行われている．加えて，最近，感染リスク評価というアプローチからの研究も行われている．市川ら[77]は人間の咳を模擬できる咳マシンを用いて咳を噴出し，被感染者や壁・床・机などの室内表面への咳飛沫付着量を測定した．環境の湿度が30%RHの条件に比べ50%RH条件では飛沫付着個数が多くなる傾向がみられた．

7.7 湿度と健康影響

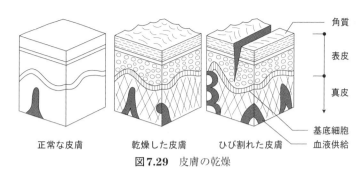

図7.29　皮膚の乾燥

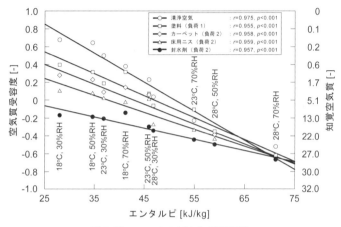

図7.30　エンタルピと知覚空気質

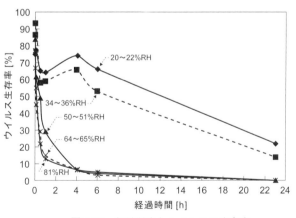

図7.31　相対湿度とウイルスの生存率

〔6〕静　電　気

　低湿度環境では床歩行時やドアノブやキャビネットのような金属製のものに触れたときに静電気問題が生じる可能性がある．Brundrette（ブルンドレッド）[56]によると，40% RH以上に保たれていれば，静電気問題が生じることは稀である．安全域は65% RH以上であるが，実際は，40% RH以下でも問題にならない場合もある．一方，20% RHに下げると静電気の問題が頻繁に生じる．ま

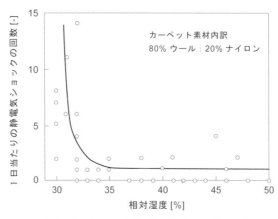

図7.32 オフィスでの静電気ショックの回数

た，適切な材料の選択と表面処理により静電気発生を防ぐことも可能である．**図7.32**にオフィスでの静電気ショックの回数[78],[79]を示す．田辺[80]の研究によると，オフィスにおいては，椅子からの起立によるはく離帯電が静電気に及ぼす影響が大きいと報告されている．

7.7.4 湿度のガイドライン

日本では，建築物衛生法により室内の湿度は相対湿度40～70%と規定されている．欧米ではASHRAE Standard 55[81]にcomfort zone（快適域）が定められている．ASHRAE 1992年版（ASHRAE Standard 55-92）では，湿度の下限値を絶対湿度4.5 g/kgと規定していたが，その後，2004年にASHRAE Standard 55-2004として改訂され，湿度の下限値は廃止された．現行のASHRAE Standard 55-2017でも，湿度の上限値は0.012 kg/kg(DA)と規定されている．一方で，湿度の下限値については，熱的快適性の観点から設定された下限値がないとして，規定されていない．皮膚の乾燥，粘膜刺激，目の乾燥，静電気など，湿度の非温熱影響の点から湿度の（許容）下限値が設定される可能性もあるとしている．

上記で述べたように，湿度が我々の快適性・健康性に及ぼす影響は多岐にわたっており，快適性・健康性への悪影響を最小限にする湿度を設定するのは困難である．しかし，現在，さまざまな研究者によって湿度の温熱・非温熱影響に関する調査がなされているところである．

7.8 知的生産性

7.8.1 知的生産性

オフィスにおける建物性能や空調設備などの主な役割は，執務者の安全性や健康性を保ち，不快がない状態に制御・維持することである．さらに，オフィスが人間の知的活動が行われる場であることに注目すると，その環境が執務者の活動に適しているかという「知的生産性」の観点が重要である．日本においては，生産性，労働生産性という用語が用いられることが多いが，オフィスワーカーを中心とした生産性に対して外国でワークプレイス・プロダクティビティという用語が用いられる．これに対応するため知的生産性という用語が使用されるようになった．本項では，室内環境

7.8 知的生産性

質（IEQ）と知的生産性の関連について，研究事例を交え概説する．

〔1〕 財務的便益

室内環境質の改善や向上を図るには，設備投資の決定権をもつ経営者や建物所有者などの理解を得る必要があるが，その際，無視できないのが財務的便益の問題である．一般的に，室内環境質の改善や向上を考える場合には，その初期費や運営費用に目がいきやすい．そのため，室内環境質の安全性，健康性，快適性について，最低限の質が確保されるならば，それ以上の投資をせずに，費用をできるだけ抑えようとする場合もある．しかし，健康や知的生産性の向上による財務的便益を考えると，室内環境質の改善による費用対効果は大きいことが明らかとなっている．**表7.17**[84]に，英国を中心とした公認建築設備技術者協会（CIBSE）の文献調査に基づいた，北米のオフィスにおけるエネルギー費用および人件費の比較[82]を示す．また同表に，羽田ら[83]を参考に算出した，日本の試算値[85]を併せて示す．人件費はエネルギー費用の約100〜200倍であり，知的生産性向上によって約0.5〜1.0%の人件費削減が可能ならば，その値は全エネルギー費用に相当する．

室内環境の質を高めることによって知的生産性が向上すれば，便益を得られる人は多い．働きやすく仕事がはかどる環境であれば，まず各執務者に便益が生じる．一人一人の作業効率向上によって，組織としての知的生産性が向上すれば，その経営者や組織全体にも便益が生じる．室内環境質と知的生産性の関連が明らかになれば，室内環境質に配慮した建物の市場価値が上がり，賃貸料や長期的な建物価値の維持・向上という観点から，建物所有者にも便益が生じる可能性がある．健康や知的生産性の向上をオフィスの価値の一つとして考えることで，人材確保や，不動産価値の向上なども見込まれている．

表7.17 オフィスにおけるエネルギー費用および人件費の比較[84]

費用	北米[82]					日本
	Rosenfeld	Abdouと Lorsch	EPA	Woods	BOMA	西原と田辺
人件費 [ドル/(m²・年)]	3 000	2 180	2 000	2 370	1 300	3 700
空調運営費用 [ドル/(m²・年)]	—	20〜100	60	120	29	—
エネルギー費用 [ドル/(m²・年)]	15	10〜20	20	20	15	36
エネルギー費用に対する人件費の比率 [%]	200	109〜218	100	119	87	103
年間エネルギー費に相当する知的生産性向上率 [%]	0.5	0.5〜0.9	1.0	0.9	1.2	1.0
年間エネルギー費に相当する労働時間 [分/(日・人)]	$2\frac{1}{4}$	$2〜3\frac{3}{4}$	$4\frac{1}{3}$	—	5	$4\frac{3}{5}$

〔2〕 知的生産性の定義

生産性は，投資に対する，成果の割合であると定義される．室内環境質の改善によって得られた成果を，それに投入した資源（費用やその他の資源）で除算した指標により，室内環境質の改善に対する生産性の向上を考えることができる．

投資側の値としては，設備投資費や維持管理費などの費用を見積もるなど，比較的定量化がしやすい．また，環境負荷に対する生産性を考える場合には，エネルギー消費量などを見積もることもある．

7．温熱環境と健康・知的生産性

　一方でオフィスでの知的活動について，成果側の定量化は難しい場合が多い．一般的には，室内環境が原因で生じる呼吸器系疾患などによる医療費，離職率・欠勤率から人件費を用いて算出した費用，室内環境質の変化による建物保守費用の増減などを用いて成果側を評価する．仕事における速度や正確性を指標として作業効率を定量化し，人件費により費用換算することもある．

　健康影響を考慮し，室内環境質の改善による経済効果を試算した例としては，NIOSH（米国国立労働安全衛生研究所）による研究[85]がある．室内環境を改善することによって，8 900万人の米国の室内執務者のうち，1 500万人以上の健康によい影響を与え，その推定便益は，年間50億〜750億ドルであると示されている．作業効率の向上を考慮して行った米国の試算[86]では，温熱環境の改善による執務者の作業効率の向上は，米国における年間の潜在的利益として，年間120億〜1 250億ドルに値すると報告されている．

　なお，近年はオフィスでの知的活動が複雑化しており，知的生産性を考える際，情報処理能力の効率向上だけでなく，創造性やコミュニケーションの円滑化などの課題に対する要求も高い．これらと室内環境質との定量的な関連性については，いまだ不明な部分が多く，今後も研究が求められている．「建築空間と知的活動の階層モデル」[87]では，知的活動を，第1階層「情報処理」，第2階層「知識処理」，第3階層「知識創造」の3階層に分類している．図7.33に，この知的活動の階層モデルに対応した，室内環境質と知的生産性の評価についての概念図[88]を示す．定量評価項目として，①室内環境質の物理的測定，②人体反応測定（生理・心理反応，行動など），③知的活動の測定，④グループの活動の定量化，⑤組織の知的生産性指標をあげた．

　組織は，個人を内包しているため，個人の知的活動の作業効率が組織の成果に影響を与える．また，知的活動は，第1階層から第3階層へと階層が上がるに従って，個人内だけでなく，他者・グループとのかかわり（コミュニケーションや知識共有など）によって，より強く影響を受けることを示

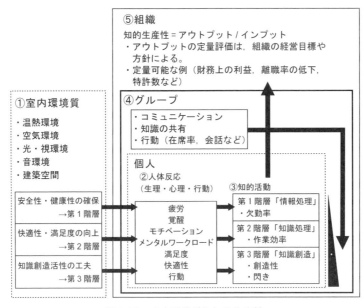

図7.33　室内環境質と知的生産性

7.8 知的生産性

した．なお，室内環境質の知的活動への影響を評価する際には，個人の知的活動を測定するとともに，そのときの人体反応（生理・心理反応，行動など）を併せて測定し評価することが重要であることを示した．

7.8.2 温熱環境と知的生産性
〔1〕 温熱環境は作業効率に影響するのか

室内環境の質としては，温熱環境，空気環境，光環境，音環境など，さまざまな環境質が問題となるが，ここでは温熱環境と作業効率との関係について述べたい．

実は，温熱環境と作業効率の関係についての研究はかなり古くからある．初期の研究は，主に工場における労働生産性に関するものが多い．例えば，Vernon（バーノン）[89]は，ブリキ工場における季節による生産高の変化について，暑いと生産高が落ちることを示した．また，Chrenko（チュレンコ）[90]は，高温により事故率が増加したと報告した．

近年では，このような労働生産性だけでなく，オフィスワーカーの知的生産性に関する関心が高まっており，温熱環境との関係について研究が行われている．温熱環境と知的作業効率の関係については，例えばSeppänen（セッパネン）[91]が，室内温度と作業効率との関係について複数の文献をもとに調べ，室内温度約22℃から，1℃の上昇または低下の温度変化によって，約1%の作業効率低下があるというモデルを提案しているが，覚醒やモチベーションなどの心理的な要因も影響するため，温熱環境をはじめとする室内環境要因がオフィスの知的作業に与える影響については統一した見解が必ずしも得られていない．著者らも加わって行ったde Dear（デデア）ら[92]の，1991〜2011年の温熱環境研究のレビュー研究では，温熱環境が生産性に影響する可能性については一定の知見が集まっているものの，知的生産性に最適な温熱環境条件については，まだ明確になっていないと述べ，Seppänenらの22℃を最適温度とするモデルに疑問を呈している．

ここで，温熱環境と作業効率に関する，著者らの実験室実験および現場実測の一部を紹介する．

まず，空気温度や湿度などの環境条件を制御できる人工気候室内で，作用温度を25.5℃，28℃，33℃に設定し，曝露時間1.5時間の被験者実験[93]を行った．作業成績に関しては，課した作業の多くにおいて環境間で差が認められず，統一した見解は得られなかった．一方で，疲労感の評価では温熱環境の違いによる差が認められ，33℃の暑い環境は，25.5℃の環境に比べ，「いらいらする」などの精神的な疲労の指標の訴え率が高かった．

次に，より長い曝露時間（約6時間）の実験を行った[94]．作用温度25℃，28℃とし，スーツ着用の条件に加え，28℃でジャケット，ネクタイを着用しないクールビズ条件を設定した．長時間の実験では，疲労の訴え率が高くなると作業成績が低下するという関係があった（**図7.34**）[94]．なお，作業成績としては，個人の能力の差ではなく疲労による違いを把握するために，正答数について正規化したz-scoreを用いて分析している．

室内環境の温度が暑く不快な場合，長い時間の曝露によって，居住者の疲労が高くなり作業効率が低下する傾向があるが，この傾向は被験者実験だけでなく実際のオフィス環境での実測でも示されている．例えば，コールセンターにおいて，四季を通じ累計13 169人分のコールデータを対象として行った現場実測では[95]，平均室内空気温度が25.0℃が26.0℃に1.0℃上昇したときに，時間平均応答件数が低下し，その作業効率の低下は1.9%程度であった．これは，25℃から28℃に空気温度が上昇した場合の低下率で考えると6%程度であり，それを1日8時間の労働時間に換算すれば，

7. 温熱環境と健康・知的生産性

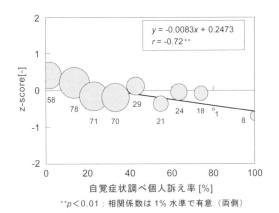

図7.34 自覚症状調べ個人訴え率と作業成績[93]

約30分相当の残業時間に相当する．無視できない程度の効率低下であるといえる．

クールビズオフィスにおける実測調査など[96),97)]によると，冷房設定温度を高くすることにより，28℃を超える場所や時間帯が生じ，執務者の不満足率が約8割と高かったことが報告されている．省エネルギーとともに，執務者の健康性，快適性，知的生産性を低下させないような室内環境を実現することが重要である[98)]．

〔2〕 温熱環境と脳血流量

疲労や精神的負担度など，知的作業時の人間の状態を知るために，アンケートなどの主観評価だけでなく，そのときの人間の生理反応の測定も行っている．精神的負担度が高いと脳内酸素代謝測定による総ヘモグロビン濃度が増加することを示し，これにより，脳血流量変化を作業時の精神的努力の客観的指標とし，温熱環境との関係を調べた．作用温度26℃および33.5℃の各環境に50分間被験者を順応させた後，計算作業を課した場合の脳血流量の変化をみたところ，作業負荷が高く，かつ，作業成績を保つ場合，高温の環境下では，熱的中立状態に比べ脳血流量が増加することを示し，精神的負担の程度が高い可能性が示された[99)]．

〔3〕 個別調節の導入

温度などの設計基準を満たしている場合でも，およそ20%の人はオフィス室内の温熱環境に不満をもっているといわれている．働く人一人一人の好みや行動内容に温熱環境をカスタマイズすることで，個人ごとの環境への満足度が上がれば，知的生産性の向上につながる可能性がある．

例えば，被験者が風速を自分の好みに合わせて自由に調節できる条件とできない条件を設け比較した被験者実験では，風速を調節できる条件で，作業意欲減退に関する疲労の症状が低下した[100)]．

また，クールビズオフィスを想定した環境で，卓上ファン，メッシュ椅子，ファン付きシャツの各採涼手法を導入した際の執務者の作業効率に関する被験者実験[101)]について紹介する．

実験条件は作用温度（25.5℃，28.5℃）と着衣量（スーツ0.96 clo，軽装0.57 clo），および採涼手法の使用可否で構成した．作用温度25.5℃＋スーツ，28.5℃＋スーツ，28.5℃＋軽装を設定した．また，28.5℃＋軽装に加え，卓上ファンを使用可能とした条件および，さらに，軽装条件の半袖Yシャツの代わりにファン付きシャツを着用させ，クッション椅子の代わりにメッシュ椅子を使用させた条件を加えた．卓上ファンは風量調節と首振り機能の使用を，ファン付きシャツは風量調節を許可し，

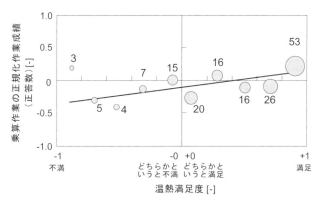

図7.35　温熱満足度と乗算作業効率

自由に使用させることにより，温熱満足度の向上を図った．

実験中の採涼手法の使用時間の調査では，使用可能とした75%程度の時間でファン付きシャツや卓上ファンを使用していた．また，温熱満足度と，作業効率（乗算作業，校正作業）の客観的な作業成績との間には正の相関が認められた（**図7.35**）[101]．採涼の度合いを個人ごとに調節できる工夫を加えることにより温熱満足度が向上すれば，室温を高めに設定した室内においても執務者の作業成績を向上させ，疲労度を軽減できる可能性がある．

以上より，室内環境質と知的生産性の関係を整理し示すとともに，温熱環境が知的生産性に与える影響に関する研究事例を紹介した．個別調節性を活かし，個人の温熱満足度を向上させることが，省エネルギーかつ，疲れが少なく知的生産性の高いオフィス環境づくりにつながる可能性がある．

参　考　文　献

1) 籾山政子：季節病カレンダー──文明と死の奇妙な関係（1963），講談社ブルーバックス
2) 厚生労働省，http://www.mhlw.go.jp/toukei_hakusho/（閲覧日 2018年5月1日）
3) 気象庁，気象統計情報，http://www.data.jma.go.jp/obd/stats/etrn/index.php（閲覧日 2018年5月1日）
4) 羽山広文，松村亮典，釜澤由紀，菊田弘輝，絵内正道：人口動態統計を用いた住宅内の安全性に関する研究その1　調査概要と死亡率に与える要因，日本建築学会大会学術講演梗概集，D1，pp. 409-410，2009
5) 濱田直浩，羽山広文，町口賢宏，濱田麻理，森　太郎，菊田弘輝：人口動態統計を用いた疾病発生に関する研究 その5 月平均気温・住宅の地域性が疾病発生・入浴死に与える影響の分析，空気調和・衛生工学会大会学術講演論文集，I-57，pp. 2099-2102，2012
6) 宇野勇治：伝統民家における環境調整手法と現代への応用の可能性，日本生気象学会雑誌，40-2（2003-9），pp. 111-122
7) 岩前　篤，石黒晃子：温度の人体健康性におよぼす影響に関する研究（第1報）神戸市救急搬送記録による低温の影響評価，空気調和・衛生工学会大会学術講演論文集，pp. 1311-1314，2007
8) D. Orrmandy et al.: "Housing and Health in Europe" WHO LARES Project 2009
9) 厚生労働省：人口動態統計，2004
10) A. Gasparrini et al.: Mortality risk attributable to high and low ambient temperature: A multicountry observational study www.thelancet.com　Published online May 21, (2015), http://dx.doi.org/10.1016/

7．温熱環境と健康・知的生産性

S0140-6736(14)62114-0

11) 岩前 篤：断熱性能と健康，日本建築学会環境工学本委員会熱環境運営委員会第 40 回熱シンポジウム梗概集，pp. 25-28, 2010.10
12) Ralph Chapman, Howden-Chapman Philippa, Des O'Dea：A cost-benefit evaluation of housing insulation: results from the New Zealand 'Housing, Insulation and Health' study（October 2004），http://www.healthyhousing.org.nz/wp-content/uploads/2010/01/A-cost-benefit-evaluation-of-housing-insulation.pdf（閲覧日 2019 年 1 月 2 日）
13) 厚生労働省：平成 26 年（2014）患者調査の概況，2015
14) 三浦克之（研究代表者）：厚生労働省科学研究費補助金循環器疾患・糖尿病等生活習慣病対策総合研究事業「2010 年国民健康栄養調査対象者の追跡開始（NIPPON DATA 2010）と NIPPON DATA 80/90 の追跡継続に関する研究」平成 24 年度総括・分担研究報告書，2013
15) 羽山広文ほか：住環境が死亡原因に与える影響 その 1 気象条件・死亡場所と死亡率の関係，第 68 回日本公衆衛生学会総会，2009
16) 海塩 渉ほか：マルチレベルモデルに基づく室温による家庭血圧への影響—冬季の室内温熱環境が血圧に及ぼす影響の実態調査（その 2）—，日本建築学会環境系論文集，80 巻，715 号，pp. 703-710, 2015
17) 伊香賀俊治ほか：すこやかに住まう すこやかに生きる ゆすはら健康長寿の里づくりプロジェクト（2017），慶應義塾大学出版会
18) H. Arima et al.：Validity of the JNC VI recommendations for the management of hypertension in a general population of Japanese elderly— The Hisayama Study, Arch Intern Med., 163-3（2003），pp. 361-366
19) 国土交通省：住宅の断熱化と居住者の健康への影響に関する調査の中間報告（第 2 回）別添資料，2018
20) Public Health England：Cold Weather Plan for England, 2015
21) 川島美勝ら，高齢者生活熱環境研究会：高齢者のための建築環境（1994），p. 58，日本建築学会編，彰国社
22) 海塩 渉ほか：自由行動下血圧測定に基づく寝室室温の早朝血圧変動への影響，日本建築学会環境系論文集，80 巻，716 号，pp. 867-875, 2015
23) Y. Tochihara et al.：Effects of room temperature on physiological and subjective responses to bathing in the elderly, Journal of the Human-Environment System, 15-1(2012), pp. 13-19
24) 国土交通省気象庁，"日本の夏（6～8 月）の平均気温の偏差の経年変化（1898～2018 年）"，日本の季節平均気温，http://www.data.jma.go.jp/cpdinfo/temp/sum_jpn.html（閲覧日 2018 年 11 月 4 日）
25) 総務省消防庁，"平成 30 年の情報"，"過去の全国における熱中症傷病者救急搬送に関わる報道発表一覧"，熱中症情報，http://www.fdma.go.jp/neuter/topics/fieldList9_2.html（閲覧日 2018 年 11 月 4 日）
26) 澤田晋一：熱中症の現状と予防（2015），pp. 2-7, 74-78，杏林書院
27) 日本救急医学会，"CQ4-1：熱中症の診断基準は，どのようなものか？"，熱中症診療ガイドライン 2015，http://www.jaam.jp/html/info/2015/pdf/info-20150413.pdf（閲覧日 2018 年 11 月 4 日）
28) 厚生労働省，"「STOP！熱中症 クールワークキャンペーン」実施要綱"，平成 30 年度「STOP！熱中症 クールワークキャンペーン」，http://www.mhlw.go.jp/stf/houdou/0000195379.html（閲覧日 2018 年 11 月 4 日）
29) 日本体育協会：スポーツ活動中の熱中症予防ガイドブック（2013）
30) 日本生気象学会・熱中症予防研究委員会，"日常生活における熱中症予防指針 Ver.3（2013）"，日常生活における熱中症予防，http://seikishou.jp/pdf/news/shishin.pdf（閲覧日 2018 年 11 月 4 日）
31) 環境省環境保健部環境安全課：熱中症環境保健マニュアル 2018（2018）
32) V. Candas, J. P. Libert, A. Muzet：Heating and cooling stimulations during SWS and REM sleep in man, J.

参 考 文 献

therm. Biol., **7**-3(1982), pp. 155-158

33) J. C. Sagot, C. Amoros, V. Candas, J. P. Libert : Sweating responses and body temperatures during nocturnal sleep in humans, Am. J. Physiol., 252(1987), pp. R462-R470

34) A. G. Buguet, S. D. Livingstone, L. D. Reed : Skin temperature changes in paradoxical sleep in man in the cold, Aviat Space Environ Med., 50-6(1979a), pp. 567-570

35) A. G. Buguet, B. H. Roussel, W. J. Watson, M. W. Radomski : Cold-induced diminution of paradoxical sleep in man, Electroencephalogr Clin Neurophysiol., 46-1(1979b), pp. 29-32

36) E. H. Haskell, J. W. Palca, J. M. Walker, R. J. Berger, H. C. Heller : The effects of high and low ambient temperatures on human sleep stages, Electro Clin Neurophysiol, 51(1981), pp. 494-501

37) K. Tsuzuki, K. Okamoto-Mizuno, K. Mizuno : Effects of humid heat exposure on human sleep stage, melatonin secretion and thermoregulation during nocturnal sleep, Journal of Thermal Biology, 29(2004), pp. 31-36

38) K. Okamoto-Mizuno, K. Tsuzuki, K. Mizuno : Effects of humid heat exposure in later sleep segments on sleep stages and body temperature in humans, Int J Biometeorol., 49-4(2005a), pp. 232-237

39) K. Okamoto-Mizuno, K. Tsuzuki, K. Mizuno, T. Iwaki : Effects of partial humid heat exposure during different segments of sleep on human sleep stages and body temperature, Physiol Behav., 83-5(2005b), pp. 759-765

40) 都築和代，温熱環境と睡眠，日生気誌，50-4(2014), pp. 125-134

41) K. Tsuzuki, K. Okamoto-Mizuno, K. Mizuno, T. Iwaki : Effects of airflow on body temperatures and sleep stages in a warm humid climate, Int J Biometeorol., 52-4(2007), pp. 261-270

42) 森戸直美，西宮　肇，都築和代：冷房の気流が睡眠と皮膚温に及ぼす影響―被験者実験による冷房方法の比較―．空気調和・衛生工学会論文集，161, pp. 19-27, 2010

43) K. Okamoto-Mizuno, K. Tsuzuki, K. Mizuno : Effects of head cooling on human sleep stages and body temperature, Int J Biometeorol., 48(2003), pp. 98-102

44) 都築和代：眠りの科学とその応用，快適な睡眠をサポートする温熱環境（2007), pp. 187-202, シーエムシー出版

45) K. Tsuzuki, K. Okamoto-Mizuno, K. Mizuno : The effects of low air temperatures on thermoregulation and sleep of young men while sleeping using bedding, Buildings, http://dx.doi.org/10.3390/buildings8060076, 2018

46) K. Okamoto-Mizuno, K. Tsuzuki, K. Mizuno, Y. Ohshiro : Effects of low ambient temperature on heart rate variability during sleep in humans, Eur J Appl Physiol., 105-2(2009), pp. 191-197

47) 水野一枝，都築和代：低温環境が高齢者の睡眠および体温調節に及ぼす影響，日本家政学会第55回大会研究発表要旨集，204, 2003

48) 望月要佑，前田和毅，都築和代，鍋島佑基：冬季の避難所を想定した睡眠環境が人の生理反応に及ぼす影響に関する研究，日本建築学会環境系論文集，83巻，747号，pp. 465-472, 2018

49) 田辺，堤ら：オフィス空間における湿度が熱的快適性に与える影響に関する研究 第1報，空気調和・衛生工学会論文集，31巻，109号，pp. 1-9, 2006

50) 田辺，堤ら：オフィス空間における湿度が熱的快適性に与える影響に関する研究 第2報，空気調和・衛生工学会論文集，33巻，137号，pp. 1-8, 2008

51) WHO : WHO Guideline for Indoor Air Quality, Dampness and Mould, 2009

52) C. G. Bornehag, J. Sundell et al. : Dampness in Building and Health, Indoor Air, No.11, pp. 72-86, 2001

53) 吉野ら:児童のアレルギー性症状と居住環境要因との関連性に関する調査研究,日本建築学会環境系論文集,79巻,695号,pp. 107-115, 2014

54) M. Ricchards : A Census of Mould Spores in the Air over Britain in 1952, Trans Br Mycol Soc, 39(1956), pp. 431-441

55) I. Nilsby : Allergy to Mould in Sweden, Acta Allerfologica, 2(1949), pp. 57-90

56) G. W. Brundrett : Criteria for Moisture Control, Butterworths Publications Ltd, 1990

57) C. E. A. Winslow et al. : Temperature and Human Life, Princeton University Press, 1949

58) I. Andersen et al. : Human Response to 78-Hour Exposure to Dry Air, Arch Environ Health, 29(1974), pp. 319-324

59) 鮮于,栃原ら:低湿度が人間に与える影響の調査研究（その5），空気調和・衛生工学会大会学術講演論文集,pp. 1677-1680, 2005

60) J. E. Laviana et al. : Humidity, Comfort and Contact Lenses, ASHRAE Trans. 94(1), pp. 3-11, 1988

61) 堤,田辺ら:オフィス空間における在室者の乾燥感に関する研究（その12），日本建築学会大会学術発表梗概集,pp. 529-530, 2005

62) 堤,田辺ら:超低湿度環境における在室者の健康性・快適性・知的生産性に関する研究,空気調和・衛生工学会大会学術講演論文集,pp. 945-948, 2005

63) 髙田ら:低湿度環境下での乾燥感に関する研究（その4），日本建築学会大会学術講演梗概集,pp. 289-290, 2012

64) E. Gaul et al. : Relation of Dewpoint and Barometric Pressure to Chapping of Normal Skin, J Int Dermatol, 19(1952), pp. 9-19

65) D. A. McIntyre et al. : Subjective Responses to Atmospheric Humidity, Environ Res 9(1975), pp. 66-75

66) 開原ら:室内滞在時の皮膚含水率と温湿度の関係についての実態調査,日本建築学会環境系論文集,82巻,734号,pp. 337-345, 2017

67) 開原ら:室内温湿度変化に対する皮膚含水率の非定常応答のモデル化,日本建築学会環境系論文集,79巻,697号,pp. 233-239, 2014

68) L. G. Berglund et al. : Perceived Air Quality and the Thermal Environment, IAQ'89, pp. 93-99, ASHRAE, 1989

69) L. G. Berglund : Comfort Benefits for Summer Air Conditioning with Ice Storage, ASHRAE Trans., 97(1), pp. 843-847, 1991

70) L. G. Berglund : Thermal Comfort with Cold Distribution/ Cold Thermal Storage, Proc. Advances in Cold Air Distribution Technology, Fort Collins, Colo, Electric Power Research Institute, 1994

71) L. Fang et al. : Impact of Temperature and Humidity on Perception of Indoor Quality, Indoor Air, 8-2 (1998), pp. 80-90

72) L. Fang et al. : Impact of Temperature and Humidity on Perception of Indoor Quality During Immediate and Longer Whole-Body Exposure, Indoor Air, 8-4(1998), pp. 276-284

73) G. J. Harper : The Influence of Environment on the Survival of Airborne Virus Particles in Laboratory, Archiv of Gesamt Virusforschung, 13-64(1963), pp. 64-71

74) J. Shaman, M. Kohn : Absolute humidity modulates influenza survival, transmission, and seasonality, PNAS 106-9(2009), pp. 3243-3248

75) 倉渕ら:インフルエンザの感染に影響するインフルエンザウィルス生存率と絶対湿度の関係について,空気調和・衛生工学会大会学術講演論文集,pp. 1339-1342, 2009

76) 浅利,倉渕ら:インフルエンザウィルスの生存率を考慮した空調室内感染抑制手法に関する基礎的研究,

参 考 文 献

日本建築学会関東支部研究報告集，pp. 97-100，2009

77) 市川，田辺ら：医療・福祉施設における感染制御に関する研究 第18報，空気調和・衛生工学会大会学術講演論文集，pp. 21-24，2006

78) Anon：Investigation of Shocks by Static Electricity Occurring at Country Hall Island Block, Greater London Council Bulletin No. 87, Item 6, pp. 6/1-6/2, 1975

79) 低温送風空調システムの計画と設計（2003），p. 118，空気調和・衛生工学会

80) 田辺：静電気・人体帯電が居住者に与える影響に関して，第20回人間－環境系シンポジウム，pp. 117-120, 1996

81) ANSI/ASHRAE：ASHRAE Standard 55 Thermal Environmental Conditions for Human Occupancy, 2017

82) CIBSE：Environmental factors affecting office worker performance, TM24, CIBSE, 1999

83) 羽田正沖，西原直枝，田辺新一：知的生産性によるオフィスの温熱環境の経済的影響評価，日本建築学会大会学術講演梗概集，pp. 455-458，2006

84) 西原直枝：第14版空気調和・衛生工学便覧，第5編（2010），pp. 562-564，空気調和・衛生工学会

85) M. J. Mendell et al.：Improving the Health of Workers in Indoor Environments: Priority Research Needs for a National Occupational Research Agenda, American Journal of Public Health, 92-9 (2002)

86) W. Fisk, A. Rosenfeld：Estimates of improved productivity health from better indoor environments, Indoor Air (1997), pp. 158-172

87) 高井啓明：知的生産性の三階層モデル，建築環境・省エネルギー機構編「建築と知的生産性」（2010），pp. 16-23，テツアドー出版

88) 田辺新一，西原直枝：知的生産性にかかわる生理・心理評価，建築環境・省エネルギー機構編「建築と知的生産性」（2010），pp. 40-49，テツアドー出版

89) H. M. Vernon：The influence of hours of work and of ventilation on output in tinplate manufacture, Report to Industrial Fatigue Research Board, No.1, London, 1919

90) F. A. Chrenko：Bedford's Basic Principles of Ventilation and Heating, H. K. Lewis, London, 1973

91) O. Seppänen, W. J. Fisk, Q. H. Lei：Room temperature and productivity in office work, Proceedings of Healthy Buildings (2006), pp. 243-247

92) R. J. de Dear, T. Akimoto, E. A. Arens, G. Brager, C. Candido, D. Cheong, B. Li, N. Nishihara, S. C. Sekhar, S. Tanabe, J. Toftum, H. Zhang, Y. Zhu：Progress in thermal comfort research over the last twenty years, Indoor Air, 23-6 (2013), pp. 442-461

93) 西原直枝，田辺新一：中程度の高温環境下における知的生産性に関する被験者実験，日本建築学会環境系論文集，68巻，568号，pp. 33-39，2003

94) 西川雅弥，西原直枝，田辺新一：中程度の高温環境下の長時間作業が作業効率と疲労に与える影響に関する被験者実験，日本建築学会環境系論文集，74巻，638号，pp. 525-530，2009

95) S. Tanabe et al.：The effect of indoor thermal environment on productivity by a year-long survey of a call centre, Intelligent Buildings International, 1-3 (2009), pp. 184-194

96) 西原直枝，羽田正沖，田辺新一：夏季冷房28℃設定オフィスにおける執務者の着衣量および主観申告調査，日本家政学会誌，61(3)（2010），pp. 169-175

97) 羽田正沖，西原直枝，中村駿介，内田智志，田辺新一：夏季室温緩和設定オフィスにおける温熱環境実測および執務者アンケート調査による知的生産性に関する評価，日本建築学会環境系論文集，74巻，637号，pp. 389-396，2009

98) 空気調和・衛生工学会：温熱環境委員会（重点研究）：我慢をしない省エネへ〜夏季オフィスの冷房に関す

る提言～報告書，http://www.shasej.org/iinkai/gamanwoshinaisyouene/gamanwoshinaisyouene.pdf（閲覧日 2017 年 10 月 26 日）

99) Shin-ichi Tanabe, Naoe Nishihara, Masaoki Haneda : Indoor Temperature, Productivity and Fatigue in Office Tasks, ASHRAE HVAC&R Research Journal, 13-4(2007), pp. 622-632

100) N. Nishihara and S. Tanabe : Effect of individual control of air velocity on office workers' productivity with subjective experiment, Journal of Home Economics of Japan, 56-3(2005), pp. 153-161

101) S. Tanabe, M. Haneda, N. Nishihara : Workplace productivity and individual thermal satisfaction, Building and Environment, 91(2015), pp. 42-50

8. 実　　　　例

8.1　オフィス

8.1.1　28℃オフィス

　省エネルギーにするために冷暖房や換気をしないという極端なことも考えられるが，これは正しくない．オフィスなどでは知的生産活動が行われているからである．典型的な事例としてクールビズに関して取り上げてみよう．

　2005年から政府主導で地球温暖化対策のため「クールビズ（COOLBIZ）」が行われている．夏の軽装も日本では定着してきた感がある．しかしながら，過度にクールビズに取り組んでいたある事業所では，図8.1，表8.1に示すように温熱不満足者率は70％を超えた．これは本末転倒である．ま

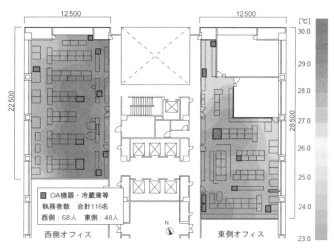

図8.1　設定温度28℃オフィスにおける室内空気の平面温度分布（8月）

表8.1　設定温度28℃オフィスにおける温熱環境に関する申告

	7月期		8月期		9月期	
	出勤時	退勤時	出勤時	退勤時	出勤時	退勤時
有効回答件数［件］	171	170	142	141	59	59
温冷感［－］	1.2	1.0	1.8	1.1	0.3	0.8
温熱環境満足度［－］	－0.30	－0.29	－0.50	－0.35	0.04	－0.14
温熱不満足者率［％］	73	74	80	70	37	64

8. 実　　　例

ずは居住者の快適性・健康性を維持することが第一になる．

　クールビズの設定温度が28℃とされたのは，1970年（昭和45年）に制定された「建築物における衛生的環境の確保に関する法律」（以下，建築物衛生法）の管理基準温度の上限である．同法では環境衛生管理基準として温度を17～28℃と定めている．その基礎となった資料は厚生科学研究費「ビルディングの環境衛生基準に関する研究」であるが，この報告書の中で28℃とされた理由に関しては理想値，目標値や推奨値ではなく，許容最低限度の上限値であると記述されている．間違っても推奨温度にするなと書いてある．すなわち，28℃を推奨値とすることは間違っている．同報告書では冷房ありの場合の推奨値は22～24℃とされている．関係する資料は，空気調和・衛生工学会が公表した文献[1]に詳しい．

　クールビズの取組みは知的生産活動を行うオフィスが対象となるため，我慢で省エネルギーを実現するのではなく冷静な科学的な知見が必要となる．オフィス労働者の人件費は，エネルギーや建築物のコストよりもはるかに高い．実際の影響を調べるために，生産性を定量化しやすいコールセンターにおいて，生産性と室内環境に関する測定調査を行った．約100人のオペレーターが取り扱った年間累計1万3169人分のコールデータを対象として分析を行った．平均室温が25.0℃から28.0℃に3.0℃上昇したときに，時間当たりの平均応答件数の低下率は約6％となった[2]（図8.2）．1日の就業時間を8時間とすると同じ成果を上げるためには，約30分間残業が必要になる．節電による歩留まり悪化など工場の生産性低下は経営者の目に留まりやすい一方で，オフィスワーカーに対しては効率を下げることを強いていても，それが意識されることは少ない．日本の最も重要な産業は知識産業である．オフィスにおける知識創造や知的活動を犠牲にして省エネルギーに取り組むのは本末転倒となる．

　その後，2017年5月11日に，ある副大臣が28℃設定には根拠がないと発言したこともあり，マスコミが大騒ぎした．さまざまな報道があったが，環境省は28℃設定という言葉は使用しなくなった．また，その後「どうして28℃？」という解説をホームページ上で公開している[3]．その中で被験者実験結果が示されており，室温28℃時の「軽装」と室温26℃時の「スーツ」の温熱感はほぼ同じであり，どちらでもない，やや暖かいの間になっていることが示されている．しかしながら，その根拠とされている実験では放射温度が重要と述べているにもかかわらず，実験室の周壁温度は室温とほぼ同等，気流速度も通常オフィスよりも高く，相対湿度が40％で実験が行われている．こ

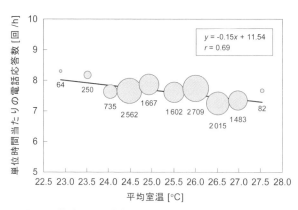

図8.2　勤務中の平均室温と単位時間当たりの電話応答数

れは同じ28℃の空気温度でも温熱環境6要素すべてで考える必要があることを示している．2017年夏に環境省は以下のように記述を変更した．

　　地球温暖化対策のため，冷房時の室温を28℃で快適に過ごせる軽装や取組みを促すライフスタイル「クールビズ」の取組みにご理解をいただき，28℃を目安に，冷房時の外気温や湿度，建物の状況，体調等を考慮しながら，無理のない範囲で冷やし過ぎない室温管理をお願いいたします．

8.1.2　オフィス執務者の受容度

オフィスという目的空間においては，空調は執務という知的生産活動を支える一要素である．したがって，空調は積極的な快適を主張するものではなく，執務者の不快の排除が本務となる．

〔1〕　空調に対する満足度

我が国において一般建築に冷房が導入されてまだ1世紀も経たないが，今や空調はあって当たり前と広く認識されている．したがってオフィス執務者は夏は涼しく冬は暖かく快適な職場であることを期待するが，自宅にも冷暖房が普及した現在，オフィスの空調システムごとの満足度を調査した結果[4]（図8.3）をみると，思ったほどの満足が得られていない．

これは合計1 500人に対して実施したオフィス空調の印象評価であるが，従来から標準的なシステムと考えられてきた中央式空調単一ダクトVAV方式よりも，比較的簡便な空調とされるマルチパッケージ型空調システムの方が満足度は高く，さらに放射空調にパーソナル空調を加味したシステムの方が満足が得られている．

〔2〕　空調に関する改善要求

図8.4は1971年の竣工当時としては最先端（インテリア：単一ダクトVAVラインディフューザ，ペリメータ：ペリカウンタ内蔵FCU）の空調システムが導入されたオフィスビルにおいて調査した空調に関する改善要求（いわゆる空調クレーム）の発生状況[5]である．竣工後30年を経過しているものの，きめ細かい保守管理で空調システムの実力は十分に発揮されていた状況である．

このオフィスで執務者からは年間で在籍者1人当たり平均0.13回の空調クレームが発せられており，男性主体の温熱環境を提供していたためか，女性からの申告は男性の12倍だった．クレームの内容は，暑すぎる，寒すぎる，気流が強すぎる，あるいは弱すぎる，などと多岐にわたる．空調クレームはオーナーやエンジニアにとってはネガティブな情報でもあり，従来あまり研究対象に

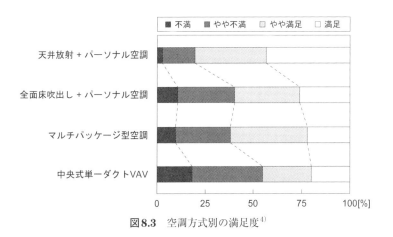

図8.3　空調方式別の満足度[4]

8. 実　　例

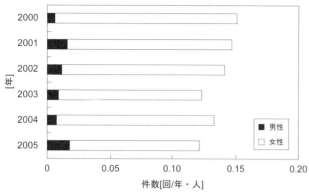

図8.4　某オフィスの空調クレーム発生数[5]

図8.5　オストラコン（非受容申告装置）

なっていなかったが，調べてみると決して万人に受け入れられているわけではないようだ．

[3] 非受容申告

オフィスの非受容申告が出現する状況を調査するために，オストラコンと名付けた非受容申告装置（図8.5）をそれぞれの執務者に自席で使ってもらった．オストラコンとは元来古代ギリシャで市外追放者の投票に用いられた陶片のことで，ボタンを押すだけで暑すぎるあるいは寒すぎるの非受容申告の時刻と，その場の温熱環境を記録できる．また，椅子の座面に設置した着座センサの記録と組み合わせて，自席で執務中に無申告（非受容でない）の状況も知ることができる．

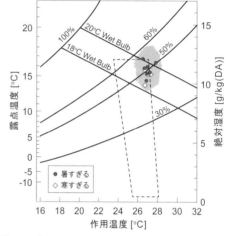

図8.6　某オフィスにおける「暑すぎる」「寒すぎる」の非受容申告と無申告の範囲[6]

図8.6は，あるオフィスで調査した非受容申告と無申告の分布[6]である．灰色のエリアは，在席していながらも不満をあえて申告していない無申告の範囲を示し，暑すぎると寒すぎるの非受容申告はプロットで示している．非受容申告はそのときの温熱環境に関する不満の積極的な申告で，無申告は在席していながらも不満をあえて申告するには及ばない状況ととらえることができる．

いろいろなオフィスの執務時間における温熱環境の空間分布および時刻変動を詳細に観察してみると，必ずしも均一で一定にはなっていないことがわかる[7]．図8.6において，自席に着席しながらも非受容申告を発していない灰色のエリアを見ると，このオフィスにおいても温熱環境は比較的広範囲の分布がある．さらに，暑すぎるおよび寒すぎるの非受容申告は灰色の無申告エリアの中央付近に分布しており，双方の分布にあまり偏差がみられない．

このことから，空調のクレームは執務者個々の着衣量，代謝量および温熱的履歴や嗜好などにも要因があり，室内の温熱環境を均一かつ一定に維持しても根絶できないものと推察される．次世代の空調には，パーソナル空調のように執務者個々の温熱環境を調整できる機能が必要なのではないだろうか．

8.1.3 パーソナル空調

パーソナル空調とは，従来の室内を均一にすることを目標としたオフィスの空調とは異なり，在室者一人一人に個別の温熱環境をきめ細やかに提供する空調方式である．室内の温冷感や気流に対する個人の好みには差があり，均一で画一的な空調空間は在室者に不満を抱かせる原因となりうる．また，空調エネルギーを削減するため，室内全体の設定温度緩和を行うと，在室者の快適性を維持することは困難であり，生産性の低下にもつながる．

パーソナル空調と同等の概念をもつ広義の用語として，タスクアンビエント空調がある．デスクまわりなど在室者が長時間執務を行う「タスク域」と，通路や共用スペースなど比較的短時間しか滞在しない部分や，天井付近など直接空調を行う必要のない「アンビエント域」に空調空間を分割し，それぞれ空調制御を行う方式である．タスクアンビエント空調は，在室者の快適性向上と省エネルギー性の両方を享受することを狙いとしている．全体の空調計画や運用にも深く影響を受けるが，アンビエント域の温度条件を緩和しながら，パーソナル空調でタスク域の快適性を維持し，トータルで省エネルギーを実現することができる．また，在室者個人が，タスク域空調を制御できるようにすれば，各人の好みに対して追随することができ，満足度の向上につながる．

タスク域を空調するパーソナル空調の方式はさまざまな事例があるが，本項では，テナントオフィスビルの一部に導入した，デスク組込み型パーソナル空調[8]の実例に関して概説する．図8.7に設置状況を示す．

〔1〕 デスク組込み型パーソナル空調の概要

高温冷水（約16℃）と温水（約40℃）をOAフロアから冷温水配管を接続し，人体をピンポイントに効率的な冷暖房を行うものである．図8.8に概要を示す．冷暖房の方式は各個人の好みや代謝状態に合わせて選択できるよう，小型の冷温水パネルを用いた「放射式」と，同様の冷水パネルを天板に入れた「接触式」，冷水コイルとファンを用いた「対流式」の3種類を実装し手元のスイッチにて在室者が自由に操作できるようにした．また，デスクにはタスクアンビエント照明用のタスクライト（机上面照射用）・アッパーライト（天井面照射用）も組み込んでいる．人感センサを搭載し机を離れて一定の時間が経過すると自動的に消える仕組みとなっている．

〔2〕 各要素の人体への効果

導入に先立ち，各効果を実験室にて検証した．

図8.7 デスク組込み型パーソナル空調の設置状況

8. 実　　　例

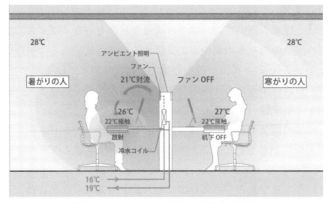

図8.8　パーソナル空調の概要（冷房時）

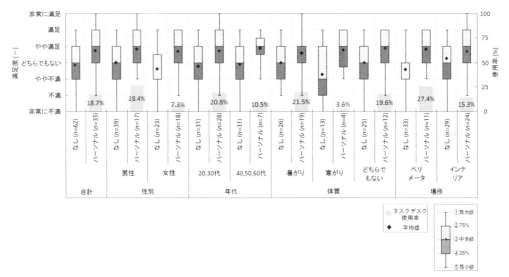

図8.9　アンケート結果と満足度，タスクの使用率

（a）対　流　式　衝立内にファンを設置し，吹出し口はパンチングとスリットを組み合わせることで，ファンの運転強度によって吹き出す気流の方向を調節できる形状となっている．サーマルマネキン[9]によって測定すると，冷却する体の部位を風量により変えられ，最大約1℃程度，等価温度を低減することができていた．

（b）放　射　式　冬季に冷えがちな足下を無気流で暖房できるこたつのような装置として設置している．天板裏に設置したパネルが人体に対する形態係数が大きくなり，暖房効果が大きかった．

（c）接　触　式　机天板を冷やすことで，腕への冷却効果を狙う．腕部の冷却は全身の温冷感に関係があり，実験によるとアンビエント28℃環境下での接触パネル使用時に，接触面の快不快感も考慮すると皮膚温との差は6.0℃が最も効果的であった[8]．

〔3〕空調選択による満足度

デスク組込み型パーソナル空調を導入したテナントオフィスビルにて，夏季に同一フロアにある

パーソナル空調があるエリアとないエリアで，それぞれ快適性に関するアンケートを実施[10]した．それによると，タスク空調が導入されているエリアは，されていないエリアに比較して満足度が高く，「非常に不満」の回答数が0となる結果であった（$n=97$）．また，作業効率に関する自己申告の向上が大きく，65％もの在室者が，自身の作業効率が向上したと回答している．満足度の向上は知的生産性の向上に結び付けられるとの報告もあり，知的生産性の向上が期待される[11]．

図8.9にアンケート結果と満足度，タスクの使用率の関係を示す．各席のアンケートと運転時間のログを関連付け表示している．性別による差をみると，男性のパーソナル空調使用率は28％なのに対し，女性は7％と少ないが，どちらも快適性が向上している．それぞれの項目をみていくと，どのような年代，体質，場所においてもパーソナル空調の使用率はそれぞれ異なるが，パーソナル空調を使っていても使っていなくても，満足度が向上することが読み取れる．これにより空調を「選択」できるということが快適性につながることがわかる．

8.1.4 放 射 空 調
〔1〕 特　　　徴[12]

放射空調は，床，天井などを加熱または冷却することにより人体との間で放射熱交換を行い，快適感を保つシステムである．図8.10[13]は，着座時の各気流速度においてPMVが0となる空気温度と平均放射温度（tr）の関係を示したグラフである．気流速度が0.2 m/sのとき，trは26℃，空気温度は27℃でPMVは0となるが，trが24℃に下がると空気温度が29℃でPMVは0となる．このようにtrが快適感に与える影響が大きいことがわかる．以下に放射空調方式の特徴を示す．

1) 吹出し気流によるドラフト感や騒音が少ない室内環境を形成することができる．
2) 15～20℃の高い冷水温度で計画できるため，冷凍機効率を向上させることができる．
3) 冷房時に潜熱負荷を処理できないため，除湿用空調が別に必要になる．

〔2〕 空調設計の留意点

従来の空調設計は，室内空気を冷却，加熱制御することを前提に確立されているが，放射空調の場合はtrも含めて考慮する必要がある．trの計算においては，日射を受ける窓面や室内各面の相互放射などの影響を考慮する必要がある．また，冷却，加熱面の放射と対流に分離された能力のデータを整備する必要がある．

〔3〕 実例：D本社[14]

長野を拠点とするIT企業のDの本社である．基準階オフィスでは，熱と光の放射環境に配慮する計画とした．表8.2に建築概要を，図8.11にオフィス内観を，図8.12にオフィス断面図を示す．照明は導光板の上

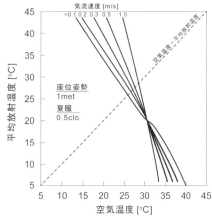

図8.10　夏服・相対湿度50％時に椅座静位の人にとって熱的中立を実現するために必要とされる空気温度とtrの組合せ

表8.2　D本社の建築概要

所在地	長野県長野市
延べ床面積	9 873 m²
階　数	5階
構　造	S造，免震構造
竣　工	2013年

8. 実　　　例

図8.11　D本社のオフィス内観

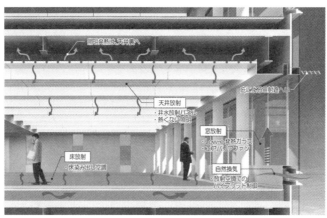

図8.12　D本社のオフィス断面

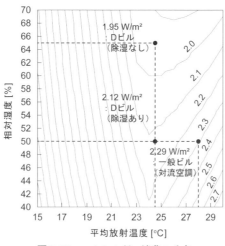

図8.13　エクセルギー消費の分布

8.1 オフィス

端部からLEDの光を導入する「スクリーンライト」を天井面から突き出すように設置，適度な輝度を有する鉛直面として明るさ感を高める計画とした．放射システムは，裏面に冷温水配管を敷設したアルミパネル天井による方式として，供給冷水は井水との熱交換ですべて製造している．外気は低温再生型のロータデシカント空調機で処理している．

放射システムの人体エクセルギー理論による評価を試みた．図8.13に夏季の空気温度が26℃のオフィスビルを想定し，周壁平均温度と相対湿度の組合せと人体エクセルギー消費の関係を示す．周壁平均温度が約24℃（室温−2℃）の条件で人体エクセルギー消費が小さい傾向にあり，放射冷房は人体エクセルギー消費を小さくする（＝身体への負担が少ない）システムである．

〔4〕 実例：Sビル[15]

S本社ビルで，TABS（thermal active building systems[16]）の概念を参照した躯体放射空調方式により安定した室内環境を実現した．表8.3に建築概要を示す．TABSとは，コンクリートに埋設された冷水配管によりコンクリート躯体を冷却するシステムで，夜間にコンクリート躯体を冷却，昼間は蓄えられた冷熱を放熱して冷房を行う．そうすることで，昼間は熱源を外気処理システムだけに利用できるため，熱源容量を削減することができる．今後，時刻別電力料金の差が拡大していくことも検討されており，有効な対策の一つと考えられる．

図8.14にオフィス断面図を示すが，構造躯体の凹凸形状を設備が有効に利用している．凹部のシンダーコンクリート内に冷温水配管を敷設，上端には断熱材を施して，配管下部のコンクリートに蓄熱するようにしている．外気はデシカント空調機で処理，凹凸の空間を経由して床面から供給する計画としている．

表8.3 Sビルの建築概要

所在地	東京都千代田区
延べ床面積	17 789 m²
階　　数	10階，地下3階
構　　造	S/RC/SRC造，免震構造
竣　　工	2016年

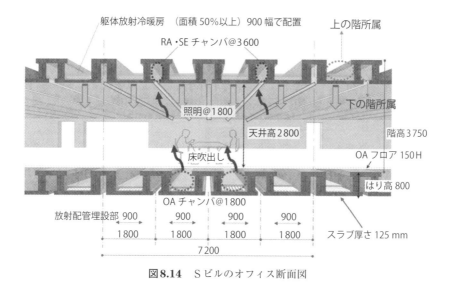

図8.14　Sビルのオフィス断面図

8. 実　　　　例

8.2　住　　　　宅

8.2.1　住宅内の温熱環境のモバイル計測
〔1〕静的環境から動的環境へ

3章において述べたさまざまな温熱環境評価手法は，長期滞在を目的とした空間の評価において非常に有効である．しかし，建築は本来，滞在を前提とした空間と移動を伴う空間の総体であり，中村[17]は居住環境温度を「人体を，行動を伴った時間的連続体と捉えたうえで，人体が建築空間の中にあるときの環境の温度」と定義している．このように考えると，各空間との連続性と関連性を考慮した動的な熱的快適性により温熱環境を評価する意義がある．

環境情報をセンシングするための手段として「Arduino」をはじめとしたオープンソースのマイコンがある．例えば，Arduinoは Processing 言語を実装しており，基板には Atmel AVR マイクロコントローラと簡単な入出力端子を具備している．ハードウエア情報は無償で公開されており，多くの互換機が存在している．Arduinoはスタンドアロンもしくは PC と接続することを念頭に設計されていたが，スマートフォンと連携するデバイスの登場により，インタフェイスをスマートフォンに代用することも可能になった．スマートフォンは奥行きセンサ，GPS位置情報，ジャイロセンサ，電子コンパス，加速度センサ，輝度センサなどを実装している．また，API（application programming interface）が公開されているため，マイクやカメラといったデバイスを風圧（圧力）や照度センサに読み替えることによって，それ自体をウエアラブルなセンシングデバイスとして扱うことも可能である．これらのデバイスを用いることで情報量が飛躍的に増え，時間精度の高いセンシングが可能になることで，非定常な現象を計測することが可能になった．

〔2〕ウエアラブルセンシングデバイスの開発

人間の行動や心理・生理を加味しながら，どのようなときに快適と感じるかを簡易な方法で計測するために，ウエアラブルな小型計測器を開発した．ウエアラブルセンサの基板を図**8.15**に，回路図を図**8.16**に示す．基板にはマイコン，温湿度計，照度計，風速センサ，Bluetooth BLE を組み込んだ．マイコンは「ATSAMD 21」を採用した．照度計は「TSL 2591」，温湿度計は「SHT 25」，風速計は「wind sensor」を採用した．Bluetoothは「Koshian」に搭載されているモジュールを組み込んだ．本デバイスは時定数を優先して開発を行った．

次に，システムの概要を示す．ウエアラブルセンサとスマートフォンを Bluetooth で接続することにより，ウエアラブルセンサによる温湿度，照度，風速の計測情報および，スマートフォンに内

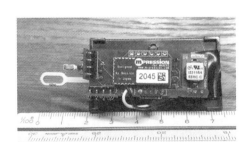

図**8.15**　ウエアラブルセンサの基板

8.2 住　　　宅

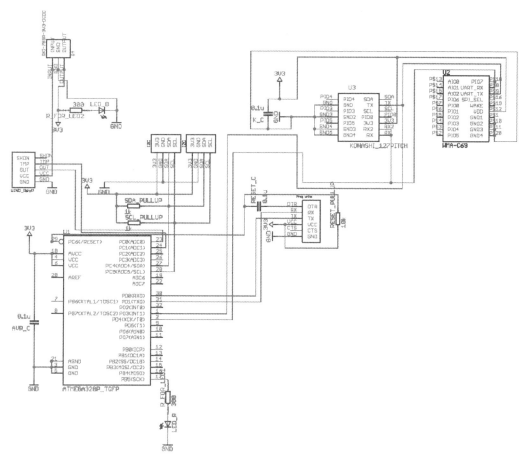

図8.16　回路図

蔵されているGPS位置情報をスマートフォンに毎秒記録する．図8.17はアプリケーションの計測モードのインターフェイスである．照度，温度，湿度，風速が表示され，その状況における快・不快の申告を行うことができる．快・不快の申告は1秒間に最大で6回程度認識できる仕様とした．アプリケーションを操作するタイミングと，アプリケーションで入力した情報（快・不快の強度）についても合わせてスマートフォンに記録される．ウエアラブルセンサとスマートフォンで取得した情報はCSV形式で書き出すことが可能で，Wi-FiまたはLTE経由でWeb地図サービスにJavascriptを用いて可視化できる（図8.18）．

温湿度センサはデジタルセンサであり，チップの発熱を受けないよう2秒に1回チップに通電して温度・湿度を計測し，データの書き込みは毎秒行う仕様とした．照度センサも筐体によっては形態係数が変わるため，ケーシングに関して注意が必要である．風速センサは線形性が担保されているが，給電時の電圧と発熱体およびサーミスタにわずかな個体

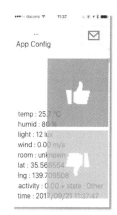

図8.17　計測モードの
　　　　インターフェイス

8. 実　　　例

図8.18　風速のWeb地図サービスへの可視化

差がありこれが風速の値に影響を及ぼすため，風洞試験機でのキャリブレーションは必須になる．チューニングにより1次式の補正式によるキャリブレーションが可能となったため，2点の風速値の計測のみでキャリブレーションを行うことができる．

〔3〕　結　　　果

Arduino，Bluetoothモジュール，各種センサとスマートフォンを組み合わせ，動的な環境と心理量を同時計測可能なウエアラブルセンサを開発した．本システムにより，環境情報と心理量について，行動履歴を含めて可視化することができた．

8.2.2　ゼロエネルギーハウス（ZEH）

これからの住まいは，日本そして世界全体で環境影響を抑え，エネルギー問題を解決するために，ゼロエネルギーハウス（ZEH），あるいはそれ以上が社会として求められる．2015年のデータでは[18]，日本の住宅でのエネルギー消費量の約24.6%が冷暖房の用途と大きいため，室内温熱環境などを快適性・健康性といった質の面で性能向上させながら，同時に，住まいのエネルギー性能を高める必要がある．この二つのバランスをとることが，ZEHにおける環境計画である．

ZEHは我が国では2015年に，「外皮の断熱性能等を大幅に向上させるとともに，高効率な設備システムの導入により，室内環境の質を維持しつつ大幅な省エネルギーを実現したうえで，再生可能エネルギーを導入することにより，年間の一次エネルギー消費量の収支がゼロとすることを目指した住宅」と定義された[19]．

ZEHの設計プロセスでは，次の(a)〜(e)などの検討がなされる[20]．

(a)　**地域の気候特性**　ZEHは地域に応じた環境設計が必要である．建設地の四季の気象データ[21]や地理的特性に基づいて，利用可能な自然エネルギー・リソースについて検討する．リソースは，太陽エネルギーや地中熱，風，水などがあろう．また，気候に合わせて室内温熱環境の季節ごとの状態と適切な目標設定をして，それに必要な設備の導入や容量の適正な計画，方位などを考慮した建物や開口の配置，外構などの検討が行われる．

(b)　**外　皮　性　能**　構造計画・平面計画とともに，壁，床，基礎，屋根などの断熱性や気密性を向上させる計画を行う．窓やサッシは居住性を高めるという観点で重要であるが，一方で熱の出入り部分となるため，位置や大きさの検討，建材選択の際の環境性，省エネルギー性や健康性と

8.2 住　　　宅

いった点からの検討を行う．また，ブラインドなど住む人が調整できる工夫も重要である．外皮性能の向上は ZEH の中心的な設計技術となる．

(c)　プランニング　住宅の外周部の熱処理と暮らし方にかかわるプランニングは，ZEH のエネルギー消費量に大きく影響を与える．平面計画では，窓の位置や素材の計画などにより，風の流れや南面東西面の日射コントロールによってパッシブデザインを取り入れることもできる．また，既存住宅にも利用できる方法として，いくつかの内壁やドアを断熱し，居住時間の長い居室の省エネと温熱性能を向上させる方法も提案されている．住文化，あるいは，住む人のライフスタイル，心身の健康状態などに合わせた，多様な ZEH のプランニングが求められるだろう．

(d)　住 設 設 備　ZEH において設備機器は省エネ，創エネルギー（創エネ），蓄エネルギー（蓄エネ）の観点で検討し，これらの連携利用など，運用まで含めた機器選択と計画が重要となる．給湯設備，冷暖房設備，厨房設備，照明計画や家電など，暮らしに必要な設備機器は，使用年数も長いことから，省エネに配慮した設備機器の選定で高効率の機器を選択することや，人数や生活にあった設備容量の適正化を行う．また，創エネ設備と住設設備を連携させて，燃料電池や太陽熱集熱・地中熱で生成したお湯を，冷暖房や給湯に用いることもある．創エネでは (a) での地域の気候特性のデータをもとに，太陽光発電など設備を導入して自然エネルギーが利用できれば ZEH への近道となるが，設備導入コストとランニングコストとのバランスの検討が必要である．例えば，太陽光発電ではつくられた電気を自宅で使用するほか，商用電力系へ接続する系統連携によって売電するなどし，ランニングコストやトータルの年間の消費エネルギーをゼロにすることができる．蓄エネは，自然由来のエネルギーの需給変動を考慮し，ピークを平準化・最適化することを目的としている．例えば蓄電池の導入でエネルギー消費と発電のピークのずれをならすことができ，設備容量の適正化にもなる．また，災害時のエネルギーの備えにもなる．住まいの蓄熱性能は，エネルギーの平準化のみならず外部の気象変動に対して，室内の温湿度の変化を緩やかにし，快適性や余熱による計画的エネルギー利用も期待できる．

(e)　エネルギー計算　上記の環境設計の段階で，Web プログラム[22]などを用い，建築面積，構造や外皮の性能，導入する設備機器などを選択式で入力することで，省エネと創エネがどの程度になるか年間での試算ができる．さらに設計上の Q 値（熱損失係数）も算出できる．設計案のエネルギー性能の比較が可能である．これらに含まれない新しい ZEH 技術を提案開発する場合には，各種シミュレーションで，エネルギーと室内の熱などの状況について試算する．

ここで改めて日本の ZEH について考えたい．世界の ZEH 技術は，それぞれの地域の特徴を反映し，暑さ寒さのどちらかの厳しいシーズンへの対策が多い．四季のある日本では，夏冬の暑さ寒さ両方の対策に加え，中間期についても考慮することがポイントとなる．冷暖房のスイッチを入れる日および時間を短くできれば，省エネかつ季節の変化を感じられる暮らしにつながるだろう．また雨や湿度の対策，入浴の文化による給湯需要があることなど，ZEH のハード面と同時に，ZEH での暮らし方といった生活・ソフト面での進展が期待される．

現在の冷暖房設備を ZEH にそのまま導入すると，既存住宅向けに設計されているため，容量や出力が大きすぎることもあるだろう．世帯人数の減少する社会において，小さな居住空間への適応や新しい形でのシェア（融通や集中）など考慮すべき点があると思われる．

エネルギーだけを目標とすると高断熱高気密で小さい窓が良いことになるが，居住性の点では問題もある．外部の音や温度，風や光が入ってきにくくなり，室内の人が季節や天気を感じにくくなる

8. 実　　　例

欠点がある．自然換気などをうまく取り入れ，住む人の感性豊かな生活を支える住まいが求められる．

また，ZEHの家に住めば消費エネルギーが0になる，というわけではない．住む人が適切に使用し生活する必要があるわけだが，どのようなタイミングで，何を，どうすれば省エネで快適かというメカニズムを知った上で使いこなすのは，住まい手には難しい．自動化やIoT利用などの制御技術とともに，ZEH（省エネ）行動につながるような，動機付け，行動変容につながる空間，情報，仕組みが期待される．

最後にZEHをエネルギーコストのみでみるだけではなく，性能の高い住まいが平素の温熱環境の質の向上になり，それが健康につながるといったノン・エナジー・ベネフィットにも注目する必要がある．超高齢社会に対応した日本の住まいに必要な要件でもあろう．

8.2.3　床　暖　房

自然環境の中で，寒さの厳しい季節にも快適な暮らしを営めるように，快適な室内環境を創出するのが暖房の目的である．近年の気密・断熱化が進んだ住宅では，部屋全体を暖め，快適性の高い「放射暖房」が注目されてきている．海外では暖房を必要とする寒い地方ほど，温風式暖房の採用は少なく，放射式暖房が一般的である．また，日本や韓国の"床に座る"文化も反映し，床暖房を含む温水循環システムをベースとした放射暖冷房の設計や設置，および運転制御に関する国際基準（ISO 11855）が2012年に発行された．

床暖房は，熱源として電熱線などの発熱体を用いる"電気式"と，熱源機より供給された温水を循環させる温水パイプを組み込んだユニットにより暖房を行う"温水式"に大きく分類され，優良住宅部品評価基準「暖・冷房システム（床暖房ユニット）」（BLE HS/B-b-8：2013：（一財）ベターリビング）にて住宅部品としての安全性，品質管理，施工などの基準が定められている．本項では主流であるガス温水式床暖房について述べる．

〔1〕　ガス温水式床暖房の仕組み

ガス温水式床暖房（床暖房）は，環境性の高い天然ガスを原料とした都市ガスを熱源機（ボイラなど）で燃焼・熱交換して温水（40〜60℃程度）にし，各部屋の仕上げ床下に設置された放熱器である温水マットに送り，そこで放熱して部屋を暖める方式を指す．室内で放熱して冷めた温水は再び熱源機に戻り，再度温められて温水マットに戻る循環システム[23]となっている．

温水の供給管として，耐久性・施工性に優れた架橋ポリエチレン製の温水配管（内径7 mmまたは10 mmが主流）が使用されている．温水マットへの往き配管と戻り配管は一対になり，配管経路での放熱を抑える断熱性の高いさや管に収められた仕様になっている．熱源機には放熱器である温水マットを複数接続できるため，さまざまな間取り形状にも対応できるとともに，住宅のみならず業務用途にも適用可能な施工方法や床仕上げ材のバリエーションが豊富に用意（**表8.4**）されている．

表8.4　床暖房の施工方法と主な床仕上げ材

施工方法	使用する放熱器	主な床仕上げ材
根太上下／根太間，直貼り，二重床工法	小根太入り温水マット，温水シート	木質フローリング，カーペット，タイル，コルク，畳，塩ビシート
コンクリート埋込み工法	架橋ポリエチレン管＋断熱クリップボード	業務用，洗い場などのタイル，石材

8.2 住　　宅

〔2〕床暖房で形成される室内温熱環境

　床暖房は暖められた床面からの放射熱により室内の各壁面や天井を暖め，加えて自然対流熱により均一な空気温度が形成される．特に足元の寒さがやわらげられるため，使用者の快適性，満足度が非常に高い．国立研究開発法人建築研究所"高齢対応・環境対応を融合させた実大住宅試験体"の吹き抜け空間を有するリビングにて行った実験[24]では，床暖房の場合，約6mの吹き抜け天井まで均一な温度分布が形成（**図8.19**）[24] された．さらにリビング床上0.1～1.7mの水平方向の空気温度分布は床暖房では約2℃の差しかなく，リビング全域がほぼ均一な空気温度となった．

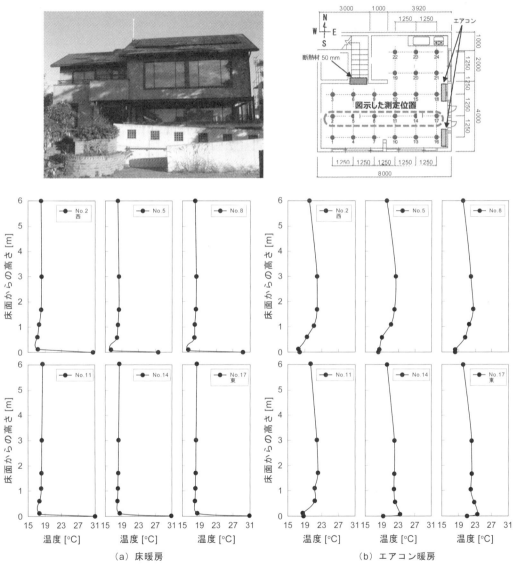

図8.19 吹き抜け空間における床暖房とエアコン暖房の高さ方向の温度分布

8. 実　例

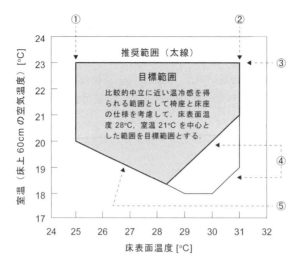

①【床表面温度の最低値】
　接触を続けている足裏の皮膚温が低下しない範囲，また椅座の場合に室温 19℃以上で −3℃以下の温冷感申告が 10%を超えない範囲として 25℃を最低値とする．
②【床表面温度の最高値】
　ある程度の時間直接接触していても火傷しない安全な範囲，また椅座の場合に室温 19℃以上で +2℃以上の温冷感申告がほぼ 10%を超えない範囲として 31℃を最高値とする．
③【室温の最高値】
　椅座の場合で +2℃以上の温冷感申告が 10%を超えない範囲とする．室温が 19〜23℃付近，床表面温度 25〜31℃付近では温冷感申告が床表面温度にあまり影響されないことを考慮して，床表面温度とは関係なく 23℃を室温の最高値とする．
④【床表面温度と室温の差の最高値】
　断熱があまりよくない場合や外気温が非常に低い場合には，床表面温度と室温の差が大きくなりコールドドラフトの影響が大きくなる．そこで，一般の使用状況なども考慮して床表面温度と室温の差は 10℃を最高値とする．ただし，外気温が非常に低い場合や，断熱性能が低い既存の住宅の場合には，室温 18℃以上であれば床表面温度と室温の差は 12℃を最高値とする．
⑤【快適性からみた床表面温度と室温の最低値】
　室温が 18℃程度になると温冷感申告は床表面温度に影響されるよことがわかっている．そこで，椅座のときに −3℃以下の温冷感申告が 10%を超えない床表面温度と室温の組合せを限界値として，以下に示される直線も床表面温度と室温の最低値とする．
　　T_a（室温）$= 0.5 \cdot T_f$（床表面温度）$+ 32.5$

図 8.20　床暖房使用時の室温・床温の推奨範囲[25]をもとに作成

〔3〕　床暖房の快適制御

　床暖房の温水マットには 40〜60℃の温水が供給され，人体や家具との床接触により閉塞温度が上昇しても温水が余分な熱をもっていってくれるため熱くなりすぎない．さらには健康や快適性，住宅の断熱や外気温条件などを考慮して，床表面温度と室温（空気温度）の推奨範囲（図 8.20）策定のための研究[25]をもとに床暖房の制御が行われている．

8.3　病院における温熱環境実測・快適性調査

　医療・福祉施設における温熱環境は，病院設備設計ガイドライン（HEAS）[26]により定められている．しかし，病院をはじめとする医療・福祉施設では，健康な医療スタッフとさまざまな疾患や症状によって温冷感が鈍化していたり，体温調節機能が低下していたりする患者が同じ空間内にいる．このことにより，両者がともに室内温熱環境に対して不満を抱えているという可能性もある．

8.3 病院における温熱環境実測・快適性調査

ここでは，人工透析室の温熱環境測定および患者・医療スタッフの快適性に関する測定を紹介する．

慢性透析の患者数は40年ほど前には全国で数百人に過ぎなかったが，以後増加の一途を辿っており，現在，30万人以上に上っている[27]．透析室の温熱環境はHEAS[26]によると，夏季26℃/50% RH，冬季23℃/50% RHとなっている．米国では季節による区別はなく，22～26℃とされている[28]．透析患者は貧血や主に糖尿病に起因する血行不良により健康者に比べ体感温度が低くなりがちであると予想されるため，同じ室内において健康で活動量の高い医療スタッフとの間で快適性の差が生まれやすいと考えられる．一般的な透析室では，治療の特性上，患者の滞在域と医療スタッフの滞在域はオープンスペースで連続し，両者は同一の室内環境に置かれる例が多い．そのため患者・医療スタッフ双方が冷暖房などの室内環境に関して不満を抱えていることが多い．

ここでは透析患者・医療スタッフ双方が快適な透析室内環境の提案に向け，おのおのの熱的快適性の特徴を把握することを目的とした研究[29]～[32]を紹介する．都内大学病院の単一ダクト方式の透析室（25床）を調査対象とした．表8.5に調査対象の建物概要を示す．2010年11月～2012年2月までの間で5回の実測を実施し，透析室内の温熱環境実測および患者と医療スタッフへの快適性調査を行った．

表8.5 対象透析室建物概要

所在地	東京都内
竣　工	1972年11月
階　数	地上12階，地下1階，塔屋2階
最高高さ	53.5 m
延べ床面積	14 888 m²
人工腎臓室を含む3階床面積	1 275 m²
空調方式	単一ダクト方式（CAV）

8.3.1 実測概要

図8.21に測定機器の設置位置を示す．空気温度，相対湿度，グローブ温度は透析室内の全ベッドおよびスタッフコーナー内にて測定した．上下温度分布は透析室入口そばに室代表点を設け測定した．CO_2濃度はスタッフコーナーにて測定した．上記の項目はすべて5分間隔で測定した．気流速度と照度は各ベッドで実測期間中に測定した．また，透析室で血液透析を行っている患者のうち調査の概要を事前に説明し，同意を得られた透析患者55人を対象として週の前半・後半の2日間について，1回の透析中の前半・後半にアンケートを行った．患者は透析中，臥位状態で片手を固定されており申告記入が困難であったため，調査員が個別に該当患者のベッドを回り，質問表を患者に見せながら口頭で温冷感（－3：寒い～＋3：暑いの7段階）や快適感（0：快適～－3：非常に

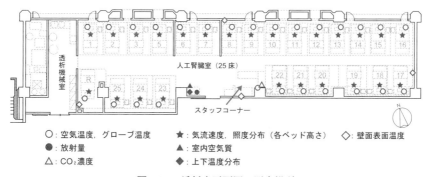

図8.21 透析室平面図・測定場所

不快の4段階）などを申告してもらい，回答を記録した．透析中の電気毛布の使用の有無，使用強度についても申告してもらい，着衣と布団の掛け方は目視で記録した．透析室の医療スタッフ33人を対象とし，患者と同様のアンケートを行った．午前・午後の各1回ずつ4日間，勤務に支障を与えない時間帯に申告してもらった．

8.3.2 快適温度域の検討

実測結果から各季節の透析患者と医療スタッフの快適域を求め，空気線図上に示した（詳細は文献30)参照）．図8.22に患者とスタッフの快適域を示す．なお，冬季の快適域は，透析患者に関しては電気毛布の使用/不使用を選択できる状態での電気毛布不使用者のみの申告値を用いている．冬季はほとんどの患者が電気毛布を使用しており，快適域算出に申告値を用いることができる患者が少なかった．そのため，快適温度域は実情よりも低めに予測されている可能性がある．したがって冬季の快適域は参考値とする．HEASの基準[27]は，夏季においては透析患者の快適域内で医療スタッフの快適域の上限よりやや高い温度域に位置し，冬季では医療スタッフの快適域の下限よりやや低い温度域に位置する．しかし，透析患者は冷えにより足がつりやすくなる傾向があるため，

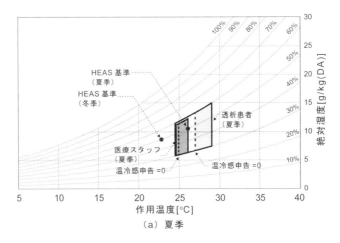

（a）夏季

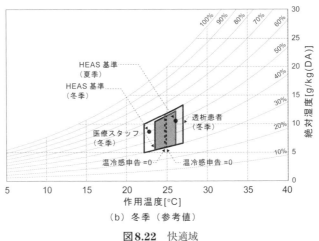

（b）冬季（参考値）

図8.22　快適域

中立温度以上の環境が望ましいと考えると，HEASの基準は，夏季においては透析患者と医療スタッフの快適域の間，冬季においては両者の快適域よりも低い温度域に位置することになる．したがって，夏季においては個別空調を用いるなど透析患者には医療スタッフより暖かい温熱環境を提供することが必要であると考えられる．一方，冬季においては，透析患者と医療スタッフの快適域が重なっている24.7～26.2℃程度のHEAS冬季基準より高い温度域の制御が望ましいと考えられる．

8.4 鉄道駅舎における熱的快適域と熱的受容域

8.4.1 駅舎温熱環境の特徴

鉄道の地上駅舎は，利用者数が多いにもかかわらず，いまだ空調の導入が進んでいない．近年は商業施設の開発や構内のアメニティを高めるための改修が進められており，従来よりも高い快適性が求められるようになってきている．しかし，駅舎は屋外と完全に仕切られることは少ないため外気条件の影響を受けやすく，一般の室内とは異なる温熱環境計画の視点が必要である．

駅には通過と滞在という大きな二つの用途があるが，ここでは駅構内で短時間滞在する場合の熱的快適域について扱う．多くの駅舎は非空調であるが，大規模な駅ではコンコースを空調している場合もある．非空調駅舎および空調駅舎について調査を行い，熱的快適条件の比較を行った．

8.4.2 調査概要

2004年[33]および2006年[34]に都内4件の非空調駅を対象とした調査を，2011年に埼玉県内にある空調駅1件を対象とした調査[35]を行った．空調駅は北関東有数のターミナル駅で，改札内コンコースと一体的な大規模商業施設（約5 000 m^2）がある．すべての店舗内，そして下階の屋外ホームと階段でつながったコンコースの大部分に空調が導入されていた．店舗に接するコンコースは重点的に空調され，空調エリアと非空調エリアの境界に間仕切りのない一体的な空間であった．いずれの調査も夏季，秋季，冬季に行ったが，特に不快となりやすい夏季の調査に重点を置いた．コンコース内で立ち止まっている利用者にアンケートを依頼し，同時に近傍の温熱環境を測定した．主たるアンケート項目として，回答者属性，着衣，温冷感（7段階），快適感（7段階），適温感（3段階），受容度（2段階）などを尋ねた．回答者数は，非空調駅で4 077人，空調駅で1 356人であった．

天候（雨天）や平・休日の影響はみられたものの，滞在時間は1分程度の割合が最も高く，平均は約5分であった．居住域温熱環境の代表値として，各回答者のSET*を求めた．非空調駅ではアンケートにより各回答者の着衣量調査を行ったが，空調駅ではその調査結果から求めた男女別の季節平均値を用いた．代謝量はいずれの駅でも1.6 metとした．

8.4.3 測定結果

空調駅および非空調駅において，温熱環境と利用者の心理量の相関を分析した[36]．各回答者のSET*を0.5℃刻みに丸め，同じ温度カテゴリーに属する回答数に対する申告者率を求めた．心理量としては，適温感（今より涼しい方がよい，このままでよい，今より暖かい方がよい），快適感，受容度に着目した．全季節のデータを涼側・暖側に分けてプロビット回帰を行い，両側の申告者率を合計することで単一の申告者率曲線を求めた．既存の温熱環境基準にならい，申告者率20%を判断基準に設定した．また，一般の空調空間における熱的快適域の代表値として，SET*の標準条件

8. 実 例

($t_a = t_r$, $v = 0.1$ m/s, RH = 50%, 0.6 clo, 1.0 met) により PPD を求め，実測結果と比較した．

〔1〕 熱的快適域

適温感の涼暖要望と快不快感の「やや不快，不快，非常に不快」のいずれかを同時に申告した利用者の割合を熱的不快申告者率とした．SET*に対する熱的不快申告者率を図8.23に示す．非空調駅では SET* 19～29℃の範囲で申告者率が20%を下回っていた．一般室内の快適域は PPD 予測値の SET* 23～28℃であることから，非空調駅では一般室内より広範囲で熱的に快適であった．一方，空調駅の熱的快適域は SET* 23～29℃となり，下限は非空調駅よりも高く，PPD 予測値とほぼ一致していた．空調駅の熱的快適域上限は，SET* 29℃で PPD と一致していた．空調駅の夏季調査時は東日本大震災直後の夏季節電時期と重なっており，利用者の意識に影響があった可能性もある．しかし，熱的快適域を外れると空調駅の方が不快申告率の上昇が大きいことがわかった．

〔2〕 熱的受容域

適温感の涼暖要望と受容度の「受け入れられない」を同時に申告した利用者の割合を熱的非受容申告者率とした．SET*に対する熱的非受容申告者率を図8.24に示す．非空調駅では SET* 19～32℃の範囲で申告者率20%を下回り，この範囲であれば利用者が熱的に受容できることが示された．一方で，空調駅では冬季に構内の空気温度が外気温よりも高い状態で保たれ，熱的非受容者申告者率が非常に低く，20%を超えることがなかった．どちらの駅においても熱的受容域の上限は SET* 32℃であることがわかった．

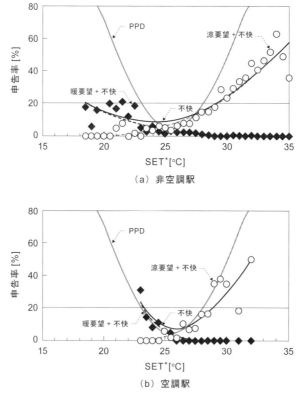

図8.23 SET*に対する熱的不快申告者率

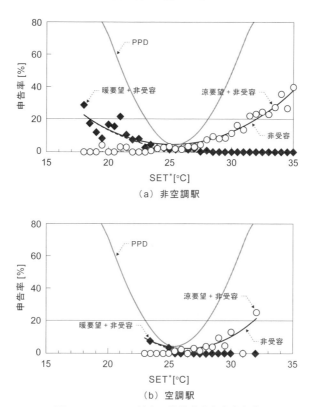

図8.24 SET*に対する熱的非受容申告者率

8.4.4 鉄道駅舎における熱的快適域と熱的受容域

空調駅と非空調駅の熱的受容域の上限はSET*で32℃，熱的快適域の上限も29℃で一致していた．下限値は非空調駅の19℃に対して空調駅では23℃と高く，PPDの予測値と一致していた．また，空調駅では非空調駅よりも非適温・不快申告者率の上昇が大きいことがわかった．これは，環境制御の違いがもたらす心理的適応の差によるものと考えられる．本調査は関東圏で行われたため，得られた熱的快適域と熱的受容域は，同様の気候の地域にのみ適用が可能である．

8.5 自　動　車

8.5.1 自動車室内環境

自動車室内の特徴として，第一に人の占有空間が狭い，第二に断熱性が悪い，第三に移動するため外部環境の変化の影響があげられる．自動車は移動することで気象変化の影響，走行方向の変化の影響も受ける．例えば，日射について述べると，あるときは常に一定の方向から受けまた，あるときはカーブなどで刻々と日射の方向が変わる．このような環境を定量的に評価するため，ISO 14505-2[37]でサーマルマネキンを用いた等価温度による評価手法が規格化された．

8. 実　　　例

8.5.2　夏場の日射事例
〔1〕試験条件および方法

試験は車両を屋外にて停車させアイドリング状態でエアコンを運転し直達日射が直接サーマルマネキンに当たる状態とそうでない状態について比較を行った．サーマルマネキンは直達日射を受ける場合には，体の右側から受けることになる．試験中の外気は平均30～32℃，全天日射量は平均872 W/m²であった．エアコン運転条件は，フェイスモード，内気循環，フルコールド，グリル吹出し方向は顔面状態で実験を行った．サーマルマネキンの皮膚温，各部熱損失を測定した．加えて，空気温度に関しては熱電対を用い，吹出し3点，室内8点，外気温度などを測定した．参考のために，サーマルコンフォート計により運転席，助手席の頭部各1点の等価温度を測定した．また，助手席の頭部1点放射温度および，荷台上にて全天日射量を測定した．

〔2〕試　験　結　果

図8.25に車室内の直達日射有無での空気温度の違いを示す．直達日射の有無での車室内空気温度差はみられない．図中のRoofは，キャビン内の天井内表面を示し，Drはドライバー側（左側席），Asは助手席（右側席）を示す．図8.26にサーマルマネキンの熱損失，皮膚温測定結果から求めた各部位のteqを示す．空気温度では左右の違いが計測されていないが，直達日射を受けているとき，右大腿，右手，右腕，右肩の等価温度が左よりも高くなっている．このことは，直達日射の影響を明確に示している．左肩の等価温度がほかの部位よりも低くなっているが，これは吹出し気流の影響であり，フロントパネルからの冷風により左肩の熱損失が高くなったためである．全身等価温度の差は，直達日射を受ける場合と受けない場合で5℃程度あり，乗員は直達日射による温冷感の相違を認識できる．

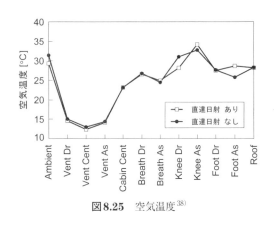

図8.25　空気温度[38]

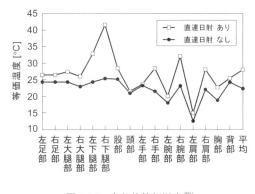

図8.26　各部位等価温度[38]

8.5.3　冬場の走行事例
〔1〕試験条件および方法

試験に用いた車両を図8.27に示す．実験車は2tトラックの後部座席をもつダブルキャブ車を用いた．走行場所は，図8.28に示す札幌市郊外のほぼ正方形のコースを走行してデータを収集した．1周約20分の走行時間でほぼ定常走行が可能であった．試験当日の気象状態は，午前中（AM）が外気温度−5.1℃，平均日射量543 W/m²，午後（PM）が外気温度−4.6℃，平均日射量429 W/m²であった．

8.6 鉄 道 車 両

図8.27 試験車両

図8.28 試験コース

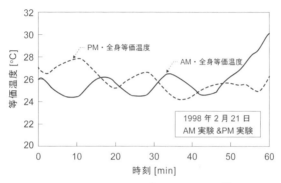

図8.29 サーマルマネキン等価温度[39]

〔2〕 試 験 結 果

図8.29にサーマルマネキンによる全身の等価温度を示す．全身に対する等価温度の変化をみると，走行中の日射の変化の影響を忠実に反映しているのがわかる．正方形のコースを曲がるごとに日射の方向が変わる影響を等価温度で定量的に計測することができた．

8.6 鉄 道 車 両

8.6.1 鉄道車両の空調システム

日本国内の鉄道車両においては，ほぼ100%に近い普及率で空調装置が搭載されており，乗客にとって温熱快適性を維持する装置として，不可欠なものとなっている．本項では，鉄道車両における空調システムの基本的な概要について述べる．

8.6.2 鉄道車両の空調システムの特徴[40]

鉄道車両用空調システムは，車両の構造や運用などから以下のような特徴をもつ．
1) 車両長20m前後の細長い車内空間を，均一な温度分布にすることが求められる．
2) 車両には多くの乗客が乗車するとともに，駅停車時にはドアの開閉や乗客の変動があるため，必要とされる冷房能力や換気量が変化し快適性に影響を及ぼすことがある．

3) 走行区間が，暖地と寒地，平地と山岳，明かりとトンネルというように，車外の環境が絶えず変化するため，システムはその変化に追従する必要がある．
4) 鉄道車両の車内は広くないため，調和空気の吹出しによるドラフト感や騒音といった快適性を損なう項目についても配慮が必要である．

8.6.3 空調システムの構成と分類[41),42)]

前項の特徴に対応するため，鉄道車両用空調システムは，車内の空気を入れ換えるための換気装置，車内を適切な温度に維持調節する冷房・暖房装置とこれを制御する空調制御装置（または温度調節器）などの付属装置および冷風・温風を車内各部へ送るダクトから構成される．空調システムは車両の用途により構成が異なり，主に四つの方式に分類される（**図8.30**）[42)]．

〔1〕 天井分散型

車両の屋根上に小型の空調装置を数台配置した方式．装置を小さく分割することで，装置質量や騒音が分散できること，1台故障してもほかの装置による対応が可能．また，ダクトが簡易にできることから，空調装置導入初期に多く採用された．

〔2〕 天井集中型

装置の小型化や低騒音化が進み，装置の信頼性が向上したことから装置の集中配置が可能となり，近年の通勤・近郊車両に多く採用されている．特徴としては，ダクトを車両の全長にわたって配置し，車両端部まで調和空気を行きわたらせている．

〔3〕 床下集中型

新幹線で多く採用されている配置．高速走行のため装置を床下に配置し車体高を低く抑えている．調和空気は車体側面の立ち上がりダクトを通じて車内上方に吐き出されている．

〔4〕 セパレート型

空調装置の室外ユニットと室内ユニットを分離させるタイプで，新交通システムのように車体が

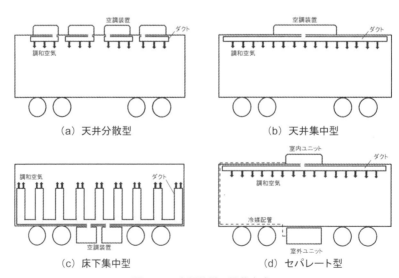

図8.30 空調装置の搭載方式

小型で設置スペースが小さい場合に用いられる方式である．室外ユニットを床下に，室内ユニットを屋根上に配置する場合が多く，両ユニットを接続する冷媒用配管を車体に設置する必要がある．

調和空気はダクトを通じて客室内に送られるが，吹出しの配置／向きによっては乗客がドラフトを感じ，不快になることがある．そのため車種ごとに吹出しの位置や形状を工夫してドラフト感を軽減させている．具体的には，客室天井の長手方向に配したラインフロー形の吹出し口に振り分け部材を設置する，吹出し口を荷棚下面に配置するといった工夫を行っている．また，混雑時などは，冷房能力が不足するため，客室天井に設置した送風機（ラインフローファン）を使用し，逆にドラフト感を与えることで乗客に冷涼感を与え不快度を下げる工夫が行われている．

8.6.4 空調装置と空調制御システム[41]

[1] 空調装置の構成

車両用空調装置の主な構成（**図8.31**）[42]としては，冷凍サイクルとして冷媒ガスを圧縮し循環させる圧縮機，高温高圧の冷媒ガスを液化させる凝縮器，凝縮器に風を送る室外送風機，高温・高圧の冷媒液を減圧させる膨張機構（キャピラリーチューブ），低温・低圧の冷媒液を気化させる蒸発器，蒸発器に風を送る室内送風機から構成される．蒸発器で冷媒が蒸発する際の気化熱により，車内の暖かい空気から熱を奪うことで冷気を発生させている．また，端境期の再熱運転および冬季に新鮮気を車内に送る前に暖める電気ヒータも内蔵している．

冷媒はこれまで使用してきたR22（CHC_1F_2）に代わり，オゾン層を破壊しない代替フロンR407Cを使用している．

[2] 空調制御システムの構成と基本的な制御

図8.32[42]に基本的なシステム構成を示す．空調制御システムは，列車の状態を監視・制御する

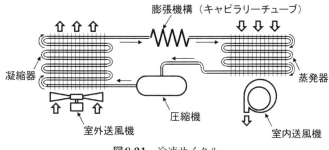

図8.31 冷凍サイクル

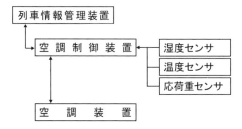

図8.32 空調制御システムの構成

8. 実　　　例

列車情報管理装置，空調装置，空調制御装置，各種センサ（温度センサ，湿度センサ，応荷重センサなど）から構成されている．

　空調制御装置は，車内の温湿度や空調装置の動作状況など全体を監視するとともに，あらかじめ決められた設定温度（事業者によって異なるが，冷房時は25℃前後，弱冷房車は27℃前後，暖房時は22℃前後）に従い，車内の温度を一定に保つために空調装置の運転を制御する．近年では乗客の乗降による車内環境の変化などにきめ細かに対応することや乗務員の省力化のために，冷房や暖房といった空調モードが自動的に切り替わる年間自動運転制御が広く採用されている．この自動運転制御では，カレンダーと外気温度の組合せや車両重量から算出した乗車率，季節ごとの着衣量などを用いて温度補正量を算出し，設定温度の変更を逐次行うことで，きめ細やかな温度制御を実現している．

　列車情報管理装置は空調制御装置に集約された温度や設定温度などを表示するとともに，車内温度設定値の変更や車両ごとの空調装置の入・切を個別に切り替えることができる．

8.7　学　　　校

8.7.1　学校環境衛生の基準

　1990年代から2000年代にかけてシックハウス，シックスクール問題が注目を浴び，学校環境が話題になるようになってしばらく経った．全国の公立小学校における普通教室冷房設置率が2017年度時点で49.6％に至っているという報告があるように，最近は教室への冷房設備の導入による室内環境の変化が注目されている．学校環境を評価する場合，「学校環境衛生基準」[43]が第一にあげられよう．この基準は元々，学校保健法の制定を背景に定められたものであり，すべての学校で学校環境衛生検査が行われるように，その測定方法が記述されている．定期的な学校環境衛生検査には，温熱環境，空気環境，光環境，音環境，水環境が含まれているが，本節では温熱環境を扱うことにする．表8.6に温熱・空気環境にかかわる学校環境衛生基準を示す．表中の「温度」，「相対湿度」は望ましい基準とされているが，児童生徒の健康を保護し，かつ快適に学習する上で望ましい温度条件は，17℃以上，28℃以下であり，また，相対湿度は30％以上，80％以下が望ましい，と表記されている．表8.7には換気の基準として二酸化炭素（CO_2）濃度が示されているが，延べ床面積が8 000 m^{2}以上の特定建築物に該当する学校の場合，「建築物における衛生的環境の確保に関する法律」に従い，CO_2濃度は1 000 ppm以下であることが要求される．

8.7.2　学校温熱空気環境の実態

　学校環境衛生検査の重要性は増す一方，その測定結果は一部の自治体を除いて公表されておらず，研究者による実測を除き，第三者の視点から学校環境衛生の実態を知ることは少ない．東京都の建築物の空気環境不適率の報告によれば，浮遊粉じん濃度・CO濃度・気流については1996～2013年の期間，5％以下の低い基準不適率で推移していた．一方，CO_2濃度・温度・相対湿度の基準不適率はいずれも2013年度時点で20％以上と高く，経年上昇しているとのことである[44]．外気の状態および学校に特化したデータを考察するため，情報公開請求によって得られた，東京都のある区の区立小中学校で実施された建築物における衛生的環境の確保に関する法律施行令（建築物衛生法）で定める空気環境調査の2007～12年の結果を表8.7に示す．建築物衛生法に基づく調査であるた

― 202 ―

8.7 学　　校

表8.6 温熱・空気環境に関わる学校環境衛生基準

項　目	基　準	項　目	基　準
換　気	換気の基準として, 二酸化炭素は, 1 500 ppm以下であることが望ましい.	温　度	17℃以上, 28℃以下であることが望ましい.
相対湿度	30％以上, 80％以下であることが望ましい.	気　流	0.5 m／秒以下であることが望ましい.

表8.7 東京都のある区の小中学校における空気環境調査結果

	小学校						中学校					
	外気温 [℃]	外気相対湿度 [％]	外気CO_2濃度 [ppm]	室内温度 [℃]	室内相対湿度 [％]	室内CO_2濃度 [ppm]	外気温 [℃]	外気相対湿度 [％]	外気CO_2濃度 [ppm]	室内温度 [℃]	室内相対湿度 [％]	室内CO_2濃度 [ppm]
	冬季(12月～3月)											
n数	228	228	227	1 448	1 448	718	109	108	109	807	807	234
平均	11.1	47	450	18.6	42	1 268	11.7	45	451	18.8	42	1 484
標準偏差	5.0	17	58	2.2	10	551	4.7	16	48	3.1	10	672
5％タイル	3.2	27	400	15.0	27	600	5.0	25	400	13.3	27	756
95％タイル	19.4	79	600	22.1	59	2 355	19.3	75	600	23.7	59	2 907
基準1冬				19.4	44.2	63.0				23.4	44.0	71.7
基準2冬				0.1	9.8	24.6				0.1	10.1	40.1
	中間期(4, 5, 10, 11月)											
n数	206	206	206	1 296	1 296	677	108	108	107	794	794	254
平均	19.0	54	464	21.8	52	927	19.7	54	453	22.3	52	1 092
標準偏差	4.3	14	79	2.6	11	425	4.8	16	83	3.0	11	613
5％タイル	11.2	30	373	17.3	33	520	11.0	28	326	17.1	32	471
95％タイル	25.6	79	600	25.9	69	1 704	26.5	83	600	26.6	71	2 430
基準1冬				3.6	12.7					4.1	12.6	
基準2冬				0.0	2.1					0.0	2.3	
基準1夏				0.3	3.8	31.7				1.3	6.7	39.2
基準2夏				0.0	0.6	7.2				0.2	1.3	18.1
	夏季(6～9月)											
n数	216	216	215	1 366	1 366	727	105	105	103	776	776	251
平均	27.4	61	461	26.8	60	899	26.9	64	461	26.6	60	1 387
標準偏差	3.2	13	75	1.9	10	477	3.2	14	77	1.9	10	760
5％タイル	21.5	41	377	23.6	44	480	22.4	46	381	23.4	43	570
95％タイル	31.3	83	600	29.9	78	1 947	31.5	86	604	29.6	76	2 837
基準1夏				29.6	18.2	27.5				22.5	19.1	61.2
基準2夏				4.9	3.6	9.6				3.6	1.1	33.0

「基準1冬」は温度が17℃以下, 相対湿度が40％以下, CO_2濃度が1 000 ppm以上という建築物衛生法に準じた基準の不適の割合[％]を示し, 「基準2冬」は温度が10℃以下, 相対湿度が30％以下, CO_2濃度が1 500 ppm以上の学校環境衛生基準に準じた不適の割合[％]を示している. また「基準1夏」は温度が28℃以上, 相対湿度が70％以上, CO_2濃度が1 000 ppm以上という建築物衛生法基準の不適の割合[％]を示し, 「基準2夏」は温度が30℃以下, 相対湿度が80％以下, CO_2濃度が1 500 ppm以上の学校環境衛生基準に準じた不適の割合[％]を示している. 表中「n数」は測定サンプル数であり, 室内CO_2濃度は教室在室人数が20人以上のデータを用いている.

め，対象学校は延べ床面積が8 000 m²以上の特定建築物相当の学校であり，この区では区立小学校の11校，区立中学校の5校がこれに相当する．なお，当該区では区立小中学校教室のすべてに冷房設備が導入されている．**表8.7**をみると，冬季の相対湿度が低いこと，換気不足により冬季の室内CO_2濃度が高いこと，特に中学校において冷房導入による換気不足により夏季の室内CO_2濃度が高いこと，冬季および夏季の室温の建築物衛生法基準不適率が19～30%程度あることなどがわかる．教室への冷房の導入が進行しつつある現在，現実の室内温熱環境の変化をエビデンスに基づいて把握することが学習効率および健康性・安全性を考慮した今後の環境設計，維持管理において重要と考えられる．

8.8 スポーツ施設[45]

8.8.1 設計条件の概要

スポーツ施設は，学校教育に供する体育館やプールから，野球，サッカーの大型スタジアムまで，競技，対象者，規模の面から千差万別である．**表8.8**に屋内スポーツ施設の設計条件例を，**表8.9**に協会，連盟，および興行場法で示されている設計条件を調べた結果を示す．多くの競技で詳細な設計条件は規定されておらず，プロジェクトごとに運用を確認した上で，決定する必要がある．

8.8.2 施設ごとの計画の留意点

〔1〕 体育館型施設

概して屋根の形態係数が大きく，特に膜構造などで断熱，遮熱が難しい場合や，屋根面に近い観客席などは，温湿度だけでなく平均放射温度を考慮した評価が望まれる．また，夏季の冷風によるドラフト，冬季の温風による到達距離不足などに留意する必要がある．

〔2〕 スケートリンク

リンクの製氷状態を優先することから観客席に対する暖房温度に制限がある点でほかの施設と異なる．氷の表面温度を−3～−5℃，室温を15℃で計画することが多いが，近年はサービス向上のため室温を上げる傾向にある．設計条件を事前に確認して，観客席の局所暖房などを検討する．また，すき間風や観客から発生する水蒸気による「もや」対策として，除湿再熱制御やデシカントシステムの検討が必要である．

〔3〕 プール

日本水泳連盟が設計条件を細かく規定しており，水温は25℃以上28℃以下，室温は28℃±3℃で水温以上となっている．夏季は換気のみとして暖房だけを行う事例が多いが，近年では，サービス向上のため冷房を行う施設も多い．気流を嫌い，暖房主体のため床暖房の採用が多いが，床暖房はガラス面からの冷放射を打ち消し，床の乾燥による安全性と衛生性の向上に寄与する．

8.8.3 実　例

〔1〕 三重県 S 体育館型施設[46]（図8.33，8.34）

2021年の国体会場として三重県津市市内に整備される総合スポーツ施設．アスリートモールと名付けたロビー空間を中心に，メインアリーナ，サブアリーナ，武道館，プール，フィットネススタジオ・トレーニングルームを配置している．メインアリーナには，観客席および競技エリアとも

8.8 スポーツ施設

表 8.8 屋内スポーツ施設の設計条件例[45]

条件項目 空間種別	夏季 乾球温度 [℃]	夏季 相対温度 [%]	冬季 乾球温度 [℃]	冬季 相対温度 [%]	気流
競技一般	25～28	50～65	13～18	50	1 m/s 以下
アスレチッククラブ	25～28	50～65	16～22	50	1 m/s 以下
バドミントン・卓球	25～28	50～65	16～22	50	0.15 m/s 以下
プール	―	―	27～32	―	―
プールサイド	―	―	27～32	―	0.15 m/s 以下
アイススケート	―	―	13	―	1 m/s 以下

表 8.9 屋内スポーツ施設の設計条件の調査結果

規定	概要	出典
財団法人日本バドミントン協会・運営規定	空気調節装置（エアコンディショナー）使用により生じる気流は，極力避けるものとするが，競技会場（観覧席を含む）温度環境維持のため，やむを得ないと判断した場合は外気を遮断していることを条件として使用を認める．なお，この判断はその大会の競技役員長（レフェリー）によってなされる	http://badminton-rule.com/management_03.html
公益財団法人日本水泳連盟・公認プール施設要領	室温は競技中を通して常に28±3℃で水温以上に保たれるような空気調整設備を設置する	https://www.city.koriyama.fukushima.jp/162000/sports/documents/shisetsuyouryou.pdf
公益財団法人日本水泳連盟プール公認規則	水温は競技中を通じて常に25℃以上28℃以下に保たれるような設備を必要とする	http://www.swim.or.jp/about/download/rule/r_tools201406.pdf
第77回国民体育大会準備委員会・第77回国民体育大会競技施設基準	【体操】【新体操】 空調設備は選手に競技しやすい環境を提供できるよう冷暖房を完備していること 【山岳（ボルダリング）】 ウォールの設置場所は，リード競技場およびボルダリング競技場とも室内とし，空調設備など，温度変化が少なくなるように留意する	http://www.pref.tochigi.lg.jp/m11/documents/dai2_jounin_3gian_kyougishisetukijun.pdf
興行場法	観覧場の床面積 1 m^2 ごとに毎時 75 m^3 以上（75 m^3/hm^2）の新鮮な外気を供給することができる能力を有すること．ただし，温湿度調整装置を有するときは，この能力を毎時 25 m^3 以上とすることができる	

床吹出しによる居住域空調として，選手と観客の快適性を高めている．また，自然換気とともに，トラス梁と一体化した世界最大の光ダクトにより昼光を利用することで，良好な熱・光環境を形成するとともに，省エネルギー性を高める計画としている．なお，室内温度の設計条件は，夏季26℃，冬季22℃としている．

〔2〕 **北海道十勝 O スケートリンク**[48]（図 8.35）

北海道十勝帯広の国内初の通年型屋内スピードスケート場．1 000 m 以上の標高に位置する世界

8. 実 例

図8.33 屋内パース[47)]
（写真提供：愛知（株））

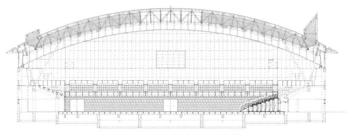

図8.34 環境計画断面図[46)]

図8.35 北海道十勝Oスケートリンク屋内写真[49)]
（写真提供：箕浦伸雄）

の著名な屋内スピードスケートリンクと同程度の滑走時の空気抵抗とするため，リンクの上部からノズルで空調空気を吹き降ろす旋回流システムで平均0.5 m/sの追い風を確保している．また，氷質の向上のため氷温－5℃で製氷システムを計画しているほか，もやの発生と氷表面への霜付着を防止するため，アリーナ空調に除湿再熱機能を有している．なお，室温は10～15℃の設計条件としている．

8.9 避　難　所

2011年3月に発生した東北地方太平洋沖地震による東日本大震災では，「避難場所」と，避難生活を送るための「避難所」が明確に区別されていなかった．その後，2013年6月に，災害時における緊急の「避難場所」と，一定期間滞在して避難生活をする「避難所」を区別し，新たに「指定緊急避難場所」および「指定避難所」に関する規定が設けられた[50]．

8.9.1　避難所における温熱環境

熊本大地震のとき，避難所として利用された小学校の体育館における館内温湿度の測定や，避難者を対象として温熱環境の満足度についてアンケートした．

〔1〕　避難所の概要と実態調査内容

熊本県阿蘇郡西原村Y小学校の避難所（体育館）を対象とした．体育館の延べ床面積は約720 m^{2}であり，1階はRC造，2階と屋根は鉄骨造である．測定当日の避難者数は169人であり，このうち18歳以下の避難者が34人であった．避難所の外壁および内部表面温度と体育館内の温湿度を測定した．また，避難者を対象とした温熱環境のアンケート調査を行った．測定期間は2016年6月10日〜12日である．

〔2〕　測　定　結　果

（a）　体育館の外壁および内部表面温度　表8.10に体育館における外壁および内部表面温度の測定結果を示す．避難所として使用されている体育館の外壁表面温度と避難所内の天井，壁，床面の表面温度を測定した．測定は熱画像カメラを用いた．測定時間は6月10日，16時である．

測定時間が16時であったが，西側の外壁面が53.8℃，南側が33.6℃となっていた．内壁は西側が35.6℃，南側の壁面が29.3℃であった．天井（中央部）の表面温度は38.5〜39.3℃であり，南と西の壁表面温度に比べ，天井内表面温度が高く測定された．また，床表面温度は29.8℃であった．

測定結果から，天井，壁，床面の内表面温度が非常に高く，避難者たちの温熱感に大きな影響を与えたと考えられる．

（b）　室　内　温　湿　度　図8.36に体育館における温湿度の経時変化を示す．測定点は体育館の中央部である．

避難所では熱中症対策のために，測定1週間前にパッケージエアコンが政府支援で設置され，体育館内の温度が30℃を超えると運転を開始するようになっていた．そのため，室内の設定温度は28℃であった．パッケージエアコンは空冷ヒートポンプ式で，冷房/暖房能力がそれぞれ14.0/16.0 kWであり，避難所には10台が設置されていた．

体育館内の温度が14時頃に30℃を超えた時点で，エアコンが稼働し，室内の温度が徐々に下がっている．また，外気温が低い夜中にはエアコンを停止し，自然換気などにより，体育館の温度管理をしていた．

（c）　温熱環境に関するアンケート調査結果　図8.37に温熱環境について改善してほしい項目を示す．女性の場合，床表面温度と湿度を改善してほしいとの応答が多く，男性は気流と温度を改善してほしいとの応答が多かった．図8.38に体育館における温熱環境に関する満足度を示す．温熱環境の満足度のアンケート結果からは，どちらでもない，やや満足が多く，この避難所の温熱環

8. 実 例

表8.10 体育館における外壁および内部表面温度

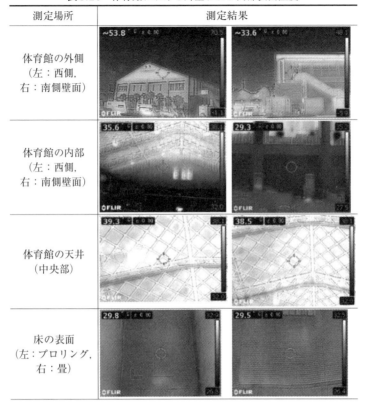

図8.36 体育館における温湿度の経時変化

境はエアコン設置により満足度が比較的高くなっていた．

巨大地震後，避難者は住宅や地域の社会基盤システムの被害状態により，数日間あるいは数箇月間避難生活をしなければならない．

8.10　高齢者福祉施設における温熱環境

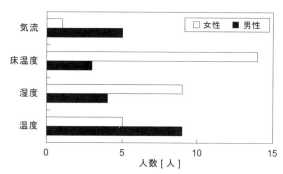

図 **8.37**　温熱環境について改善してほしい項目

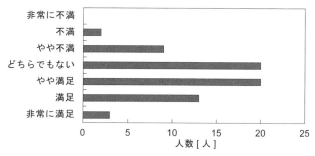

図 **8.38**　体育館における温熱環境に関する満足度

　8.9.1項に事例として紹介した調査結果は，温熱環境満足度はエアコン設置により高くなっていた．しかし，この結果は地震後約2か月が経っている6月の結果であり，5月下旬から体育館にエアコンが設置される前までは，昼間の体育館内の温熱環境は非常に不満足であったと回答していた．冬季の既往研究では避難所の床面が冷たく，夜には非常に寒かったことが報告されているが[51]，今回の測定調査の結果から床面のみではなく，天井，壁の表面温度が避難者の温熱環境満足度に影響を与えていると考えられた．非常時には避難者が健康的な避難生活ができるように整備することが重要である．

8.10　高齢者福祉施設における温熱環境

　高齢者は，老化に伴う免疫力，代謝や発汗などの環境調整力の低下により温熱感覚が鈍化し，また気流を嫌うなど感受性が変化することが知られている[52]．そのため，適切な室内・衛生環境を提供するための体制整備が必要である．高齢者生活熱環境研究会が示す「高齢者・身障者に配慮した住宅熱環境評価の基準値」[53]では，高齢者の居住温熱環境は一般人の環境に比べ，夏季は居間・寝室ともに1～2℃低い25±2℃，冬季は2℃高い居間23±2℃，寝室20±2℃が提案されている．
　ここでは，全国の特別養護老人ホーム（特養）を対象に行ったアンケート調査の結果と，関東・宮城・北海道地域の特養で行った現場実測結果から温熱環境に関連する項目をまとめ報告する．

8.10.1 特別養護老人ホームの温熱環境に関するアンケート調査

全国5 800余りの特養の施設管理者や担当者を対象に2013年度にアンケート調査を行った．有効発送数5 878に対し767票（13.0％）の有効回答を得ており，平均で入所定員71人，利用者数70人，職員数47人，また利用者の要介護度の平均は3.9（注「重度な介護が必要な状態（要介護4）」）であった[54)～56)]．

図8.39は施設が自主的に環境管理基準を設定している場合，温度・湿度の設定値に関する設問の結果である．居室と共用室で大きな違いはなかったため居室の管理温湿度基準のみを示す．夏季は26～28℃が6割程度を占めているが，冬季は20～22℃，22～24℃，24℃以上が三分していることから，冬季は広い温度帯で管理されている可能性がある．施設側の管理基準値の多くは上記の熱環境基準[53)]範囲に収まっていた．範囲外の割合

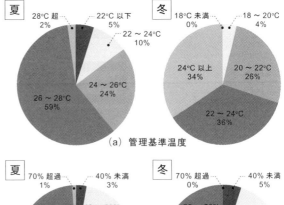
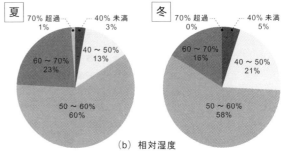

図8.39 管理基準温度および相対湿度平均値の分布（居室）

は夏季の居室と共用室においてそれぞれ37％・39％，冬季は60％・42％であった．冬季の居室で基準範囲外の割合が60％であったが，ほとんどが高い温度の方に偏重していた．相対湿度は90％以上が40～70％範囲と回答しほとんどの施設が適正範囲を念頭にしていたが，基準範囲外を答えた施設も一部存在した．

8.10.2 特別養護老人ホームの温熱環境に関する実測調査

関東・宮城・北海道地域における特養11施設を対象に行った室内温度・相対湿度の測定結果を図8.40にまとめる．ただし，夏季測定結果は宮城および北海道のみとなる．温度の陰影部分は上述した住宅熱環境評価の基準値範囲を，相対湿度の陰影は40～70％を表す．夏季の平均居室温度は25.1～28.5℃に分布し半数近くが27℃を超えており，共用室は1施設が27℃超えている．また，宮城より北海道の施設が高い温度を示したが，北海道地域では多くの施設で冷房設備が導入されていないことが原因である．冬季は居室と共用室で大きな差はみられず，平均居室温度は20.6～25.9℃と夏季よりも分布幅が広い．施設や地域で差がみられ，関東や宮城は施設による室温差が大きいが，北海道は室温が23℃以上で維持され施設間の偏差が小さい．同地域における施設間の差は建物・設備性能，施設管理者やスタッフの認識の違いによるものと考えられるが，対流式の空調を使う施設が多いほかの地域とは異なり，寒冷地域として暖房をより重視する北海道では測定対象施設のすべてに床暖房が設置されていることから室温の安定性が保たれていると推察される．

全体的に居室と共用室の温度にほとんど差がみられず，居室と共用部を明確に区分して管理していないことが現場実測結果からもわかる．

8.10 高齢者福祉施設における温熱環境

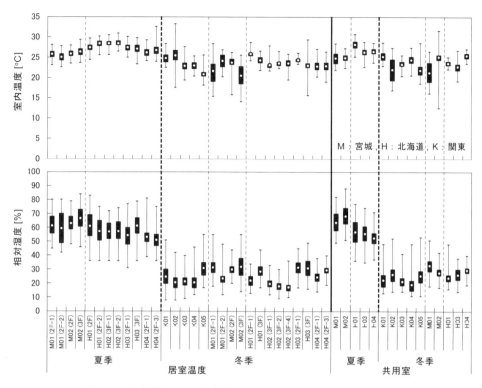

図8.40 室内温度および相対湿度の測定結果（夏季8月，冬季1月）

　夏季の相対湿度は50〜70%範囲にあったが，宮城が北海道の施設よりやや高い湿度環境を示した．冬季はすべての施設で30%未満と地域を問わず低湿度環境となっていた．冬季の低湿度は既往研究からも指摘されており，金ら[55]は加湿不足も一因ではあるが，換気量が多いことが最も大きな原因と指摘している．

8.10.3 高齢者施設の現状と課題

　省エネルギーの観点から一般居住環境では夏季28℃，冬季18℃がよくうたわれている中で，特養でも夏季の温度管理基準としても28℃が多く見受けられ，施設管理者の多くは28℃をイメージしていることがうかがわれる．一方，冬季の18℃以下は少なく，18℃は低い温度という認識が強いと推察される．高齢者の居住温熱環境基準値案では冬季の寝室20±2℃を提案しているが，現場実測結果からもほとんどがこの範囲以上の室温としており，特養のような要介護度の高い入所者が多い施設ではより高い温度を選択している可能性がある．全体的に温度環境には大きな問題はないと考えられるが，建物性能，設備，職員や管理者の認識によって温湿度の平均値や変動パターンが大きく異なる．湿度管理基準に関しては40〜70%から逸脱した回答は少なく，実測結果でも夏季の湿度環境に大きな問題はなかった．しかし，冬季は管理者が申告した管理基準とはかい離した低湿度環境となっており，空調設備の加湿能力不足に加え換気量が多いことが原因としてあげられる．

8.11 業務用厨房

8.11.1 厨房設計の現状とポイント

厨房は飲食店のほかにも社員食堂や給食センター，ホテルの厨房，病院の厨房など，さまざまな形態の業務用厨房が存在する．それらの厨房は，狭い空間の中で高負荷の調理機器が密集して設置されており，調理機器からは対流熱や放射熱，水蒸気，二酸化炭素が発生すると同時に，調理物からも熱や臭い，油煙などさまざまな物質が多量に発生している．また，調理人が動き回り，客席や給気の影響で気流が乱れており，調理機器や調理物から発生した物質が室内に拡散することで建物の中でも劣悪になりやすい環境といえる．加えて，厨房では，専門の調理人だけではなく，年齢層の高い方も働いており，作業者の安全と作業者の健康を保持する意味でも厨房環境を温熱環境的に適切に維持することは重要な課題となっている．最適な厨房は，作業環境を維持するだけではなく，使い勝手のよい設備や作業の安全を確保し，食品事故を防止する観点から衛生管理への配慮が不可欠となり，さまざまな観点から計画する必要がある．

一方，厨房は他室と比較してエネルギーを多く消費する調理機器や冷蔵庫などが設置されている上に，排気フードにより換気回数が40〜80回の膨大な換気をしており，換気をするためのファン動力や，空調の熱源など多くのエネルギーを消費している．厨房環境の温熱・空気環境を良好に保ち，空調負荷を低減するために，電気の厨房機器や低放射タイプのガス厨房機器が開発され導入が進んでいる．加熱機器からの放射熱の発生量を制御すると同時に，発生した物質を適切に排気する換気設備を導入することが重要となる．

近年，厨房の快適性や省エネルギーへの取組みも進んでおり，機器ごとの特性に合わせた厨房の換気や空調の設計手法の検討や，調理機器の使用状態に合わせて換気量を変動して換気量制御システムの開発や導入，厨房を効率的に空調する置換換気の導入，天井換気システムの導入なども進んできている．本節では換気量制御システムを導入している社員食堂の厨房の事例を紹介する．

8.11.2 厨房設計の事例[57]

提供数約150食/日の社員食堂の厨房であり，昼食を中心に提供している．機器の稼働状況を排気フード内の温度センサで検知し，機器が稼働に合わせて換気量をコントロールする換気量制御システムを導入している．システム構成を図8.41に，制御画面を図8.42に示す．厨房の配置図およ

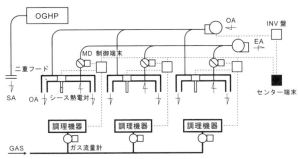

図8.41 換気量制御システムのシステム構成

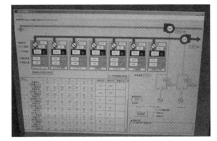

図8.42 制御画面

8.11 業務用厨房

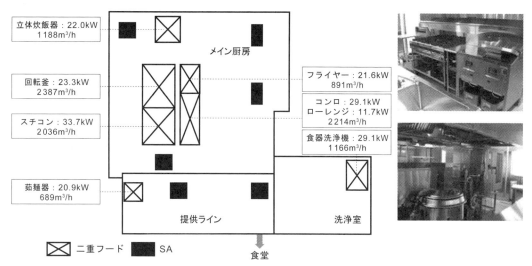

図8.43 厨房の配置図と機器およびフード情報

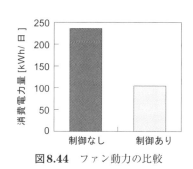

図8.44 ファン動力の比較

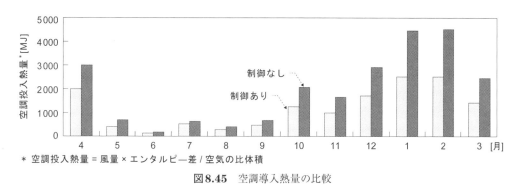

* 空調投入熱量＝風量×エンタルピー差／空気の比体積

図8.45 空調導入熱量の比較

び制御対象フード風量，調理機器などを図8.43に示す．排気は1系統，給気は天井給気口から一定量で吹き出す24℃設定の空調空気と，二重フード淵から排気量と連動して変風量で吹き出す生外気の2系統で構成されている．また，厨房機器は低放射型のガス機器を導入しており，快適性や衛生性，安全性，省エネルギー性に配慮した設計となっている．

社員食堂の厨房（100 m^2，650食／日）において，換気量制御システムを制御した場合と制御しなかった場合の1日の給排気動力の消費電力量を図8.44に示す．ファンの動力は56％削減できて

— 213 —

いることがわかる．また，各月の空調投入熱量の比較を図8.45に示す．空調投入熱量は，給排気風量および外気と厨房内の給気吹出しの温湿度・隣室の設定温度を用いて算出した．これより年平均で約40%（800 MJ/日）削減できていることがわかる．ファン動力と空調負荷を合わせて年間47 000 kWh の省エネルギー効果がある．厨房の温熱環境の計測も実施しており，夏季においても厨房内温度は25℃となっており，衛生的にも快適性にも問題のないことが確認されている．

本節では一例として換気量制御システムを導入している社員食堂を紹介したが，そのほかにも最近の事例では，布製の吹出し口を設置して置換換気を導入した厨房や天井換気システムを導入している厨房の事例も増えてきている．

日本は世界に誇れる食文化があるが，その食をつくる厨房の環境は必ずしも優れているとはいえない．厨房環境においても安全かつ快適で省エネルギー性の高い厨房が増えることが望ましい．

参 考 文 献

1) 空気調和・衛生工学会，"我慢をしない省エネへ—夏季オフィスの冷房に関する提言—報告書，2014"，http://www.shasej.org/iinkai/gamanwoshinaisyouene/gamanwoshinaisyouene.pdf（閲覧日 2018 年 11 月 4 日）
2) Shin-ichi Tanabe, Kozo Kobayashi, Osamu Kiyota, Naoe Nishihara, Masaoki Haneda : The effect of indoor thermal environment on productivity by a year-long survey of a call centre, Intelligent Buildings International, 1-3(2009), pp. 184-194
3) 環境省，"どうして28℃？"，http://ondankataisaku.env.go.jp/coolchoice/coolbiz/article/action_detail_004.html（閲覧日 2018 年 11 月 4 日）
4) 斉藤，鵜飼，野部：執務者の属性と温熱環境受容性の相関に関する研究，日本建築学会大会学術講演梗概集，環境工学Ⅱ，pp. 243-244，2016
5) 恩賀，岩佐，野部：室内温熱環境に係わる環境変更要求の発生状況に関する調査，空気調和・衛生工学会学術講演論文集，pp. 1215-1218，2007
6) 鵜飼，高橋，村上，雨宮，野部：Ｓビルにおける室内温熱環境調査と執務者の受容性に関する考察，日本建築学会環境系論文集，81 巻，724 号，pp. 535-543，2016
7) 鵜飼，野部：事務所ビルにおける温熱環境の不均一性に関する研究，日本建築学会環境系論文集，82 巻，738 号，pp. 739-746，2017
8) 羽鳥ら：次世代テナントオフィスビルの設計および運用における検証 その1〜5，空気調和・衛生工学会大会，2015
9) 田辺ら：皮膚温度可変型サーマルマネキンによる室内環境評価法に関する研究，日本建築学会計画系論文報告集，448 巻，pp. 1-8，1993
10) 田辺ら：次世代テナントオフィスビルの設計および運用における検証 その8，空気調和・衛生工学会大会，2017
11) 羽田ら：室内環境が知的生産性に与える影響（その26），日本建築学会大会学術講演梗概集，2009
12) 第14版空気調和・衛生工学便覧，第3編（2010），pp. 277-288，空気調和・衛生工学会
13) TC2.1, Physiology and Human Environment: INDOOR EMVIRONMENTAL QUALITY, ASHRAE HANDBOOK, FUNDAMENTALS, 2017
14) 伊藤，長谷川，宿谷：井水を利用した放射冷暖房システムのエクセルギー評価に関する研究，空気調和・衛生工学会大会，2014

参 考 文 献

15) 片岡，佐藤，桑山，白石：外断熱建物における躯体蓄熱利用放射システムに関する研究，空気調和・衛生工学会大会，2016
16) Bjarne W. Olesen,：Thermal Active Building System Using Building Mass to Heat and Cool：ASHRAE Journal（Feb, 2012）
17) 中村泰人：生気象学的建築学の思想，日本建築学会計画系論文報告集，373 巻，pp. 11-20, 1987
18) 経済産業省，資源エネルギー庁：エネルギー白書 2017
19) 経済産業省，ZEH ロードマップ検討委員会とりまとめ，2015
20) 田辺新一，長澤夏子，高口洋人，小林恵吾，中川　純：ゼロ・エネルギーハウス—新しい環境住宅のデザイン（2017），萌文社
21) 国土交通省，気象庁の各種データ・資料，http://www.jma.go.jp/jma/menu/menureport.html（閲覧日 2017 年 8 月 18 日）
22) 国立研究開発法人建築研究所，"エネルギー消費性能計算プログラム（住宅版）"および"住宅・住戸の外皮性能の計算プログラム"，http://www.kenken.go.jp/becc/（閲覧日 2017 年 8 月 18 日）
23) 田辺，倉渕，秋元，BL 暖房研究会共著：床暖房読本—快適・安心・人と環境にやさしい暖房のすべて（2009），p. 24，風土社
24) 松前，鍵屋，秋元，桑沢：実住宅における冬期暖房時の温熱環境測定（第 5 報）大空間吹き抜けリビングにおける測定，空気調和・衛生工学会学術講演会論文集，p. 399-402, 2006
25) 桑沢：床暖房使用時の室温・床温の推奨範囲とその策定経緯，第 24 回人間-生活環境系シンポジウム，pp. 31-34, 2000
26) 日本医療福祉設備協会：病院空調設備の設計・管理指針（HEAS-02-2013），2013
27) 日本透析医学会：図説わが国の慢性透析療法の現況，http://www.jsdt.or.jp/（閲覧日 2018 年 11 月 10 日）
28) The Facility Guidelines Institute with assistance from the U.S. Dept. of Health and Human Services: Guidelines for Design and Construction of Health Care Facilities pp. 85, 2010
29) 堤，田辺ら：人工透析室における患者と医療スタッフの熱的快適性に関する研究（その 1～4），日本建築学会大会学術論文梗概集，pp. 85-92, 2011
30) 堤，田辺ら：人工透析室における患者と医療スタッフの熱的快適性に関する研究（その 5～6），日本建築学会大会学術論文梗概集，pp. 387-390, 2013
31) 堤，田辺ら：人工透析室における患者と医療スタッフの熱的快適性に関する研究（その 7～8），日本建築学会大会学術論文梗概集，pp. 267-270, 2016
32) 堤，田辺ら：人工透析室における患者と医療スタッフの熱的快適性に関する研究（その 9～11），日本建築学会大会学術論文梗概集，pp. 343-348, 2017
33) 中野ら：駅空間における熱的快適性実測調査：その 1～5，日本建築学会大会学術講演梗概集，D-2，pp. 539-548, 2005
34) 三沢ら：駅空間における熱的快適性実測調査：その 9～10，日本建築学会大会学術講演梗概集，D-2，pp. 447-450, 2007
35) 河又ら：大規模空調空間を有する駅の熱的快適域に関する研究　1～3，日本建築学会大会学術講演梗概集，D-2，pp. 315-320, 2012
36) 中野，田辺：環境適応研究の半屋外環境計画への展開　鉄道駅舎における熱的快適域と熱的受容域，日本建築学会大会学術講演梗概集，pp. 427-430, 2014
37) ISO 14505-2：Ergonomics of the thermal environment - Evaluation of thermal environments in vehicles -Part 2: Determination of equivalent temperature, ISO（2006）

8. 実　　　　例

38) 松永和彦ほか：皮膚温度可変型サーマルマネキンによる車室内温熱環境評価法，自動車技術会論文集，Vol. 25, No. 3, pp. 104-109, 1994
39) 松永和彦ほか：放射パネルによって形成された車室内環境と熱的快適性の評価について，自動車技術会論文集，Vol. 34, No. 1, pp. 121-126, 2003
40) 松澤　浩，柿沼博彦：旅客車工学概論（1986），pp. 301-358，旅客車研究会
41) 関本正直：車両空調の変遷と最近の動向，冷凍，69-799(1994)，pp. 453-462
42) 浦川正利：鉄道車両用空調装置について，鉄道車両工業，463(2012)，pp. 48-49
43) 文部科学省，"[改訂版]学校環境衛生管理マニュアル「学校環境衛生基準」の理論と実践"，http://www.mext.go.jp/a_menu/kenko/hoken/1292482.htm（閲覧日 2018 年 11 月 6 日）
44) 鍵　直樹：建築物環境衛生管理基準からみた室内空気環境の現状，日本建築学会第 24 回空気シンポジウム「建築物における空気環境管理基準を考える換気・温熱環境設計と管理の課題」資料，pp. 5-8, 2015
45) 大高一博，高山　眞：第 14 版空気調和・衛生工学便覧，第 3 編（2010），pp. 449-457
46) 服部，海宝ほか：健康的な光環境を目指したスポーツ施設（2017），電気設備学会
47) 写真提供：愛知（株）
48) 清水章太郎，田中美保：明治北海道十勝オーバル－国内初「通年型屋内 400 m スピードスケートリンク」の建築環境デザイン－，IBEC，204 号，pp. 36-40
49) 写真提供：箕浦伸雄，（株）浅野カメラ堂
50) 日本内閣部，"平成 27 年版 防災白書"，http://www.bousai.go.jp/kaigirep/hakusho/h27/（閲覧日 2017 年 7 月 20 日）
51) Taro Mori, et al.: Research on management technique for evacuation facility in cold climate, proceedings of Annual Research Meeting Hokkaido Chapter (AIJ), No. 86(2013), pp. 255-258
52) 東京都医師会：介護職員・地域ケアガイドブック－第 2 章高齢者の身体と疾病の特徴，pp. 35-72, 2011.3. https://www.tokyo.med.or.jp/medical_welfare/kaigo_guide（閲覧日 2018 年 4 月 24 日）
53) 川島美勝編著：高齢者の住宅熱環境（1994），理工学社，p. 239
54) 阪東美智子，金　勲，大澤元毅：特別養護老人ホームにおける環境衛生管理の現状と課題，保健医療科学，63-4(2014-8), pp. 359-367
55) 金　勲，林　基哉，開原典子，大澤元毅，阪東美智子：高齢者施設における冬期の温度，湿度，CO_2 濃度の実測調査及び湿度管理に関する分析，室内環境，18-2(2015-12), pp. 77-87
56) 金　勲，阪東美智子，大澤元毅，林　基哉：高齢者施設の室内環境及び空調設備の管理実態に関する全国調査，日本建築学会環境系論文集，82 巻，736 号，pp. 589-597, 2017.6
57) 相原　恵ら：業務用厨房におけるフード内温度を用いた換気量制御システムの開発（その 6 夏期の実厨房における温熱環境・省エネ改善効果の検証），空気調和・衛生工学会学術講演会講演論文集，pp. 617-618, 2015.9

索　引

あ　行

- アウグスト乾湿計 …………………………71
- アスマン乾湿計 ……………………………70
- 暑さ指数 ………………………………153, 157
- あんどん効果 ……………………………113
- 異型断面繊維 ……………………………126
- 椅子 ………………………………………124
- 衣服気候 …………………………………107
- 衣服重量 …………………………………121
- 衣服着用の役割 …………………………107
- 医療スタッフ ……………………………194
- 医療・福祉施設 …………………………192
- インフルエンザ …………………………164
- ウエアラブル ……………………………186
- ウォームビズ ……………………………127
- 運動指針 …………………………………155
- 駅舎 ………………………………………195
- 煙突効果 …………………………………113
- オストラコン ……………………………180
- 温受容器 ……………………………………11
- 温水マット ………………………………190
- 温度校正 ……………………………………69
- 温度の計測原理 ……………………………66
- 温熱環境適応 ………………………………27
- 温熱的快不快 ………………………………13
- 温熱6要素 …………………………………4
- 温冷感 ………………………………………88

か　行

- 開口部 ……………………………………140
- 改善率 ……………………………………145
- 階層モデル ………………………………168
- 快適制御 …………………………………192
- 快適方程式 …………………………………43
- 快不快感 ……………………………………90
- 化学繊維 …………………………………108
- 架橋ポリエチレン ………………………190
- 学習効率 …………………………………204
- 覚醒 ………………………………………159
- 重ね着 ……………………………………110
- ガス温水式 ………………………………190
- 風のゆらぎ …………………………………78
- 学校環境衛生基準 ………………………202
- 褐色脂肪細胞 ………………………………16
- 褐色脂肪細胞量 ………………………17, 18
- 環境グレード ………………………………37
- 環境省 ……………………………………157
- 環境調整手法 ……………………………142
- 環境の文脈 ……………………………30, 31
- 乾湿感 ………………………………………90
- 乾湿計公式 …………………………………70
- 寒暑感 ………………………………………89
- 乾燥 ………………………………………163
- 寒冷順化 ……………………………………16
- 気候風土 …………………………………108
- 起床時収縮期血圧 ………………………149
- 気象情報 …………………………………157
- 季節変動 …………………………………148
- 基礎着衣熱抵抗値（クロ値）……………111
- 機能性繊維 ………………………………126
- 吸湿性 ……………………………………114
- 吸湿発熱素材 ……………………………128
- 吸水性 ……………………………………114
- 吸水速乾機能 ……………………………126
- 教示 …………………………………………91
- 局所不快感 …………………………………23
- 気流 …………………………………………5

気流増加時の熱的快適域	34
気流に関する感覚	90
金属-紙式湿度計	70
空気温度	4
空気層	7, 9
空調駅	195
空調クレーム	179
空調選択	182
組合せ衣服	119
グリッドライブラリ	61
クールビズ	124, 177
クールビズオフィス	170
グローブ温度計	71
形態係数	72, 75
血圧	99
健康性	142
建築物衛生法	178, 202
顕熱移動	113
顕熱損失	80
顕熱損失量	111
コア温	1, 92
高血圧症状	147
厚生労働省	153
行動的適応	28, 29
高齢者	209
呼吸器疾患	136
国際生気象学会	54
コールドドラフト	25
コンフォート制御	81
コンフォートメーター	42

さ　行

採涼手法	171
作業効率	126, 169
作業服の補正値	153
サーマルマネキン	42, 80, 117, 197
サーミスタ	67
作用温度	41

シェル温	1, 2
自覚症状しらべ	100
指向性プローブ	80
視床下部	11, 13
自然換気	35
自然換気建物	28, 36
自然対流熱	191
湿度	5, 162
室内推奨温度	149
自動車	197
自動車室内環境	197
死亡率	133
湿り空気線図による熱的快適域	33
収着	113
受容度	90
消極的快適	21, 22
上下温度差	32
上下温度分布	25
乗車率	202
蒸発	3
蒸発熱交換	9
蒸発熱抵抗	115
職場	153
暑熱順化時	18
人口動態調査票	133
申告尺度	87
芯さや複合繊維	126
心疾患	136
人体エクセルギー	185
身体作業強度	153, 154
人体熱モデル	123
人体熱モデル連成制御	82
人体の熱平衡	3
人体モデル	60
身長	92
心拍	99
深部体温	12
心理的適応	28, 30
心理量	87

水蒸気分圧	69
水分透過特性	113
睡眠	157
睡眠環境	157
睡眠効率	161
睡眠段階	160
スケートリンク	206
ステファン-ボルツマン定数	8
ストレス度	99
スポーツウェア	115
スポーツ活動中の熱中症	154
スポーツ施設	204
スマートテキスタイル	128
スマートフォン	188
静止空気	109
静止空気層	110
生理的適応	28
生理量測定	92
積極的快適	21, 22
接触温冷感	50
接触熱抵抗	81
接触冷感	126
絶対湿度	69
設定温度	178
繊維	108
全館空調建物	28
線形化放射熱伝達率	9
センサ	186
全身温冷感	23
潜熱移動	113
相対湿度	69
総ヘモグロビン濃度	170
測温抵抗体	67

た 行

体育館	207
体温調節モデル	55
大気圧	10
代謝量	5, 94
体重	92
体表面積	92
対流	113
対流熱交換	6
対流熱伝達	2
対流熱伝達率	7, 78
卓越風向	140
脱着	113
断熱グレード	145
断熱性	144
ダンプネス	162
知覚空気質	164
知的生産性	166
着衣時（裸体）	151
着衣の日射吸収率	77
着衣量	5, 110
厨房設計	212
超音波風速計	80
長波放射計	77
通気性	109
通気特性	112
月死亡率	135
土壁	139
徒然草	139
低温	142
低温による健康障害	143
適応機会	29, 31
適温感	89
溺死・溺水	135
デスク組込み型	181
鉄道車両	199
鉄道車両用空調システム	200
電気抵抗式温度計	66
電子式湿度計	71
伝導	113
伝統的な住宅	138
天然繊維	108
等価温度	41, 198, 199

透湿効率係数	116	脳血管疾患	136
透湿性	114	脳波	99
投射面積率	72	ノンレム睡眠	157
透析室	193		
動的環境	186		
特別養護老人ホーム	209		
ドラフト	24, 32		

な 行

は 行

7段階尺度	88	バイメタル温度計	66
28℃オフィス	177	発汗	15, 19, 96
28℃設定	178	発汗サーマルマネキン	118
日常生活	155, 156	パーソナル空調	123, 181, 182, 183
日常生活指針	156	発熱量一定制御	82
日射計	77	パフォーマンス評価ツール（P-Tool）	102
日本生気象学会	155	パワースペクトル分布	77
日本体育協会	154	半屋外環境	38, 54
日本の夏の平均気温	151	皮下脂肪	6
ぬれ率	97	非空調駅	195
熱痙攣	152	非受容申告	180
熱失神	152	非対称放射	25
熱射病	153	非対称放射温度差	32
熱浸透率	51	必要着衣量	49
熱線風速計	79	ヒートアイランド現象	158
熱中症	151	ヒートショック	143
熱中症救急搬送数	151	避難所	207
熱中症の重症度	152	皮膚温	12, 92, 93
熱中症を引き起こす危険要因	152	皮膚温一定制御	82
熱的快適域	33, 34, 195, 196	皮膚乾燥	164
熱的快適性	186	皮膚水分量	97
熱的受容域	195, 196, 197	非ふるえ熱産生	14
熱電対	66	疲労	99
熱伝導	2	ふいご作用	113
熱伝導率	109	部位別温冷感	58
熱疲労	153	部位別快適感	58
熱流計	80	風冷指数	49
粘膜	162	不感蒸泄	96
粘膜の水分量	97	吹き抜け	191
		不動産価値	167
		不満足者率	22
		フリッカー	100
		ふるえ熱産生	14, 19

平均風速	77
平均放射温度	71
閉塞温度	52, 192
平面放射温度	77
防護服	129
放射	113
放射温度	4
放射温度計	76
放射空調	183
放射暖房	190
放射熱	191
放射熱交換	7
放射熱伝達	3
放射率	8
放射率補正	77
飽和水蒸気圧	69
保温性	109

ま 行

マイコン	186
満足感	91
満足度	179, 183
乱れの強さ	24, 77
民族服	108
面積増加率	111
毛細管現象	115
模擬足	51
モーニングサージ	150

や 行

有効発汗量	119
有効放射面積率	7
床暖房	190
床表面温度	26, 32, 192

ら 行

倫理審査委員会	103
冷却衣服	129
冷受容器	11
レーザードップラ	79
レム睡眠	157
露点温度	69

アルファベット

adaptive model	27, 36
Antoine（アントニー）	69
Arduino	186, 188
AVA 血管	57
CO_2 濃度	202
EFCT 計	52
ET*	45
HEAS	195
HSI	48
ISO 7730	44
ISO 7933	48
JIS 規格	154
JOS-2	55
JOS-2 モデル	57
Lambert（ランベルト）の余弦則	75
Lewis（ルイス）の関係	116
Lewis（ルイス）の係数	9
2 node-model	56
Particle Image Velocimetry	79
PET	55
PMV	43
PPD	43, 45
Q 値	143
SAP	102
SET*	34, 45
SONNTAG（ゾンターク）	69
SPRUNG（スプルンク）の式	70

索　引

TABS ………………………………… 185
U_A 値 ……………………………… 144
UTCI ………………………………… 54
WBGT ……………………………… 47
WBGT 指数 ………………………… 153
WBGT 指数（湿球黒球温度指数）… 153

Web プログラム …………………… 189
Woodcock（ウッドコック）の
　全透湿効率係数 ………………… 116
ZEH ………………………………… 188
Zhang モデル ……………………… 58

快適な温熱環境のしくみと実践

平成31年（2019年）3月29日　初版第1刷発行

編集・著作権者	公益社団法人　空気調和・衛生工学会
発　行　所	公益社団法人　空気調和・衛生工学会
	〒162-0825　東京都新宿区神楽坂四丁目8番
	電　話　（03）5206-3600
	ＦＡＸ　（03）5206-3603
	郵便振替口座　00190-1-37842
発　売　所	丸善出版株式会社
	〒101-0051　東京都千代田区神田神保町
	二丁目17番
	電　話　（03）3512-3256
制 作 協 力	丸善プラネット株式会社
印 刷・製 本	三松堂株式会社

方法のいかんを問わず無断複製・転載を禁ずる．

ISBN978-4-87418-067-9